● 高等职业教育新形态一体化教材 ●

幼儿品德启蒙教育实践

郎金国 主编

河北出版传媒集团
河北教育出版社

图书在版编目（CIP）数据

幼儿品德启蒙教育实践 / 郎金国主编. -- 石家庄 : 河北教育出版社, 2022.9

ISBN 978-7-5545-7225-2

Ⅰ. ①幼… Ⅱ. ①郎… Ⅲ. ①品德教育—教学研究—学前教育 Ⅳ. ①G611

中国版本图书馆CIP数据核字(2022)第171210号

幼儿品德启蒙教育实践

郎金国 / 主 编

责任编辑 陈 娟 张 畅 王旭瑞

装帧设计 赫 江 杨彦坤

出版发行 河北出版传媒集团 河北教育出版社

网址：http://www.hbep.com

地址：石家庄市联盟路705号，050061

印 刷 石家庄名伦印刷有限公司

开 本 787 mm × 1092 mm 1/16

印 张 18.75

版 次 2022年9月第1版

印 次 2022年9月第1次印刷

书 号 ISBN 978-7-5545-7225-2

定 价 39.00元

《幼儿品德启蒙教育实践》
编纂委员会名单

主　编：郎金国

副主编：李　未　杨聪粉

编　委：田亚婕　张玉暖　张丽芳　周慧娟　王珊珊
李　静　刘　云　王晓庆　赵梓辰　曹明倩
李晓凡　杜翠欣　付红红　谷红岩　默　青
王迎君　尹丽宁

前言

“培养什么人、怎样培养人、为谁培养人”是教育的根本问题。2018年9月，习近平总书记在全国教育大会上的讲话中指出：“要把立德树人融入思想政治教育、文化知识教育、社会实践教育各环节，贯穿基础教育、职业教育、高等教育各领域，学科体系、教学体系、教材体系、管理体系要围绕这个目标来设计，教师要围绕这个目标来教，学生要围绕这个目标来学。”2022年2月，教育部印发《幼儿园保育教育质量评估指南》，首次将“品德启蒙”列为幼儿园保育教育质量评估的关键指标之一，幼儿品德启蒙教育的重要性愈加凸显。

人生百年，立于幼学。学前教育是国民教育体系的重要组成部分，品德启蒙教育对幼儿一生的健康成长与全面发展具有重要的奠基作用。在人生的启蒙阶段，幼儿教师构建科学的职业理念，培育优良的职业道德，以言传身教的形式开展幼儿品德启蒙教育，提高幼儿的思想认识和道德素养，引领幼儿形成正确的价值观念和思维方式，养成良好的行为习惯，提升幼儿品德启蒙教育质量，对落实立德树人根本任务具有深远的现实意义。

本教材以习近平新时代中国特色社会主义思想为指导，贯彻落实《新时代幼儿园教师职业行为十项准则》和《幼儿园保育教育质量评估指南》，聚焦幼儿品德启蒙教育实践，设计了三个篇目、九个项目。“上篇：幼儿教师职业理念与道德素养”，塑造幼儿教师职业理念和道德素养，加强幼儿教师师德建设与道德引领；“中篇：幼儿品德启蒙教育活动设计与指导”，从基础理论到具体操作，强化幼儿品德启蒙教育实践活动的设计与指导；“下篇：幼儿园品德启蒙教育实践”，优选幼儿园教师职业道德和幼儿品德启蒙教育实践活动典型范例，为幼儿品德启蒙教育实践提供借鉴与指导。

教材主要有三个特点：一是深度融合思政教育与专业教育。教材内容中既有思想政治课程内容，又有学前教育专业知识；编写团队中既有高校思政课程教师和学前教育专业教师，又有幼儿园管理骨干和一线教师，思政课程与课程思政有机融合。二是采用项目引领和任务驱动形式。编写形式突出模块化、项目化、实战化，强调实用性、操作性和拓展性，理论知识与实践活动深度融合，适应幼儿教师培养需要。三是符合新形态一体化教材发展趋势。教材有机融入互联网学习方式，配备了“二维码”，提供了立体化学习资源，学生可通过方便、快捷的“码”上学习，获得全方位的学习体验。

本教材将有助于高校落实“立德树人”根本任务，推进“大中小幼”思想政治教育一体化建设，培养高素质、复合型学前教育专业人才；有助于幼儿园等幼教机构落实幼儿园品德启蒙质量评估要求，培训在职幼儿教师，提高师德素养与保教能力；有助于幼儿家长等社会人士了解幼儿品德启蒙教育相关知识与技巧。教材适用对象为本、专科院校学前教育专业及相关专业学生，幼儿园教师及其他幼教机构教师，也可作为幼儿家长进行家庭教育的参考读本。

由于编写人员水平有限，难免会有一些疏漏或不妥之处，恳请广大专家、读者给予批评指正，以便于我们不断改进与提升。

编　者

2022年8月

目录

上篇　幼儿教师职业理念与道德素养

项目一　幼儿教师职业理念构建与道德认知

知识导图 …… 002
学习目标 …… 002
任务一　幼儿教师职业理念构建 …… 003
任务二　幼儿教师职业道德认知 …… 013
项目总结 …… 018
思考练习 …… 019

项目二　幼儿教师职业道德养成

知识导图 …… 021
学习目标 …… 021
任务一　爱国守法 …… 022
任务二　爱岗敬业 …… 026
任务三　关爱学生 …… 032
任务四　教书育人 …… 036
任务五　为人师表 …… 041
任务六　终身学习 …… 047
项目总结 …… 052
思考练习 …… 052

项目三　幼儿教师职业行为调适

知识导图 …… 055
学习目标 …… 055

任务一　师幼关系中的职业行为调适 …… 056
任务二　家园关系中的职业行为调适 …… 062
任务三　教师集体关系中的职业行为调适 …… 073
项目总结 …… 080
思考练习 …… 081

中篇　幼儿品德启蒙教育活动设计与指导

项目四　幼儿品德启蒙教育概述
知识导图 …… 084
学习目标 …… 084
任务一　幼儿品德启蒙教育价值探索 …… 085
任务二　幼儿品德启蒙教育理论认知 …… 089
任务三　幼儿品德发展评估 …… 100
项目总结 …… 106
思考练习 …… 106
项目五　幼儿品德启蒙教育目标与内容
知识导图 …… 108
学习目标 …… 108
任务一　幼儿品德启蒙教育目标设定 …… 109
任务二　幼儿品德启蒙教育内容选择 …… 115
项目总结 …… 122
思考练习 …… 123
项目六　幼儿品德启蒙教育的途径与方法
知识导图 …… 125
学习目标 …… 125
任务一　幼儿品德启蒙教育途径的开发 …… 126
任务二　幼儿品德启蒙教育方法的运用 …… 146
项目总结 …… 158

思考练习 …… 159

项目七　幼儿品德启蒙教育活动设计与实施

知识导图 …… 160

学习目标 …… 160

任务一　幼儿品德启蒙教育活动的设计 …… 161

任务二　幼儿品德启蒙教育活动的组织与实施 …… 169

任务三　幼儿品德启蒙教育活动的评价与指导 …… 186

项目总结 …… 194

思考练习 …… 195

下篇　幼儿园品德启蒙教育实践

项目八　幼儿教师职业道德实践

实践导图 …… 198

实践一　爱国守法　爱岗敬业 …… 199

实践二　关爱学生 …… 210

实践三　教书育人　为人师表 …… 221

实践四　终身学习 …… 229

项目九　幼儿品德启蒙教育实践

实践导图 …… 238

实践一　我长大了 …… 239

实践二　我是生活小能手 …… 250

实践三　我爱祖国 …… 260

实践四　我是中华好儿童 …… 273

附　录 …… 284

参考文献 …… 285

后　记 …… 289

上篇
幼儿教师职业理念与道德素养

项目一　幼儿教师职业理念构建与道德认知

知识导图

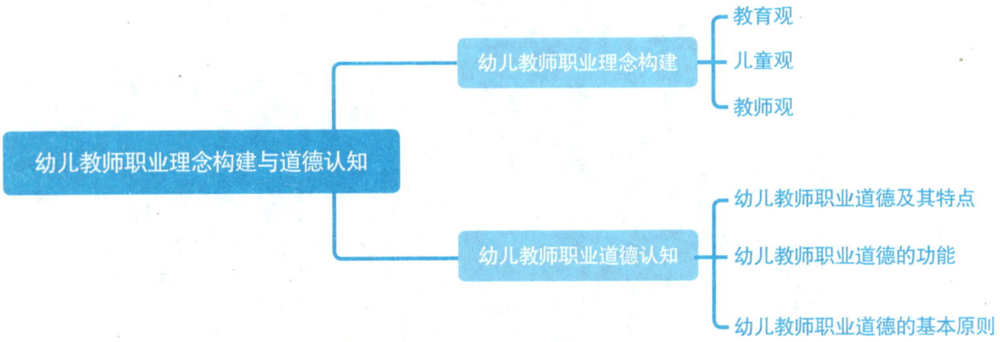

学习目标

知识目标：

了解幼儿教师职业理念基本知识，理解幼儿教育是人生的奠基阶段，形成幼儿教师职业道德的初步认知。

能力目标：

遵循幼儿教师职业理念，树立正确的教育观、儿童观和教师观，具备辨别、评析幼儿教师职业道德行为的能力。

素质目标：

培养热爱幼教、热爱幼儿的职业情怀，提升对幼儿教师职业的价值认同。

任务一　幼儿教师职业理念构建

【任务要求】

理解幼儿教师职业理念的内容，树立正确的教育观、儿童观和教师观；能够对幼儿教师的职业道德行为进行正确评析。

【任务引例】

据人民网、光明网报道，李广是来自河北围场县棋盘山学区中心校莫里莫幼儿园的一位男教师，曾于2014年被评为全国教书育人楷模，并于2018年获得“四有好老师”启功教师奖。1977年他走上讲台，扎根山村教育40余年，凭借顽强的毅力和灵巧的双手，给山沟沟里的孩子们打造出了一个“世外桃源”。以前的院子是破烂不堪、没有一块平整的地方，到处都是光秃秃的。现在幼儿园变得春有绿、夏有花、秋有果、冬有景，生机盎然，俨然成了莫里莫幼儿园一道靓丽的风景。

李广知道孩子们都喜欢年轻的女老师，也知道自己的才艺有限，为了让孩子们喜欢自己，就以“返老还童”的方式融入孩子中，去感染、贴近孩子们。教他们洗手、洗脸，帮他们梳头、剪指甲，每天为孩子们烧水、热午饭；和孩子们一起学知识、画画、唱歌、跳舞、做游戏，使出浑身解数。“我就想让孩子们开心健康地成长。”这是李广最常说的话。看到城里孩子们有很多玩具，李广觉得愧对园里的孩子，便着了魔似的四处搜集各类废旧物品和板材的下脚料，精心自制800多个教具、玩具。平日里也发动幼儿收集废旧材料，手把手教他们学习制作，既节省大量开销，又开发孩子们的智力，培养动手能力。

李广十分注重幼儿良好习惯的培养。为了保持好2800多平方米幼儿园的园内环境卫生，他把20多个幼儿按小、中、大搭配划分小组，每组一个小橡胶桶，每人一个垃圾袋，利用每日卫生活动时间，用“小鸡觅食”的方法，“比一比谁捡得多”“看一看谁做得好”，捡垃圾、清杂草。因为幼儿园就李广一个老师，同时要带几个班，他还因地制宜创造了独特的“幼儿复式班”教学模式，实施学科同上、室内外交替、大带小、助手帮教等教学方式。

李广从教40余年，没出过一次安全事故，也没有一个孩子流失。他的学生遍及村里三代人，分布在全国各地，总有学生想高薪聘请他做管理工作，都被他婉拒了。他说既然投身这份事业，就要做下去。李广不仅把自己的幼儿园打理好了，还带起了当地七个幼儿园的建设。他用废旧物品制作教具、玩具在全县得到推广，当地还将莫里莫幼儿园当作新任教师教育基地，学习李广的敬业精神，理解什么是“用心做教育”。

从李广老师身上你感受到了什么？学到了什么？作为一名幼儿教师应该树立怎样的教育观、儿童观和教师观？面对不同的教育环境、不同的幼儿和家长，你将如何开展工作？

【主要内容】

学前教育是国民教育体系的重要组成部分，是终身学习的开端，是重要的社会公益事业。办好学前教育、实现幼有所育，是党的十九大作出的重大决策部署，是重大的民生工程，关系着亿万儿童健康成长，关系着社会的和谐稳定，更关系着党和国家事业的未来。学前教育的改革与发展，其核心和关键在于幼儿教师队伍的整体素质与质量。幼儿教师的素质与质量是开展幼儿品德启蒙教育的基础和保障。衡量一名幼儿教师水平高低的重要标志，首先体现在他培幼育人的职业理念上，即是否具有先进的教育观，能否落实“育人为本”的儿童观，是否遵循正确的教师观。

一、教育观

教育观就是对教育的根本性看法和态度。“培养什么人、怎样培养人、为谁培养人”，是教育的根本问题和永恒主题。党的十八大报告指出，要把立德树人作为教育的根本任务，指明了教育改革发展的方向，抓住了教育的本质要求，明确了教育的根本使命，符合教育规律和人才培养规律。习近平总书记高度重视立德树人在教育中的重要地位和作用，多次强调要把培育和践行社会主义核心价值观融入国民教育体系，培养德智体美劳全面发展的社会主义建设者和接班人。

（一）教育是立德树人的事业

立德树人关乎党的事业后继有人，关乎国家前途命运。习近平总书记在全国教育大会上要求，把立德树人融入思想道德教育、文化知识教育、社会实践教育各环节，贯穿基础教育、职业教育、高等教育各领域。凡是不利于实现这个目标的做法都要坚决改过来。幼儿园办园要坚持社会主义办园方向，始终牢记为党育人的初心，坚定为国育才的立场，以立德为根本，以树人为核心。

（二）把培育和践行社会主义核心价值观融入国民教育体系

社会主义核心价值观其实就是一种德，是一种大德，是国家的德、社会的德，也是个人的德。社会主义核心价值观是立国之基、民族之魂，是当代中国精神的集中体现，凝结着全体人民共同的价值追求。将社会主义核心价值观贯穿国民教育全过程，融入教育教学各方面，体现了新时代中国特色社会主义教育的本质要求，也是从价值观角度回答了“培养什么人、怎样培养人、为谁培养人”这个根本问题。

学前教育是基础教育的重要组成部分，培育和践行社会主义核心价值观要从娃娃抓起。幼儿教师必须要充分认识价值观教育的必要性和重要性，增强对社会主义核心价值观的学习和认识。幼儿教师还要针对幼儿的年龄特点，选用灵活的教学方法将社会主义核心价值观融入保教活动中，用通俗易懂的故事让幼儿去体验、去感受，深化幼儿的道德认知，增强幼儿对社会主义核心价值观的理解，为今后的教育奠定良好的德育基础。

相关链接

表1-1　某幼儿园小、中、大班教案和价值观对应情况

学段	教材	主题	教案	价值观	涉及领域	具体转化的内容
小班	上册	我的动物朋友	《大狼喝粥》	民主	健康	具有自信、乐观、开朗的性格；具有善良、助人等品质；畅所欲言，做喜欢的事
			《小熊请客》	友善	社会	
			《小鱼游游》	自由	艺术	
	下册	快乐一夏	《小汗珠在哪里》	敬业	社会	让孩子为医生等人的无私奉献感到幸福
中班	上册	我升中班了	《快乐的幼儿园生活》	公正	社会	对教师公平的奖惩做法感到快乐，在与人交往中说到做到，信守承诺
			《好朋友拍手歌》	诚信	语言	
		我的朋友多	《小主人和小客人》	民主	社会	
	下册	寻找小秘密	《气球逃走了》	自由	科学	同伴、师幼之间是一样的，都是朋友
		神奇的翅膀	《丑小鸭》	平等	社会	
大班	上册	我的老师	《我和我的老师》	和谐	社会	感受父母、同伴和教师的关爱，彼此间互帮互助；感受国家之伟大，萌生爱国之情；为祖国和家乡的变化感到骄傲自豪
		我在长大	《我是大班儿童》	平等	语言	
		我是中国人	《五星红旗我爱你》	爱国	语言	
		中国了不起	《四大发明与现代科技》	富强	科学	
		拥抱秋天	《树叶粘贴画》	自由	艺术	
		热闹的秋天	《动物法庭》	公正	社会	
		快乐假期	《压岁钱的传说》	爱国	艺术	
	下册	科学万花筒	《野猫的城市》	法治	语言	遵守规则，规范自身言行
		房子大观	《社区大搜索》	法治	社会	
		动感天地	《现代科技发明多》	富强	科学	
		超级变身	《房子的变化》	富强	社会	

（三）培养德智体美劳全面发展的社会主义建设者和接班人

培养德智体美劳全面发展的社会主义建设者和接班人，是新时代赋予教育的新内涵，也是建设社会主义现代化强国对教育的根本要求。社会主义建设者和接班人应当具有高尚的品德、创新的思维、健康的体魄、良好的审美和劳动的习惯。新时代，幼儿教育应坚持“五育并举”，全面发展素质教育，为培养能担当民族复兴大任的时代新人奠定坚实基础。

二、儿童观

儿童观是教师对儿童的认识，是对儿童的总的看法和基本观点，是幼儿教育的前提。幼儿教师的儿童观决定了其对待幼儿的态度和行为，影响着教师的工作态度和行为方式。按照“五育并举”的要求，幼儿教师更要树立以“人的全面发展”和“育人为本”思想为指导的儿童观。

（一）“人的全面发展”思想

马克思主义关于“人的全面发展的思想”是确立正确儿童观的理论基础。幼儿的全面发展教育是指以幼儿身心发展为前提，以促进幼儿德智体美劳全面发展为宗旨，并以适合幼儿身心发展特点的方式、方法、手段加以实施的，着眼于培养幼儿基本素质的教育。

（二）“育人为本”的教育思想

“育人为本”的教育思想明确了把促进幼儿健康成长，作为幼儿教育一切工作的出发点和落脚点，要求尊重、关心、信任幼儿，尊重幼儿的主体意识和主体作用，以恰当的方式引导、呵护幼儿。

首先，幼儿是发展中的人，有巨大的发展潜能，有被塑造与自我塑造的潜力。幼儿的身心发展是有规律的，呈现出方向性和顺序性、连续性和阶段性、不平衡性、互补性及个别差异性等特点。其次，幼儿是完整的人，不是抽象的学习者，而是有着丰富个性、独一无二的人，应当因材施教。再次，幼儿是具有独立意义的人，具有主观的意志，是学习的主人和实践的主体。

课堂讨论

小班的豆豆有个很奇怪的行为，每次午睡都不愿意脱袜子，即便在炎热的夏天也是如此。一天午睡，豆豆依旧不肯脱袜子，李老师决心要帮助她改掉这个毛病。李老师对她说："豆豆，天气热了，脱了袜子睡觉好吗？"边说边帮豆豆脱袜子。结果令李老师惊讶的是，豆豆的右脚有6个趾头。看到豆豆蜷曲着双脚，眼里含着泪水，李老师非常懊悔，心里不断责备自己太莽撞了，并迅速地帮豆豆穿好袜子，安慰她说："对不起，宝贝不愿意脱就不脱吧，没关系！"

班上的乐乐是一个留守儿童，长期和不善言辞的奶奶一起生活，3岁了还不怎么会说话。在与乐乐相处的过程中，李老师仔细观察，做好记录，发现他要玩玩具就会说"咿呀"，想上厕所就会说"哦哦"。李老师不厌其烦地放慢语速，嘴形夸张地教他正确的发音。在游戏活动中，李老师积极引导乐乐和小伙伴进行交流。李老师还经常给乐乐的父母打电话，希望他们能在繁忙的工作之余，每天抽出固定时间，利用电话与乐乐进行交流，尽量多回来看孩子。在大家共同努力下，乐乐的语言能力获得了发展，能主动和小伙伴玩耍，性格开朗多了。

请结合材料谈谈李老师的教育行为是如何体现她的儿童观的。

三、教师观

教师观就是关于教师职业的基本观念。从广义上看，教师观是人们对教师职业的认识、看法和期望的反映；从狭义上看，教师观是教师对教师职业劳动的特点、责任、角色及科学履行职责所必须具备的基本素质等方面的认识。

（一）幼儿教师职业的劳动特点

幼儿教师作为履行幼儿教育工作职责的专业人员，需要经过严格的培养与培训，具有良好的职业道德，掌握系统的专业知识和专业技能。幼儿教师职业的特点主要包括：

1. 劳动对象的幼稚性和主体性

幼儿教师的劳动对象为3—6周岁的幼儿，无论是知识经验、生活经验还是思维想象，均未发展完善。这个时期的幼儿对外界充满着好奇心，作为独立的个体，能对外界事物进行主动的判断与反应，有着独特的性格和爱好，有自己做出选择的能力和权利。幼儿教师应蹲下身子，细细看，静静听；身在其中，多多玩，慢慢教；站在身后，紧紧跟，默默帮。

2. 劳动内容的全面性和细致性

幼儿教师对幼儿要全面负责，不仅要照顾他们的生活，指导体育锻炼活动，促进儿童健康成长，做好保育工作；还要发展他们的智力，培养良好的道德行为习惯，从而实现德智体美劳全面发展。由于幼儿年龄较小，独立生活能力较差，幼儿教师要细致地照料他们的生活，还要时刻注意他们的身体状况。

3. 劳动过程的创造性

劳动过程的创造性体现在三个方面：一是因材施教。幼儿教师的劳动对象是有意识、有生命、有思想的人，教师既要遵循统一的培养目标，又要根据不同幼儿的个性特点，根据客观环境、教育条件的变化，因人、因事、因地制宜地进行创造性劳动。二是教学更新。教师的教学活动必须随着时代的变化而更新。三是教育机智。一个教师对应的是多个幼儿，要在指导幼儿游戏的过程中做到灵活应变，根据幼儿的不同情况不断调整教育方式。

4. 劳动手段的主体性和示范性

在一日活动中，幼儿教师的言行举止都会成为幼儿模仿的对象。因为幼儿对教师充满着特殊的信任、尊重和依赖，“亲师性”“向师性”明显，所以幼儿教师处处都在为幼儿做表率、做示范。

5. 劳动成效的长期性和潜在性

幼儿教师从事育人工作的成效，往往需要经历一段较长的时间才能够显现，不同于一些短期的培训班有立竿见影的效果。工作成效长期性和潜在性的特点决定了幼儿教师必须要有坚定的信念和强烈的责任心，长期坚持付出精力和心血来促进幼儿的全面发展，要有足够的耐心爱心，坚持不懈地实施素质教育，为幼儿一生的发展奠定基础。此外，幼儿教师还要积极争取家长的支持、配合与认可，家园密切合作，共同为幼儿的发展创造良好的环境。

（二）幼儿教师职业角色

1. 在幼儿学习的层面上：幼儿教师是幼儿学习活动的支持者、合作者与引导者

《幼儿园教育指导纲要（试行）》对幼儿教师的角色给出了清晰明确的定位，提出“教师应成为幼儿学习活动的支持者、合作者、引导者”。

一方面，幼儿教师应当作为幼儿的支持者而存在。教育支持包括物质支持和精神支持，适宜的教育支持是幼儿发展的重要条件之一。物质支持是指教师创设游戏环境、准备材料、布置任务等客观条件，支持幼儿的学习，使之由潜在形态向现实形态转变。精神支持是指教师为幼儿创设良好的精神环境，使幼儿感到安全和被信任，无论他做什么都能得到教师的积极关注。

另一方面，幼儿教师应当树立科学的游戏主体观，把幼儿视为游戏活动的主人，在充分了解幼儿的基础上，为其创设独立探索、勇于探索的教学情境。幼儿教师要和幼儿一起活动，在活动中不断发现幼儿的兴趣、需要，从而不断调整自己的设想和计划，使幼儿更加积极主动地去探索，使每个幼儿在积极参与的过程中最大限度地实现自己的潜能。具体可以参考以下五种针对性的教师支持策略：

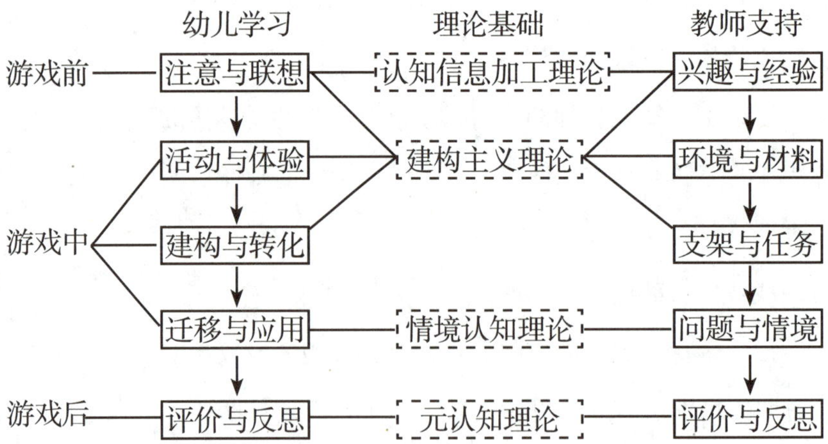

图 1-1　促进幼儿深度学习的教师支持策略

2. 在幼儿课程的层面上：幼儿教师是幼儿课程的研发者和实施者

幼儿园不像中小学有统一的教材和课程标准，各地各类幼儿园的课程各具特色、百花齐放。一方面，幼儿教师应利用已有的文本课程资源，从本地、本园的条件出发，开发当地的课程资源，研发适合本园、本班具体情况的“园本课程”，创造性地开展工作。另一方面，幼儿教师要在工作中及时进行观察、总结与反思，提高课程实施的质量。

3. 在幼儿教师自身发展的层面上：幼儿教师是终身学习者

终身学习是幼儿教师职业道德的发展要求。幼儿教师要具有终身学习与持续发展的意识和能力，学习先进学前教育理论，了解国内外学前教育改革与发展的经验和做法。幼儿教师不仅要向书本学习，向同行学习，还要向幼儿学习，做终身学习的典范。

相关链接

我向幼儿学到了什么

从157个教师向幼儿学习的案例故事中发现，教师向幼儿学习的内容主要概括为专业发展方面、人生发展方面和知识技能方面的成长。其中很大一部分属于对幼儿个体或者群体的一种认识。基于对成人世界现状的反思，教师比较容易意识到幼儿身上存在的许多特质，如执着、专注、求知欲、探索欲、好奇、想象等，以及他们天性的纯真与善良。在所有道德品质中，幼儿宽容，对人的尊重以及乐于助人等是教师提及频次最高的品质。

表1-2　教师成长内容出现频次统计表

成长内容				频次	总频次
专业发展	教育观念	儿童观	社会发展	28	130
			个性心理品质发展	20	
			道德发展	11	
			认知发展	10	
			审美与艺术	8	
		教育观	教师观	9	
			教学观	9	
	实践性知识			28	
	专业情意			7	
人生发展	心态			6	16
	情感			7	
	人际关系			3	
知识技能	自然科学知识			5	11
	游戏技能			3	
	日常生活经验			2	
	社会科学知识			1	
合计					157

4. 在家庭教育的层面上：幼儿教师是家长的协助者

幼儿教师应具备沟通与合作的专业能力，与家长进行有效沟通合作，促进幼儿发展。家庭和幼儿园都承担着幼儿教育的责任与义务，教师是二者之间的纽带，在保障幼儿享受良好幼儿园教育的同时，应当与家庭紧密联系，指导家长学习科学的教养方式，相互配合，积极协助家长做好家庭教育，使家庭教育与幼儿园教育同向同行、相互促进。

拓展阅读

不只是一名教师

你握住的不仅仅是学生的手，你握住的是他的未来，

在他的脑海里，你并不仅仅是一名教师，你还触碰了他的心灵，

你并不仅仅拭干他的泪水，抚慰他的心灵，你，已经成为他的一部分了。

你并不是与学生分享短暂的一刻，而是成为一种记忆，

当你不在的时候，你已经深入了他的内心，

你并不知道你的力量有多强大，你影响了一代人，而他们又将影响下一代人。

所以，“做一名教师”并不是简单的事情，除了语言，你还有很多要做的，

你要在那一刻感到自己是了解学生的，或是他今天也同样对你微笑了。

你握住的不仅仅是学生的手，你牵起的是他的未来，

你不仅仅是教给他知识，更深入了他的内心，

你并不仅仅拭干了他的泪水，更抚慰了他的心灵，你，已经成为他的一部分了。

【实践园地】

人物访谈：请通过电话、网络或实地走访等形式，选取1名或2名幼儿园教师开展人物访谈活动，了解并分析幼儿教师职业理念构建的现状。

任务二　幼儿教师职业道德认知

【任务要求】

理解幼儿教师职业道德的含义、特点和功能；掌握幼儿教师职业道德的基本原则。

【任务引例】

幼儿教育是立德树人的开端，幼儿教师职业道德建设水平在其中起着非常重要的作用。2018年《中共中央 国务院关于学前教育深化改革规范发展的若干意见》强

调严格教师队伍管理，强化师德师风建设，提高教师职业素养，明确提出对违反职业行为规范、影响恶劣的实行“一票否决”，终身不得从教。国家为什么对幼儿教师职业道德如此重视？幼儿教师职业道德及其特点是什么？

【主要内容】

师德为先是幼儿教师最基本、最重要的职业准则和规范。幼儿教师职业道德是教师职业素质的核心和根本，决定着教师职业活动的目标、过程及效果。幼儿教师是“道”的化身，引导幼儿走正确的道路；幼儿教师是“德”的代言人，需要教育幼儿、引导幼儿；幼儿教师是“术”的实践者，需要言传身教。幼儿教师必须树立“师德为先”的理念，认真遵守幼儿教师职业道德规范，注重师德修养的提升，做好幼儿品德启蒙教育。

一、幼儿教师职业道德及其特点

幼儿教师职业道德是指幼儿教师在从事教育劳动过程中形成的，用以调节幼儿教师与他人、社会、集体等相互关系时所必须遵守的基本道德规范和行为准则，以及在此基础上所表现出来的道德观念、情操和品质。幼儿教师职业道德是社会多种职业道德的一种，是教师职业道德的特殊表现形式，除了具备职业道德的一般特点，如鲜明的行业性、形式的多样性及内容的稳定性和连续性，还具有自身的独特性。

（一）幼儿教师职业道德要求更具严格性

幼儿园是对3—6周岁幼儿实施保育和教育的机构。幼儿教师要贯彻党和国家的教育方针，按照保育与教育相结合的原则，遵循幼儿身心发展特点和规律，实施德智体美劳全面发展的素质教育，促进幼儿身心和谐发展。作为幼儿健康成长的启蒙者和引路人，幼儿教师的职业劳动是以培养幼儿为目的的，把幼儿托付给幼儿教师，就是把国家的未来和民族的希望托付给幼儿教师。这既是一种荣耀，更是一种责任和使命。

（二）幼儿教师职业道德意识更具自觉性

幼儿教师的劳动时间和劳动空间具有灵活性，对幼儿的教育和影响并不局限在教育活动中和幼儿园内。幼儿教师精心备课、认真准备教具和学具、平等对待每位幼儿、因材施教、真诚有效地与家长沟通都是“良心活”，这是幼儿教师职业道德自觉性的基本要求。

（三）幼儿教师职业道德行为更具示范性

这一特点是由幼儿教师劳动手段的示范性和幼儿的“亲师性”“向师性”决定的。幼儿教师宛如幼儿的一本“立体教科书”，以自身行为的独特示范对幼儿产生潜移默化的影响。每位幼儿教师都必须努力在幼儿乃至整个社会面前树立起良好的道德形象，成为全社会的道德典范。

课堂讨论

每天吃过午饭，李老师会让幼儿把自己的椅子收到桌子底下，他们收的方式各不相同，有拖的，有推的，有踢的……桌椅的碰撞声及椅子滑过地板发出的刺耳声让李老师心烦。在多次的提醒、教育下，这种现象还是时有发生。

一次半日活动结束后，幼儿都由家长接回了家，李老师以最快的速度把椅子放到桌子底下，顿时，碰撞声又在耳边响起。李老师一愣，是不是以前自己搬椅子的方式影响了孩子们？于是，李老师轻轻地将椅子一一放进桌子底下。

第二天午睡前，李老师对孩子们说：“从今天开始老师要帮你们收几天椅子。”孩子们都觉得很惊讶。李老师轻轻拿住椅面与椅背，小心翼翼地搬起走到各个孩子的座位，再稳稳地放下，轻轻挪进。看到老师的动作后，孩子们有的窃窃私语，有的默默不语……一连几天，李老师都耐心地轻轻将椅子收好，活动室安安静静的。几天后，李老师请孩子们自己收椅子，结果他们都学着老师的样子，轻拿轻放。

幼儿会时时关注教师一言一行并且进行模仿，结合材料谈谈幼儿教师职业行为对幼儿的影响。

（四）幼儿教师职业道德影响更具深远性、广泛性

幼儿期是幼儿良好行为习惯养成的关键阶段，是兴趣爱好的萌发期。幼儿教师作为幼儿接触到的第一任启蒙教师，其职业道德的影响会深入幼儿的心灵，不仅

影响幼儿的今天、明天，甚至一生。幼儿教师职业道德还会通过幼儿影响到他的家庭乃至整个社会，这种强大的穿透力是其他类型的职业道德无法比拟的。在现代社会，随着国家对学前教育的重视和幼儿教师社会地位的提高，幼儿教师的职业道德、行为举止越来越受到全社会关注。

二、幼儿教师职业道德的功能

幼儿教师职业道德的功能是指幼儿教师职业道德对教师个人、教师集体和社会所具有的影响。幼儿教师职业道德的功能是多方面的，主要包括认识功能、导向功能、教育功能、调节功能和促进功能，各种功能之间相互影响、相互作用。

（一）认识功能

幼儿教师职业道德的认识功能就是帮助幼儿教师正确认识自己在教育活动过程中对他人、集体和社会应尽的义务和责任，并在此基础上形成一定的道德观念和道德判断能力。认识功能可以帮助幼儿教师明确辨别教育行为的“真善美”和“假恶丑”，预见教育活动中可能发生的各种矛盾和冲突，并运用一定的师德规范和准则去分析、评价自身与他人的教育行为。

（二）导向功能

幼儿教师职业道德的导向功能是指幼儿教师职业道德的内容为教师的职业行为和师德修养指明了努力的方向，它集中体现在幼儿教师职业道德的原则和规范中。幼儿教师职业道德的原则和规范是幼儿教师职业要求的“行为准则”，这种行为准则可分为两种类型，即“应当做什么”的正面倡导与“不应当做什么”的师德底线。“循序渐进，寓教于乐”属于“应当做什么”的正面倡导；“不得采用学校教育方式提前教授小学内容”“不得组织有碍幼儿身心健康的活动”则属于“不应当做什么”的师德底线。

（三）教育功能

幼儿教师职业道德的教育功能是指通过幼儿教师职业道德的学习，帮助幼儿教师正确认识幼儿教师劳动的意义和价值，培养幼儿教师的职业理想，提高幼儿教师的精神境界和师德水平，强化幼儿教师的事业心、责任心和自豪感。幼儿园集中开展教师宣誓、师德故事分享等活动，加强幼儿教师职业道德教育，就体现了幼儿教师职业道德的教育功能。

（四）调节功能

幼儿教师职业道德的调节功能是指通过教育、评价、沟通等方式和途径，指导和纠正幼儿教师个人与他人、与社会交往关系中的行为，协调教育过程中的各种关系，解决各种矛盾，激发幼儿教师的积极性和创造性。幼儿教师职业道德对教育行为的调节主要有社会舆论和内心信念两种形式，通过激发动力、评价优劣、调节行为处理好各种利益关系，保证教育工作的顺利进行。

（五）促进功能

幼儿教师职业道德的促进功能是指幼儿教师职业道德对幼儿教育工作和社会精神文明建设的促进作用。一方面严格遵循幼儿教师职业道德规范要求，有利于幼儿教师在职业活动中选择正确的道德行为；另一方面通过加强幼儿教师职业道德建设，提高幼儿教师道德素养，促进社会道德风尚的改善。

三、幼儿教师职业道德的基本原则

幼儿教师职业道德基本原则是幼儿教师在教育职业活动中，正确处理各种利益关系所必须遵循的最根本的行为准则，具有广泛的指导性和约束力。

（一）忠诚于党和人民的教育事业原则

幼儿教师要忠诚于党和人民的教育事业，自觉把党的教育方针贯彻到教育全过程；要注重加强习近平新时代中国特色社会主义思想的学习，坚定道路自信、理论自信、制度自信和文化自信；要热爱中国共产党，热爱祖国，热爱人民，做中国特色社会主义共同理想和中华民族伟大复兴中国梦的积极传播者和模范践行者。

（二）保教并重原则

保教并重是科学实施幼儿园教育的基本要求。幼儿教师要把促进幼儿的身体健康、养成良好的生活习惯和自理能力，置于和幼儿知识技能学习、智力发展同等重要的地位。幼儿教师既要保护幼儿安全，安排好幼儿一日生活，做好幼儿的疾病预防和膳食营养；又要对幼儿进行必要的知识启蒙教育，培养幼儿多方面的能力。

（三）为人师表原则

幼儿教师的劳动是保教育人。幼儿教师的思想品德、知识才能、情感意志都在熏陶和启迪着幼儿。幼儿教师是幼儿园中最直观的模范，是幼儿活生生的榜样，这就要求幼儿教师的一切言行举止都要严格和谨慎，注重言传身教，为幼儿做出表率。

（四）教育人道主义原则

教育人道主义强调教育要尊重人的发展需要，要符合人性，要维护人的权利，使人的价值得以实现。它不仅体现在幼儿教师对幼儿的关心和爱护，还体现在对幼儿人格、尊严、权利的尊重，促进幼儿的全面发展。

拓展阅读

用真心和爱心对待每个孩子——全国教书育人楷模艾米拉古丽·阿不都的事迹

【实践园地】

师德故事分享：请分组搜集整理优秀幼儿教师的师德故事，并在班级内进行故事讲述和分享交流。

项目总结

幼儿教师科学的职业理念和优良的职业道德，是实施幼儿品德启蒙教育的坚实基础。幼儿教师是幼儿教育的直接实施者，建设一支高素质善保教的教师队伍，能为幼儿健康发展提供最可靠的教育保障。因此应充分认识幼儿教师职业劳动的特殊性，明确职业责任和使命，树立正确的教育观、儿童观和教师观，掌握幼儿教师职业道德基本原则，不断提升职业道德水平，通过正确的言传身教培养幼儿良好的行为习惯，形成正确的价值观念和思维方式，将立德树人根本任务落到实处。

思考练习

一、单选题

1. 班里养的金鱼死了，孩子们纷纷围了过来，你一言我一语地谈论起来："怎么就死了呢？""不对呀，它还睁着眼呢！"对此，老师恰当的做法是（　　）。

A. 埋怨孩子们投喂了过多食饵　　B. 对孩子们提出的问题不予回应

C. 让孩子们回家后问爸爸妈妈　　D. 引导孩子们讨论金鱼死亡的原因

2. 小豆五岁了，说话发音还是不太清楚。陈老师平时除了鼓励之外，还专门找了很多相关资料并制定了矫正方案。通过老师在日常生活中的教导，以及儿歌、绕口令的练习，小豆有了较大的进步。下列选项与该案例教师职业道德要求相符合的是（　　）。

A. 学而不思则罔，思而不学则殆

B. 道而弗牵，强而弗抑，开而弗达

C. 其身正，不令而行；身不正，虽令不从

D. 圣贤施教，各因其材，小以小成，大以大成

3. 陈老师收集废纸箱、塑料绳、鸡蛋包装盒、旧轮胎等废旧材料，将之改造成各种适合幼儿的教具、学具。陈老师这种"变废为宝"的做法说明他具有（　　）。

A. 课程资源开发能力

B. 课程组织实施能力

C. 课程程序设计能力

D. 教育启发引导能力

二、判断题

1. 学前教育是国民教育体系的重要组成部分，是终身学习的开端。（　　）

2. 教师要成为幼儿学习的支持合作者和引导者。（　　）

3. 遵守幼儿教师职业道德就是保证幼儿在园内不被磕到碰到。（　　）

三、问答题

1. 你对幼儿教师职业角色有何认识？

2. 幼儿教师职业道德的特点有哪些？

3. 幼儿教师职业道德的功能是什么？

四、材料分析题

“每一个儿童都有被爱的权利，都应该得到充分的发展。”这是幼儿园李老师对自己教育工作的体会。李老师在日常教学中不像有的老师那样频频去提问那些能说会道、反应机灵的孩子，她也经常关注那些比较胆小、很少回答问题的幼儿。有时这些幼儿可能过于紧张回答不出来，李老师就会让他们先坐下来平静一下，语气温和地鼓励道：“没关系，以后经常锻炼锻炼就好了。”活动结束后，李老师还主动与幼儿交流，培养他们的语言表达能力，并经常与这些幼儿家长进行沟通，共同寻找适宜的教育方法。

试运用所学的教师职业道德知识对李老师的做法进行分析。

项目二　幼儿教师职业道德养成

知识导图

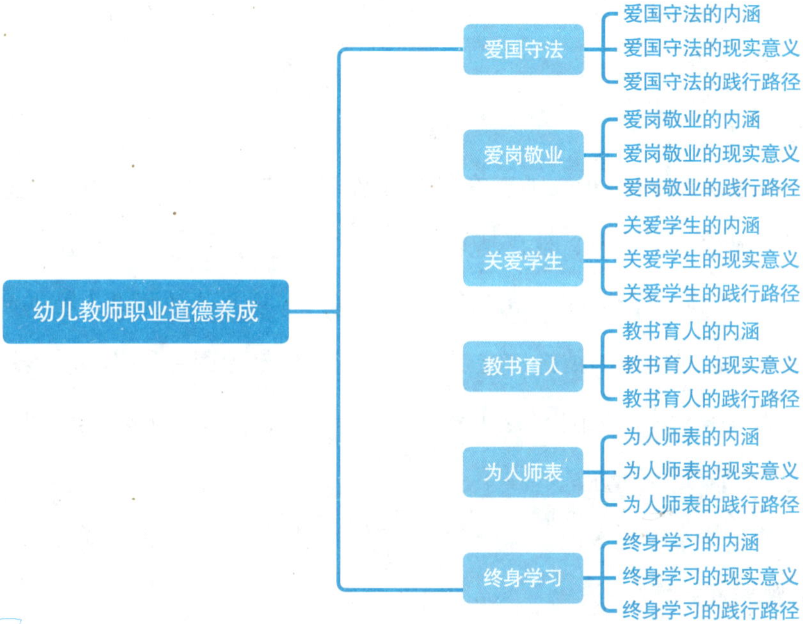

学习目标

知识目标：

了解幼儿教师职业道德规范的基本内容，理解并掌握幼儿教师职业道德规范的内涵、现实意义及践行路径。

能力目标：

能够自觉遵守幼儿教育实践中的职业道德规范，提升职业道德水平。

素质目标：

增强幼儿教师的责任感、使命感、荣誉感，规范幼儿教师职业行为。

任务一　爱国守法

【任务要求】

理解爱国守法的内涵、现实意义和践行路径；能够在幼儿教育活动中做到爱国守法。

【任务引例】

小钟是一名新入职的幼儿教师，在她的工作日志中有这样一段话："感谢幼儿园带领我们参观学习爱国主义教育基地，作为党员教师，我们要铭记历史，从对历史的回望与思考中汲取奋进的力量。今后，要进一步学习革命英雄人物的高尚风范，坚定理想信念，厚植爱国情怀，立足本职工作，更好地引导幼儿接受爱国主义教育，使幼儿从小萌发热爱祖国的美好情感。希望幼儿园多多为我们提供更加丰富多彩的爱国主义教育实践活动。"

为什么小钟老师希望更多地参加爱国主义教育实践活动呢？激发幼儿教师热爱祖国的情感有哪些现实意义？

【主要内容】

爱国守法是公民道德基本规范的首要规范，是每一个中国公民必须履行的责任和义务，更是新时代教师职业道德的基本要求。作为人生的启蒙老师，幼儿教师在保教过程中要把热爱祖国作为自己的神圣职责，增强法治意识，践行依法执教。

一、爱国守法的内涵

爱国守法是指幼儿教师要热爱祖国，热爱人民，拥护中国共产党领导，拥护社会主义，全面贯彻党和国家的教育方针，自觉遵守教育法律法规，依法履行教师责任和义务，不得有违背党和国家方针政策的言行。

二、爱国守法的现实意义

爱国守法是幼儿教师职业道德的基本要求，是落实立德树人根本任务、深化新时代教师队伍建设的重要前提。爱国守法有利于培养幼儿教师的职业情感，规范幼儿教师的职业行为，提高幼儿教师的师德水平。

（一）热爱祖国是培养幼儿教师职业道德的基础

热爱祖国是一种高尚的道德情感，是每个公民应当自觉履行的责任和义务，是幼儿教师献身学前教育事业的思想基础，可以激发幼儿教师的积极性和创造性。幼儿教师要深刻认识到自身肩负着培养祖国希望和民族未来的重任，将个人的发展与祖国的前途命运紧密联系起来，把满腔的爱国热情落实到培幼育人的职业行为中，把对祖国和学前教育事业的爱全部倾注到幼儿身上。

课堂讨论

陶行知先生在1905年求学时挥笔写下了“我是一个中国人，应该为中国做出一些贡献来”的豪言壮语，抒发他满腔的爱国热情并激励自己为祖国早日走向现代化而发奋学习。

1914年，他赴美留学。他先是在伊利诺大学学市政，半年后便毅然转学哥伦比亚大学，师从杜威、孟禄、克伯屈等美国教育家研究教育。1917年秋回国，先后任南京高等师范学校、国立东南大学教授教务主任等职，开始他富于创意而又充满艰辛的教育生涯。1917年年底，他与蔡元培等发起成立中华教育改进社，主张反对帝国主义文化侵略，收回教育权利，推动教育改革。他研究西方教育思想并结合中国国情，提出了“生活即教育”“社会即学校”“教学做合一”等教育理论。他特别重视农村的教育，认为在3亿多农民中普及教育至关重要。陶行知1926年发表了《中华教育改进社改造全国乡村教育宣言书》，1927年创办晓庄学校，1932年创办生活教育社及山海工学团，设想以教育为主要手段来改善人民的生活。“一二·九”运动后，在中国共产党的帮助和影响下，他积极宣传抗日，参加民主运动，进一步认识到教育应为民族革命和民主革命服务。1946年4月，他回到上海，立即投入反独裁、争民主、反内战、争和平的斗争。在他生命的最后100天，他在工厂、学校、机关、广场发表演讲100余次。他的理想是和祖国的未来结合起来的，所以他为着崇高理想始终锲而不舍、呕心沥血、矢志不渝，无怨无悔。

学习了陶行知先生的生平事迹后，你有什么感想？你是如何认识和理解幼儿教师的职责和使命的？

（二）遵纪守法是提高幼儿教师职业道德水平的保障

遵纪守法是每个公民应尽的义务，也是教师必须遵守的道德规范。幼儿教师在保教工作中遵纪守法就是要做到依法执教，将自己的全部工作置于法律许可的范围内。幼儿教师要了解关于幼儿生存、发展和保护的有关法律法规及政策规定，维护幼儿合法权益，这是教师从事保教活动的前提。幼儿教师要依法履行教师职责，以法律为准绳，严格按照法律法规进行职业行为选择，教育的方法和手段都应该合法、规范、严谨。幼儿教师要以身作则，向幼儿普及法律常识，培育遵纪守法的社会主义建设者和接班人。幼儿教师还要通过依法执教规范教育行为，协调教育内外部各种关系，维护教育公平，保证教育人道主义的实现。

三、爱国守法的践行路径

爱国守法是社会向幼儿教师提出的基本要求。幼儿教师不仅要有爱国情，还要有报国志、效国行，在保教实践中做到知法、守法、普法。

（一）加强学习，提升爱国情怀和守法意识

首先，幼儿教师要学习党史、新中国史、改革开放史和社会主义发展史，了解中华民族历史，传承中华文化基因，厚植爱国主义情怀，提升民族自豪感和文化自信心。其次，幼儿教师要注重党和国家教育方针政策的学习，特别要重点学习幼儿教育改革发展的相关内容，并在工作中贯彻好、落实好、执行好。最后，要认真学习国家各项法律法规，特别是与幼儿教育相关的政策法规，例如《中华人民共和国教育法》《中华人民共和国教师法》《中华人民共和国未成年人保护法》《中共中央 国务院关于学前教育深化改革规范发展的若干意见》《幼儿园工作规程》等，增

强依法执教的意识。

（二）投身实践，增强爱国守法的行动自觉

幼儿教师不仅要树立爱国思想，深刻认识职业责任和历史使命，树立献身教育的信念，还要做爱国的模范，率先垂范，在保教活动中积极实施爱国主义教育；不仅要认真学习法律法规，严格遵守教育行政部门和幼儿园的各项规章制度，做守法的模范，还要勤于反思，经常检视并不断完善自身的职业行为，重视对幼儿进行法律知识的普及和规则秩序等行为习惯的培养，使他们成为知法、守法的小公民。

案例精选

爱国不是空洞的口号，而是实实在在的行动，它体现在生活中的方方面面。保持热爱祖国的心，维护祖国的尊严，为祖国做力所能及的事情，也是爱国的表现。据河北青年报报道，2019年河北省援疆支教教师中有73名幼儿教师。这是首次选派幼儿教师支教新疆，她们至少要在新疆支教一年，最长要三年时间。在出征动员大会上，全体支教教师庄严宣誓——响应党的号召，志愿援疆支教，坚守理想信念，忠诚教育事业，牢记“四有”重托，履行神圣职责，潜心教书育人，奠基边疆未来，为新疆教育发展和民族团结奉献全部智慧和力量！在73名幼儿教师中，有来自石家庄市第一幼儿园的骨干教师梁卓。她是一名党员，从事幼教工作已21年，这次要去的是新疆库尔勒。尽管梁卓的孩子在上初二，正是关键时刻，但她仍然坚决申请支教，并获得了家人的大力支持。她说她愿意为党分忧，为国尽责，愿意为提升新疆学前教育的质量和民族团结、社会稳定贡献自己的一份力量。她要把石家庄市第一幼儿园的养成教育和生命教育特色课程，以及教育兴园科研强园的理念推广给对口支教园所，让那里的孩子们也能感受到先进的教育理念。她表示要发挥特长，搭建起石家庄和库尔勒两地园所的桥梁。

【实践园地】

请搜集并学习有关幼儿教师爱国守法的案例，并在班级内分享和交流。

任务二　爱岗敬业

【任务要求】

理解爱岗敬业的内涵、现实意义和践行路径；能够在幼儿教育活动中做到爱岗敬业。

【任务引例】

有这样一位幼儿老师，她善于结合孩子的性格特点及兴趣点创新教法。她连续10年担任班主任工作，所带班级孩子活泼好动，聪明好学，曾多次承担市、区级教学观摩活动，活动过程中孩子们的创新潜力、教师的语言魅力都获得了专家们的好评，也使得该园成功升级为所在城市一级二等园；她先后参与了三个校级课题和一个区级课题的研究工作，作为主研人员多次承担课题的开题、检测、结题活动；她自费到某艺术中心学习素描及色彩绘画，以提升自我的专业素养，并获得《全国艺术指导师高级证书》。在幼儿园年度考核中，该老师多次获得优秀表彰，且得到所教班级的幼儿家长一致好评。是什么让这位幼儿教师在本职工作中屡创佳绩，好评如潮？你觉得幼儿教师应怎样立足本职岗位开展工作呢？

【主要内容】

爱岗敬业是最基本的职业道德规范，是教师职业的本质要求，是教师职业道德的基础。爱岗敬业是对幼儿教师职业情感、职业态度和职业行为的要求，也是幼儿教师实现个人理想和自我价值的有效途径。

一、爱岗敬业的内涵

爱岗敬业是指热爱本职工作，忠于职守，尽职尽责。爱岗强调的是爱，是敬业的前提、基础和动力；敬业强调的是责任，是爱岗的具体表现和升华。爱岗敬业具体表现为具有强烈的责任心和使命感，全身心投入工作，自觉自愿地做好每一项工作。幼儿教师爱岗敬业要热爱学前教育事业，热爱保教岗位，愿意为教育事业奋斗终身，以恭敬、严肃的态度对待职业、尊重岗位，以认真、负责的态度履行职责，专心致志、勤勤恳恳地培幼育人。

二、爱岗敬业的现实意义

爱岗敬业不仅是对幼儿教师职业态度和职业情怀的要求，是幼儿教师获得专业持续发展的基本条件，也是实现其自身价值的根本保障。幼儿教师爱岗敬业对幼儿成长和社会发展都起着重要的作用。

（一）爱岗敬业是幼儿教师职业的责任和使命

《幼儿园教师专业标准》《新时代幼儿园教师职业行为十项准则》等国家教育法规对幼儿教师爱岗敬业提出了明确要求，强调了幼儿教师爱岗敬业的意义。爱岗敬业是民族振兴对幼儿教师职业的必然要求，是幼儿教师职业的神圣责任，是幼儿教师履行职责的自觉性和承担使命的责任感的集中体现。幼儿教师是幼儿教育活动的主要践行者，要对自己的劳动高度负责，要有强烈的责任感和使命感。

（二）爱岗敬业是幼儿教师成长发展的动力源泉

爱岗敬业是幼儿教师自觉履行职业义务的体现，是其职业行为的激励力量和实现自身价值的基本保障。幼儿教师爱岗敬业，积极投身幼儿教育事业，主动承担社会责任和义务，忠于职守，乐于奉献，不仅可以让幼儿教师始终保持幼儿教育的热情和激情，而且有助于幼儿教师自身职业素质的养成和专业能力的提升，并赢得社会各方的敬重和支持，有助于提高培幼育人成效。

（三）爱岗敬业是幼儿教师快乐从教的根本保证

爱岗敬业是一种愉悦的心理体验，是幼儿教师实现自身价值、追求幸福人生的重要途径。幼儿教师爱岗敬业，是其热爱幼教、快乐从教的前提和保证，能够使其产生职业认同感、成就感和幸福感，获得在保教工作中不断创新、创造和奉献的满足与快乐，从而享受到自身价值实现和幼儿全面发展所带来的双倍精神幸福。

相关链接

踔厉奋发担使命 勇毅建功新时代

——保定市青年路幼儿园张春炬事迹材料

“下午市里有检查，晚上开幼儿园全园会，下周去北京、甘肃帮教。”保定市青年路幼儿园园长张春炬就像不停旋转的陀螺，在热爱的教育热土上，以昂扬的精神和大爱的胸怀，书写着一个新时代幼教工作者的努力奋斗。

从教38年，张春炬将挚爱的幼儿教育作为终身事业，始终牢记为党育人、为国育才使命，勤耕不辍，践悟笃行，取得了斐然的成绩：“全国先进工作者”“全国五一劳动奖章”“全国教育系统先进工作者”“全国‘巾帼建功’标兵”“全国宋庆龄幼儿教育奖”等荣誉称号；获批“享受国务院政府特殊津贴专家”“河北省省管优秀专家”“河北省有突出贡献的中青年专家”“河北省三三三第二层次人才”等。她主持并参与10余项国家及省级课题研究；编著《幼儿园文化管理》《幼儿园常见法律问题案例及解析》等12部著作，在国家及省级核心期刊发表论文30余篇，多次荣获河北省优秀教育成果奖。而她带领的保定市青年路幼儿园也先后被授予“全国三八红旗先进集体”“全国教育系统先进集体”“河北省先进集体”等荣誉称号。

不忘初心，潜心治学

张春炬说，孩子是家庭的焦点，更是社会的未来，如何科学培养学前儿童一直是她研究的课题。“幼儿园是儿童社会化发展的关键时期，启蒙阶段对孩子的教育重点并不是知识的积累，而是人格的塑造，是为孩子的一生做准备。”张春炬和她的团队一直倡导“清润”文化，何谓“清润”？“‘清’取青幼的青之音、取清水之意，‘润’是浸润、滋润，‘清润’就是以清渠之水，滋润如幼苗般的孩子。”教师通过行为示范，引导孩子养成良好习惯，塑造健康人格。张春炬即使担任了园长，只要不出差、不开会，每天早晨，她都会雷打不动地带着老师，在幼儿园门口迎接孩子们入园，向孩子们鞠躬、问好。

“让孩子成为孩子”“让教育回归儿童生活”“释放儿童天性，把自主、自由还给孩子”是张春炬秉持的教育信条并努力实现的教育状态。多年来，青年路幼儿园以我国著名儿童教育家、儿童心理学家陈鹤琴先生的“活教育”思想为研究重心，立足自然教育、生活教育、传统文化教育，构建“清润”课程体系；围绕“全程育人、德育为先，保教并重、全面发展”的育人理念，凝练“清润”思想，以文化育人推动园所内涵发展。

以梦为马，跬步行远

“一枝独秀不是春，本地区学前教育水平的整体提升才是‘春满园’。”这是张春炬常常挂在嘴边上的话。建于1946年的青年路幼儿园，是一座具有红色基因和光荣传统的幼儿园。张春炬不忘红色传承，把“发挥青幼优质教育资源，辐射带动周边地区学前教育发展”作为自己的梦想和矢志不渝努力的方向。以星星之火，持续实施送教、帮扶，带动落后地区的学前教育水平。

2018年5月，青年路幼儿园教育集团在保定市政府领导的见证下揭牌成立。3年期间，涵盖东湖园、白涧园、白河园等6所薄弱园所加入教育集团。为提高集团园教育质量，她选派优秀管理者及教师，结合实际建构与“清润”理念一脉相承的园所文化，让青幼优质的教育资源最大化发挥。集团先后完成教育精准扶贫任务，创新“2+1”“1+N”等合作办园模式，并与新疆铁门关市教育局、西藏日喀则市实验幼儿园、四川凉山州西昌市红星幼儿园手拉手，助力西部教育、乡村教育振兴和儿童友好城市创建。

不啻微芒，造炬成阳

“张园长，我的《幼儿园礼仪教育课题》被省教研所立项了！”“春炬园长工作室”成员、保定市育德幼儿园靖园长兴奋地向张春炬报喜。张春炬说，园长工作室以课题研究为抓手，让越来越多的幼儿园园长提升了科研和管理水平。

“要让工作室的成员都成为学习型园长，带动本地区学前教育的整体水平提升。”一直以来，张春炬秉持“河北幼教看保定”的坚定信念，立足“做强自己，带动一批，辐射全域”的战略思想，先后承担“张春炬省名师工作室”“春炬园长工作室”“保定市贫困县园长工作室”“河北省张春炬名园长工作室”四个项目，构建了一个涵盖六个省份十余个知名专家学者、高校教授讲师、一线园长和骨干教师等近百余人的学术发展共同体。如今，张春炬充分发挥工作室的辐射引领作用，特邀专家涵盖国内外重点高校，送教帮扶的脚步遍及全市全省，甚至远到西藏、新疆、四川、甘肃等地，受益园长及骨干教师万余名。

“自信人生二百年，会当水击三千里。”张春炬说作为新时代的幼教工作者，将不负使命，勇毅前行，继续为幼教事业贡献自己全部的光和热，为学前教育高质量发展贡献毕生力量。

三、爱岗敬业的践行路径

爱岗敬业不仅仅是一句口号，更是实实在在的行为，是持之以恒的坚守，是勤勤恳恳的付出和无怨无悔的奉献。幼儿教师要用爱岗敬业的实际行动，诠释对学前教育事业的忠诚，对幼儿教师职业的热爱，对幼儿教师岗位的责任。

（一）树立职业理想，坚定教育信念

幼儿教师要树立远大职业理想，坚定崇高教育信念，具有高尚教育情怀，爱岗敬业，忠于职守，乐于奉献，自觉履行教书育人的神圣职责，为幼儿点燃更灿烂的梦想，引导幼儿全面发展，为国家和民族贡献更多力量。首先，情感上要热爱幼儿教育事业，热爱幼儿教师职业，热爱培幼育人的本职工作。其次，态度上要尊重自己的职业选择，尊重职业的规范和要求，重视职业社会意义的实现。最后，行为上要按照职业规范或要求行事，恪尽职守，自觉承担责任和义务，努力完成工作任务。

（二）立足本职岗位，增强责任意识

爱岗敬业的基本导向是要求幼儿教师尽职尽责，履行教育义务，完成教育任务。首先，要树立强烈的责任意识，坚持爱与责任的职业信念，热忱地、自觉地、积极地、认真地投入工作，将教书育人内化为自身需要，把职业责任升华为博大的爱心，潜心培幼育人。其次，要正确履行岗位职责，明确岗位职责内容和要求，不断规范岗位行为，对自己负责、对幼儿负责、对家长负责、对工作负责。最后，要创造职业劳动成果，精心备课、施教，呈现精彩教育活动；要努力培养、教育幼儿，培育全面发展人才；要与幼儿、同事、家长建立深厚情谊，共同促进幼儿成长。

（三）勤于修身治学，提升专业素养

爱岗敬业要求幼儿教师具备扎实的专业素养，要敬业、乐业、精业、勤业，对自身职业精益求精，必须把各项工作做细、做精，让幼儿健康快乐成长。首先，要具有观察了解幼儿的能力，为因材施教奠定基础。其次，要具有组织教育活动的能力，为科学施教提供保障。再次，要具有研发制作玩教具的能力，为创新教育提供支持。最后，还要有创设教育环境的能力，为环境育人提供载体。

拓展阅读

演讲《用责任与奉献捍卫荣誉》

【实践园地】

请以小组为单位，以幼儿教师爱岗敬业为主题设计一份调查问卷。

任务三　关爱学生

【任务要求】

理解关爱学生的内涵、现实意义和践行路径；能够在幼儿教育活动中做到关爱学生。

【任务引例】

9月1日，幼儿入园的第一天，郝老师面带微笑迎接着孩子们。玲玲第一个进班，郝老师边呼唤着孩子的乳名边抱起她，并轻轻地在她的胸前贴上漂亮的“花朵名片”，在五彩缤纷的花朵造型贴纸上面，写着幼儿的大名和小名。玲玲看着“开”在自己身上那美丽的花朵，紧拉着妈妈的手松开了。事先担心孩子哭闹的情景没有出现，玲玲妈妈松了口气。

每天早上幼儿入园后，郝老师都给孩子们送上这份特殊的见面礼，并告诉他们，只有高高兴兴上幼儿园的孩子才会得到老师送的“花朵名片”。一些原本哭闹厉害的孩子，当贴上这种神奇的“花朵名片”后就会慢慢安静下来。

在“花朵名片”的帮助下，短短几天郝老师就熟悉了班里所有的孩子。而孩子们也把这个每天送“花朵名片”的老师当成了最亲近的人。看似不起眼的“特殊的见面礼”寄托着老师对幼儿的爱，让老师与孩子的心灵沟通有了良好的开始！你认为教师应如何做到关爱幼儿呢?

【主要内容】

关爱学生是教师职业道德的灵魂，是建立良好师幼关系、开展保教活动的基础。关爱幼儿是幼儿教师职业性的体现，是一种专业态度，也是幼儿教师儿童观的集中体现，直接影响到教育理念、途径、方式和行为。

一、关爱学生的内涵

关爱学生是衡量教师职业道德高低的试金石。《新时代幼儿园教师职业行为十项准则》要求教师应关心爱护幼儿，呵护幼儿健康，保障快乐成长；不得体罚和变相体罚幼儿，不得歧视、侮辱幼儿，严禁猥亵、虐待、伤害幼儿。

二、关爱学生的现实意义

幼儿教师对待幼儿的态度和行为上应切实做到“爱一切幼儿，爱幼儿的一切”，以爱为起点、以尊重为基础开展工作。教师关爱幼儿的目的是让每个幼儿处在充满爱的环境中，把爱的能量传递给幼儿，让幼儿感受和模仿爱，使幼儿在爱的空间里健康成长。

（一）关爱学生是幼儿教师专业性的体现

幼儿教师对幼儿的关爱不同于一般的人文关怀，是幼儿教师经历了专业学习后用专业的保教知识关心和爱护幼儿的行为，是“教育之爱”。爱是幼儿心理健康发展的重要条件，爱使幼儿感到安全和满足。幼儿教师要付出真诚的爱，创设愉悦的学习环境，与幼儿心灵相通，从而获得教育的成功。

（二）关爱学生是建立良好师幼关系的基础

爱是构建良好师幼关系的基础。高尔基曾说：“谁不爱孩子，孩子就不爱他，只有爱孩子的人，才能教育孩子。”幼儿教师放低姿态与幼儿交流，以包容的心胸接纳幼儿，以公平的态度平等对待幼儿，幼儿就会体会到教师对于自己的关爱、信赖，逐渐产生安全感和信任感，促使幼儿自信、积极、从容地学习、游戏和生活。

（三）关爱学生是幼儿教师敬业奉献的重要条件

爱心是幼儿教师工作的起点，没有关爱幼儿，一切工作都无从谈起。爱是奉献，是给予，关爱幼儿是幼儿教师自身价值的实现途径，要将奉献和付出视为自己的责任，始终将“儿童为本”的理念落实在职业行为中，遵循教育规律，规范保教行为，为幼儿的健康成长保驾护航。

三、关爱学生的践行路径

幼儿年龄小、好奇心强、好动，对外界的危险因素没有提防意识，自我保护能力差，更需要关爱和呵护。幼儿期是情感培养的重要时期，对事物的知觉、想象和思考都依赖情绪火花的点燃，受情绪的影响很大。幼儿教师应遵循幼儿身心发展特点和保教活动规律，提供适合的教育，保障幼儿健康、快乐地成长。

（一）保护幼儿生命安全

对幼儿生命安全的守护是幼儿教师至关重要的责任。关爱幼儿，重视幼儿身心健康，要将保护幼儿生命安全放在首位，在保教活动中遇到突发事件或面临危险时，绝不能不顾幼儿安危，擅离职守、自行逃离。幼儿教师既要及时排除潜在的危险因素，还要通过设计角色扮演、情景模拟或实景演习，让幼儿掌握基本的生活技巧和躲避危险的简单方法，提高幼儿自我保护的意识和能力。

课堂讨论

宋丽玲是哈尔滨市尚志幼儿园的园长，她曾获得“宋庆龄幼儿教育奖”“全国家庭教育工作园丁”等称号。宋园长特别注意从细节上为孩子们把好安全观：每一个孩子新入园时需要录入三个家长的指纹，三年内只能由这三个家长来接送孩子。如果家长想让其他家庭成员来接孩子，必须写一份委托书，同时提供该家庭成员与孩子委托人的合照。在幼儿园内每一处孩子可能触及的设施、障碍物等，都根据孩子的身高和活动特点做了细致的处理，比如为了避免碰伤孩子的头，给每扇窗户装上了护角支架。

除了保障孩子的生命安全外，宋园长也特别注重呵护孩子的心理健康。幼儿园从墙面到地面，再到棚顶，为孩子们精心打造“开放、表现”的自主生活空间。走进任何一个班级都能看到，老师融入孩子们中间，孩子们在属于自己的空间里快乐地玩耍、嬉戏。

从宋丽玲园长身上你学到了什么？幼儿教师在保教活动中应如何落实关爱幼儿的要求？

（二）遵循幼儿成长发育特点

幼儿时期是孩子成长发育的基础时期，具有鲜明的身心发展特点。幼儿教师要充分掌握不同年龄幼儿身心发展特点、规律和促进幼儿全面发展的策略与方法，了解幼儿在性格、兴趣、爱好、特长等方面的个体差异，熟知幼儿发展中容易出现的问题，采取对应的策略与方法，还要了解特殊群体幼儿的身心发展特点，采取针对性的教育策略与方法。

（三）尊重幼儿，维护幼儿合法权益

尊重幼儿是实施关爱教育的关键。幼儿教师要树立科学的儿童观，尊重幼儿人格和情感，关心和信任幼儿，无条件地接纳每一个幼儿，重视生活对幼儿健康成长的重要价值。幼儿教师要学习关于幼儿生存、发展和保护的有关法律法规及政策规定，坚决维护幼儿的合法权益，坚决杜绝讽刺、挖苦、歧视、体罚或变相体罚幼儿等现象，让幼儿健康快乐成长。

总之，关爱幼儿不仅需要幼儿教师通过专业知识的学习了解幼儿身心发展特点，还要投入全部情感，提升职业道德意识，在保教活动中将这种意识转化为具体行为。幼儿教师必须做到知情意行的统一，将关爱幼儿贯穿于教育活动的始终。

拓展阅读

蹲下来和孩子一起看世界——“立德树人关爱学生好老师”

旺苍县东河镇第二幼儿园教师季红梅

【实践园地】

请到幼儿园观摩幼儿教师如何根据幼儿的性格、兴趣、心理、品格、喜好等组织教育活动，并据此进行记录和分析。

任务四　教书育人

【任务要求】

理解教书育人的内涵、现实意义和践行路径；能够在幼儿教育活动中做到教书育人。

【任务引例】

易老师的班上新来了一个男孩，不爱说话，更不爱笑。易老师问他叫什么名字，他只会摇头。通过和家长交谈，易老师知道这个名叫小俊的幼儿从小失去母亲，爸爸忙于生计也无暇顾及他，所以小俊性格孤僻，语言表达能力很差，动作发育迟缓。了解到小俊的身世后，易老师更加关心小俊，在教室里为他专门准备了开发智力的玩具，还给他编织了新毛衣。易老师每天主动和小俊打招呼，经常亲切地跟小俊说话，教他练习发音，以提高其语言表达能力；利用图片和图书给他讲故事，以提高其理解能力；跟他一起堆积木、折纸，以提高其动手能力。易老师还指导小俊的爸爸在家里如何对孩子进行早期智力训练。

时间一天天过去，渐渐地，小俊的眼睛亮了，能与人进行简单的交谈了，脸上也常挂着微笑。

小俊为什么会发生如此大的改变？面对不同的幼儿，教师应如何进行教育引导呢？

【主要内容】

教书育人是教师的天职，也是教师的第一要务。教书育人是教育的本质要求，也是教师职业道德规范的基本要求，更是教师的使命和责任。教书育人不仅强调知识、技术、技艺的传授，更要涵养品德，注重价值的引导、心智的启迪、精神的构建。

一、教书育人的内涵

教书育人落实到幼儿教师职业行为上，就是通过幼儿教师的劳动，培养幼儿、塑造幼儿、促进幼儿的全面发展。教书育人要求幼儿教师要根据社会发展需要和幼儿身心发展规律，采取适于幼儿的教育方式，利用各种教育契机，通过自身教育行为，对幼儿进行思想品德启蒙教育，向幼儿传授知识和技能，促进幼儿全面发展。

相关链接

教书育人的三大误区

一是“分家论”。就是把教书和育人截然分开、对立起来，认为幼儿教师的任务只是传授知识和看好幼儿，至于育人那是家长的事，这种看法是错误的。

二是“自发论”。就是把教书和育人混为一谈，混淆了教书和育人各自确定的内涵，用教书代替育人，认为自己传授了知识，就自然而然地完成了育人的任务，这种观点是错误的。

三是“代替论”。就是把教书和育人从另一个极端混为一谈，同样混淆了教书和育人各自确定的内涵，用育人代替教书，认为自己强调了学习某种知识的重要性和学了它有何种好处，不注重把这种知识本身的内容讲清，把知识的讲授变成了纯说教或空谈，同样，这种观点也是错误的。

二、教书育人的现实意义

幼儿教师承担着传播人类文化，开发幼儿智能，用人类崇高的思想和高尚的道德塑造幼儿灵魂，引导启蒙幼儿养成良好思想品德和行为习惯的神圣职责。在新时代背景下，强调教书育人有着极为重要的意义。

（一）教书育人是幼儿教育的必然要求

百年大计，教育为本。幼儿教育是基础教育的重要组成部分，是我国学校教育和终身教育的奠基阶段，“基础教育”和“奠基阶段”决定了幼儿教育的性质和特点。幼儿教育的质量直接关系到幼儿一生的发展，关系到国家的未来和民族的希望。教育大计，教师为本，《幼儿园教师专业标准（试行）》要求幼儿教师要“教书育人，自尊自律，做幼儿健康成长的启蒙者和引路人”。

（二）教书育人是塑造幼儿健康人格的基础

教师职业以教书育人为中心，其本质特性就是塑造人的心灵，提升人的道德境界。雅斯贝尔斯曾说："将教育仅仅停留在知识的传授上，这种教育是没有灵魂的。"幼儿教师对幼儿人格的发展具有指导定向作用，其人格特征、行为模式和思维方式会对幼儿产生巨大影响。幼儿教师在教书育人过程中，以其自身的教育行为、道德品质和人格魅力，言传身教，引导幼儿养成良好思想品德和行为习惯，能够更好地促进幼儿身心和谐发展，塑造幼儿完美人格。

（三）教书育人是培养高素质人才的根本保证

幼儿教师是幼儿人生初始阶段的导师。幼儿教师在教书育人过程中，要关心幼儿的成长、成人、成才，注重培养幼儿独立思考、探索新知、创新实践的能力，引导幼儿树立正确的世界观、人生观、价值观，使幼儿不仅有知识和技能，还有诚实、勇敢、合作、开拓、创新品质和无私奉献的精神，促进幼儿全面发展，为培养能担当民族复兴大任的时代新人奠定坚实基础。

三、教书育人的践行路径

人的发展是在各种教育和环境条件下，经过量变到质变、由低层次到高层次、由不完善到完善的逐渐发展的过程，这个过程是长期的、反复的。幼儿教师要以幼儿为主体，充分发挥幼儿的主动性，遵循教育规律和幼儿身心发展规律。

（一）遵循教育规律，实施素质教育

教育规律就是教育内部的本质的、必然的联系或关系，具有客观性、必然性、稳定性和普遍性等特点。幼儿教师要掌握幼儿的发展特点，尊重幼儿的主体地位，了解幼儿的学习方式，珍惜幼儿的学习成果，关注幼儿的敏感期，遵循幼儿身心发展规律，严格按照幼儿教育规律施教。

素质教育要体现育人为本，体现全面育人，具有主体性、全体性、全面性和长效性的特点。对幼儿实施素质教育就应从有效促进幼儿发展的点点滴滴做起，以促进幼儿发展为主要目的，重视幼儿的品德养成、能力培养、个性发展、身体健康和心理健康教育，探索实施素质教育的有效方法和策略。

（二）循循善诱，诲人不倦，因材施教

循循善诱是指善于有步骤地引导别人学习。首先，幼儿教师要坚持“一切为了幼儿，为了幼儿一切”的育人理念，树立正确儿童观，关爱和了解每一个幼儿，引起幼儿学习动机，激发幼儿学习兴趣。其次，要抓住幼儿好问多疑、喜欢刨根问底的特点，创设各种问题情境、激活幼儿思考问题的思路，鼓励幼儿善于质疑、提问和思考。最后，还要教会幼儿学习，并授之以方法，按照幼儿思维发展的规律特点，由近及远、由直观到抽象，循序渐进地调动幼儿的主观能动性。

诲人不倦是指教育者要保持耐心和恒心，是教师职业的内在价值，也是教师人格特征的体现。首先，幼儿教师要以教书育人为己任，将炙热情感投入到幼儿教育事业中，做到乐业、乐教。其次，要认识到教育幼儿的过程是漫长的，需要付出更多的耐心和时间。最后，要克服急于求成的心理，对幼儿细心教导，不厌其烦、坚持不懈地引导幼儿做人做事，帮助幼儿进步。

因材施教是指教师根据不同受教育者的实际情况进行不同的教育。尊重幼儿个性是因材施教的前提，了解幼儿特点是因材施教的基础。首先，幼儿教师要细心观察、体会和感受，了解幼儿的个性和特点。其次，要及时同家长、同事、幼儿沟通，发现幼儿的差异。最后，要针对幼儿不同智力水平、性格特点、兴趣爱好、年龄特征、学习进度和发展志向等不同因素施加教育影响。

案例精选

你也很棒

欣欣一岁多的时候生过一场大病，身体发育比同龄幼儿晚，上幼儿园后，身体还是比较瘦弱，语言表达不太清晰。一次，徐老师教孩子们唱儿歌“两只老虎”。徐老师发现大部分孩子都会唱了，就叫孩子们到教室中间一个一个表演。徐老师给唱得好的孩子奖励一朵小红花，轮到欣欣了，她刚唱了一句，就不记得歌词，还跑调了。徐老师对欣欣说：“你坚持唱完儿歌也很棒！你会唱得更好的，加油！”接着在欣欣额头贴了一个加油的贴纸，并让小朋友们为欣欣加油和帮助欣欣。小朋友们都看着欣欣，不断传来“加油”的鼓励声和“我来帮你”的对话声，欣欣更加努力地练习起来。

评析：

当欣欣面对唱歌跑调等困难时，徐老师及时给予鼓励，还引导其他幼儿关心帮助欣欣，不仅让欣欣重拾信心，还教育小朋友要关心同伴，互相帮助，体现了循循善诱、诲人不倦、因材施教的教书育人师德规范。

（三）培养良好品行，激发创新精神，促进全面发展

教书育人要培养幼儿的良好品行。幼儿教师是幼儿良好品行的启蒙者和培育者，教书育人的基本目标就是引导幼儿个体的成长，启迪幼儿对于人生和世界的美好情怀，通过塑造良好品行，影响幼儿的身心发展，为幼儿一生奠定良好的精神基础。

教书育人要激发幼儿创新精神。创新教育就其本质而言，是培养幼儿具有各种创新能力；就其教育方式而言，是一种自由、快乐的启发式教育；就其核心而言，是培养幼儿的创新思维，并使幼儿各种能力得到全面发展的素质教育。幼儿教师要善于激发幼儿的创新精神，要努力做到让幼儿有思考的空间，充分发挥幼儿的主体作用，注意营造民主、自由、新奇的氛围和环境，善于发现问题，勇于创新实践。

教书育人要促进幼儿全面发展。促进幼儿的全面发展需要实施全面发展教育，主要包括德智体美劳“五育”。幼儿教师要将“五育”有机结合，在促进幼儿全面发展中相互渗透、相互协调、相互促进。幼儿教师要综合健康、语言、社会、科学、艺术等各领域的教育内容，将“五育”渗透于幼儿的一日活动中，充分发挥各种教育手段的交互作用，促进幼儿全面、健康、可持续发展。

拓展阅读

应彩云老师随笔——孩子喜欢创新型的老师

【实践园地】

请以小组为单位，搜集适合不同年龄特征的幼儿游戏方案，从中分析教书育人是如何落实的。

任务五　为人师表

【任务要求】

理解为人师表的内涵、现实意义和践行路径；能够在幼儿教育活动中做到为人师表。

【任务引例】

高老师是从事幼教工作十年的一名幼儿教师，他给小朋友们讲的内容无所不包，上至遥远的外太空，下至深邃的海洋，东西方故事也信手拈来即成文章。高老师带领着孩子们开阔眼界，体会人生的小哲理，传递正能量的人生信条。高老师的头发永远整齐，衣履永远洁净，谈吐文雅，举止文明，神情淡泊。或许高老师并不知道自己对孩子们产生的巨大影响，家长们都认为是高老师潜移默化影响了小朋友们对美的追求。

幼儿教师的学识品格、言谈举止等直接影响着幼儿，作为未来的幼儿教师，你将如何做到为人师表呢?

【主要内容】

为人师表是教师职业的内在要求，也是教师职业道德规范的基本准则。我国自古以来就对为人师表有着十分严格的要求。孔子说过，“其身正，不令而行；其身不正，虽令不从”，就表明了为人师表的重要性。

一、为人师表的内涵

为人师表是对教师的一种重要的道德要求，是师德修养的关键。为人师表指幼儿教师在保教活动中，有意识地把自身内在的学识、品格与外在的言谈举止、仪表风度作为教育、影响幼儿的手段，成为幼儿学习和效仿的模范与表率。作风正派、以身作则、注重身教是为人师表的重要内容，是影响幼儿最现实、最鲜明、最直观、最强有力的教育手段。

二、为人师表的现实意义

为人师表是教师职业道德区别于其他职业道德的显著标志，教师职业的特殊性与示范性决定了教师要做“人之模范”，要做到为人师表。为人师表对幼儿教师职业活动的顺利进行和幼儿人格的健康成长都有着重要意义和特殊作用。与其他职业相比，幼儿教师践行为人师表对幼儿及社会的影响更广泛、更深远。

（一）为人师表是教师职业的特殊要求

幼儿教师的职业特殊性主要体现为具有突出而强烈的示范性特点，要求幼儿教师必须要为人师表。首先，幼儿教师要把凝聚在教育中的智慧、情感、态度和价值观，内化为自身的一部分，在施教中把它们外化为影响幼儿的言行。其次，幼儿教师要用自身内在的情感、态度、兴趣、爱好、意志、性格等良好人格品质，潜移默化地影响幼儿，成为幼儿学习的榜样。最后，幼儿教师要用外在的言行举止、仪表风貌直观地影响幼儿，成为幼儿效仿的表率和榜样。

（二）为人师表是幼儿发展的必然要求

幼儿的身心成长特点决定了幼儿教师必须要为人师表。首先，幼儿具有好奇心强、可塑性大和喜欢模仿的特点。幼儿的身心发展尚不成熟，知识和生活经验不足，缺乏深刻的理解、分析和判断能力，容易受到环境和他人的各种影响，这就要求幼儿教师做好幼儿健康成长的引导、启蒙和良好示范，促进幼儿朝着积极正面的方向发展。其次，幼儿所特有的“向师性”特点。幼儿会天然的亲近教师、崇拜教师、模仿教师，这就要求幼儿教师必须做到为人师表、率先垂范、以身立教，让自身成为培育幼儿的最有力资源，发挥积极的教育作用。

相关链接

为人师表的行为范畴

从职业特征分析，教师的表率作用主要体现在“知识表率”和“品德表率”两方面，也就是说，教师作为学生知识的启蒙者和智力开发者，为人师表的要求体现在其严谨的治学态度和认真负责的工作精神，善于激发学生的学习兴趣和积极向上的情感，有能力让学生的智力和能力得到良好发展。另外，教师作为学生的“品德表率”，要求教师做到严于律已、诚实正直、言行如一，具有丰富而健康的情感、广泛的兴趣爱好，激励学生从善并对学生进行正确的价值引导，促进学生优良品德的形成。

教师的表率作用对于学生尤其重要。只有不断更新知识，提高教育教学水平，具备良好的职业道德，才能为人师表，才能做学生的良师益友。

三、为人师表的践行路径

“以身作则、为人师表”是教育劳动本身对教育工作者提出的特定要求。就其影响方式来说，幼儿教师的劳动不同于其他劳动，它不是用工具去影响或改造劳动对象，而是要用自己的知识、智能、品格、言行等直接去影响幼儿。

（一）坚守高尚情操，知荣明耻，严于律己，以身作则

在保教活动中，幼儿教师所展现的思想品德、行为习惯，对幼儿有着直接影响。为人师表首先提倡教师要坚守高尚情操，知荣明耻，严于律己，以身作则。

幼儿教师要坚守高尚的道德情操，知荣明耻。一是要拥有深刻的道德认识，引导幼儿形成正确的道德观念；二是要培养高尚的道德情操，创造良好的教育氛围，陶冶幼儿的道德情操；三是要练就坚毅的道德意志，激励引导幼儿锻炼坚定的意志和顽强的毅力；四是形成高尚的道德行为，潜移默化地引导幼儿选择正确的道德行为，培养幼儿良好的道德习惯；五是要具有健全的人格品质，做幼儿健全人格的表率；六是要培养健康的生活情趣，更好地感染、熏陶、启迪幼儿的美好生活。七是要做到知荣明耻，恪守职业底线，争做幼儿爱戴、深刻感化幼儿心

灵的良师益友。

幼儿教师要做到严于律己、以身作则：一是要重学，做到知学、好学、乐学。二是要内省，理性的自我反思、自我教育，慎重对待自己的言行。三是要慎独，以高度的自觉性和严格的道德自律性，做人做事做表率。四是要通过自身的模范言行，把社会倡导的价值观念、伦理道德和行为准则，形象、直观、生动地表现在幼儿面前，潜移默化地感染引导幼儿。五是要在意志品质方面为幼儿做出直接现实的、生动形象的示范和表率，影响幼儿良好意志品质的形成。六是要帮助幼儿实现由“知”到“行”的转化，重视和加强幼儿行为方式的引导和启蒙。

相关链接

幼儿教师健全的人格特质

幼儿教师健全的人格特质，具体来说包括以下几个方面：

第一，追求高层次的人格需要。表现为具有崇高的教育理想和教育信念，具有为教育事业献身的精神，忠诚于人民的教育事业。高层次的人格需要对健全人格的形成将起到巨大的推动作用。

第二，具备高尚的人格品质。表现为具有强烈的事业心、责任感和敬业精神，热爱、尊重幼儿，为人师表，民主公正，诚实守信，淡泊名利，甘为人梯。高尚的人格品质是健全人格形成的基础。

第三，具有优良的人格心理。表现为心理健康，个性鲜明，情绪稳定，思维敏捷，兴趣广泛，有与他人健康交往的愿望和能力。优良的人格心理是健全人格的重要体现，也是教师从教的基础。

第四，具有优良的人格智能。表现为具有教师职业所需要的基本技能和较高的文化素养，智力、能力协调发展。人格智能是健全人格的支柱，也是教师从教的基本条件。

第五，具有健康的身体素质。表现为身体健康，精力充沛，具有较强的社会适应能力。身体素质是人格形成的物质基础，也是做好教育工作的重要前提。

（二）衣着得体，语言规范，举止文明

幼儿教师的仪容仪表、言谈举止最直接地反映了教师的道德风貌和审美情趣，对幼儿具有重要的教育价值和示范意义。

幼儿教师的衣着服饰应符合职业特点、环境要求和审美标准。衣着得体要遵循具有美感、具有职业感、具有时代感和与形体个性和谐统一的原则。幼儿教师衣着打扮要活泼大方，便于活动，不同场合穿不同服装，给幼儿以美的熏陶。

幼儿教师的语言应该规范、亲切、自然。首先，用语要纯洁、文明、健康，使用文明语，讲普通话，用语文雅优美，语气亲切和蔼。其次，用语要准确、鲜明、简练，表达清楚，饱含真情，简洁明快。再次，用语要生动、热情，富于激励性和启发性，抑扬顿挫，富有激情，催人奋进。

幼儿教师的行为举止要做到端庄稳重、从容可亲。首先，举止要适度，动作要文雅，表现出文明的气质。其次，情绪要稳定，行为要受约束，表现出爱抚和关切。再次，目光要充满热情和希望，面容要慈祥，态度要诚恳，表情要温和，使幼儿产生和蔼可亲、随和有礼之感，树立良好的教师形象。

（三）关心集体，尊重同事，尊重家长，团结协作

关心集体，团结协作，尊重同事，尊重家长，是处理、调节教师与学校集体、教师与同事、教师与学生家长之间关系的道德规范。

要正确处理个人与集体的关系。关心集体既是集体主义道德的要求，更是教育好幼儿的特殊要求。幼儿教师要关心幼儿集体和教育集体，积极主动地融入集体，自觉维护集体荣誉和利益，服从集体安排和决定，要自觉把自己的发展与集体的命运联系在一起，依靠集体的发展带动自己的进步，努力为集体建设贡献力量。

要正确处理与同事的关系。首先，要尊重同事的生活习惯、处世方式和隐私，相互关心，相互帮助。其次，要礼仪周到、谦恭有礼，充分体现“礼貌”和“礼数”，适时向同事表达自己的关心、鼓励、祝贺和赞美。再次，要善于发现他人的优点和长处，虚心请教，表达信赖，增进关系，加深感情，同时也要注意分寸。最后，要主动与同事交往，出现失误、产生误会，要主动道歉和说明。

要正确处理与幼儿家长的关系。家长与教师应该是相互配合、相互理解、相辅相成的关系，幼儿教师必须尊重幼儿家长，要主动沟通，平等对待。与家长沟通时要注意：首先，切忌见面就“告状”。其次，要把谈话建立在客观、全面的基础上，以家园合作、共同促进幼儿发展为目的，讲求艺术与策略。再次，要充分尊重，耐心倾听，真诚交流，热心帮助。最后，沟通要因人而异，面对不同的家长群体要采用不同的沟通方法。

同时，还要做到团结协作。幼儿教师要正确处理好教育活动中的各种关系，汇集学校、社会和家庭的各种教育力量，形成教育合力，围绕目标、利益、归属需要的满足等方面的共同点，彼此接纳、相互认同、团结互助、配合协作，共同努力促进幼儿的健康成长。

（四）作风正派，廉洁奉公

为人正直、作风正派是教师为人处世的基本品格，是教师人格修养的综合体现。作风正派要求幼儿教师坚持操守，无私奉献，要以正直无私、公道正派、光明磊落的处世态度，实事求是、坚持真理、是非分明的职业精神，认真负责、兢兢业业的工作作风，赢得幼儿、家长和社会的认可和爱戴。

廉洁奉公是教师堪称人师的人格基石，幼儿教师要廉洁奉公、廉洁从教，追求进步的、高洁的感情、气节和操守，自觉抵制社会不良风气的影响，绝不利用职务之便谋取私利，养成廉洁自律、洁身自好的习惯。

拓展阅读

幼儿教师仪容礼仪与着装礼仪

【实践园地】

请在班级内开展幼儿教师职业风采展示，职业礼仪内容为必选，其他内容自选，展示形式不限。

任务六　终身学习

【任务要求】

理解终身学习的内涵、现实意义和践行路径；能够在幼儿教育活动中做到终身学习。

【任务引例】

又是一年开学季，今年的开学季比往年更热闹，因为分园的建成，聪明屋幼儿园新进了8名新教师。按照以往的惯例，教师节有一项重要的仪式就是师徒结对仪式。“刚参加工作的新教师为徒弟，本班资深教师为师傅，师徒二人签订《师徒协议》。从此，徒弟要虚心向师傅求教，学习做合格的幼儿教师。师傅要耐心关怀徒弟，在生活、工作、学习上要真诚地帮助徒弟。师徒二人教学相长共同进步。”在园长声情并茂的祝福声中，8对师徒携手签订协议，园长颁发师徒证书，师徒俩亲密地站在一起合影留念。

徒弟小林老师是应届优秀毕业生在园实习后留下的，她在想：从今天开始，我要将自己的心态归零，一切成功都属于学生时代，而教师职业生涯才刚刚开启，需要重新努力。我不仅要尊重师傅，好好学习，有机会还要向其他资深老师学习，争取早日能够胜任幼儿教师岗位工作。

作为幼儿教师，你如何理解终身学习？如何规划未来学习和发展？

【主要内容】

终身学习是教师职业道德规范的重要内容之一，是教师专业发展的不竭动力和时代发展的必然要求。教书者必先强己，育人者必先律己，学历不等于能力，只有持久的学习力和持续的继续教育、终身教育，才能使幼儿教师的能力不断增长，素质不断提升。

一、终身学习的内涵

终身学习是指教师要崇尚科学精神，树立终身学习理念，通过拓宽知识视野，更新知识结构，潜心钻研教育教学业务，不断提高专业素养和保教水平。《幼儿园教师专业标准（试行）》要求幼儿教师从三个方面入手实现终身学习：学习先进学前教育理论，了解国内外学前教育改革与发展的经验和做法；优化知识结构，提高文化素养；具有终身学习与持续发展的意识和能力，做终身学习的典范。

二、终身学习的现实意义

当今世界，科技发展突飞猛进，信息量与日俱增，社会各领域的知识不断由单一走向多元，不断向更深、更广的层面发展。学习不是一次性完成的，需要自发、主动、持续地接受教育和学习，将继续教育、终身教育贯穿整个人生。幼儿教师要树立终身学习理念，不断丰富自己的知识储备，以适应教育改革和发展的需要。

（一）终身学习是幼儿教师职业的现实要求

树立终身学习理念是由幼儿教师的职业特点所决定的，是教育变革对教师职业角色提出的要求。首先，适应时代变化。进入新时代，深化学前教育改革，促进幼儿全面发展，必须通过学习，转变幼儿教师的教育观念，传播先进文化，弘扬学术精神，造就创新人才。其次，完善教学需要。幼儿教师只有教到老、学到老，不断学习充实自己，掌握现代教育技术和教学技能，随时补充、更新、调整自己头脑中的知识体系，使自己的思想、观念和知识跟上教育教学的需要，才能更好地传道、授业、解惑。

（二）终身学习是幼儿教师成长和发展的必由之路

终身学习是幼儿教师的一种社会责任，一种自身发展的需求，是幼儿教师不断提高专业素养和保教水平，实现专业持续发展和个人成长发展的必由之路。随着社会的发展和时代的进步，党和人民对于幼儿教师的要求越来越高。幼儿教师必须认清终身教育和终身学习的重要意义，具备终身学习的意识和能力，主动学习，合作学习，不断更新、深化和创新知识，不断加强科学研究能力和创新意识的培养，不断增强应对各种教育挑战的能力，始终坚持不断地学习、成长、成熟，提升职业素养，积累教育经验，获得全面发展，才能成为幼儿终身学习的楷模。

（三）终身学习是幼儿教师感悟职业幸福的有效途径

终身学习是幼儿教师感悟职业幸福的需要。幼儿教师只有孜孜不倦地汲取新的知识养料，努力学习更多的知识，不断提升保教水平，才能化解理念滞后、知识匮乏、方法陈旧的实践困境，突破自身专业发展的瓶颈状态，实现教师自我的生命追求。幼儿教师坚持终身学习，能在日常工作中保持教书育人的热情，在创新思考中感受职业发展的动力，在科学育儿中分享事业成功的喜悦，在自我完善中感悟教师职业的幸福。

相关链接

人类知识的倍增周期

据英国技术预测专家詹姆斯·马丁测算，人类知识的倍增周期在19世纪约为50年，20世纪前半叶约为10年左右，到70年代缩短为5年，80年代以来几乎到了3年翻一番。与此同时，人类知识老化程度加快，一个人所掌握知识的半衰期，在15世纪为80年—90年、19—20世纪初为30年，20世纪60年代为15年，进入80年代已经缩短为5年左右。信息时代、知识时代带来了深刻的社会变革，改变了教育和学习形式，使人类进入了学习型社会。为了适应这种变化，人们就必须坚持不懈地学习、终身地学习。

三、终身学习的践行路径

幼儿教师要坚定职业理想，规范职业道德，增强育人责任感和使命感，牢固树立终身学习的理念，勤于读书、乐于学习、善于反思，通过多种学习途径提升自身业务能力和育人水平。

（一）勤于读书

幼儿教师拓宽知识视野、更新知识结构，最重要的途径就是读书。读书是幼儿教师学习的主要形式和成长的基本条件，也是幼儿教师思想形成与发展的基础。勤于读书，培养良好的读书习惯，能够不断充实自我、完善自我，有效落实终身学习理念。幼儿教师多读幼儿教育名著，多读著名学者对幼儿教育的言论，有利于更好地把握教育的规律；多读国内外学者的幼儿教育论著，形成更加多元的幼儿教育思想，有利于教育工作的创新；多读普通教育类论著，跳出幼儿教育看幼儿教育，有利于紧跟幼儿教育的发展形势；多读人文历史类专著，不断丰富文化积淀，有利于成为有扎实学识的优秀老师。

（二）乐于学习

幼儿教师要乐于学习、学会学习，尤其要转变学习方式：由被动、机械地学习向主动、探究地学习转变，由依赖教材、教参向关注社会实践经验和数字教学资源转变，由盲从权威、迷信书本向发展创新精神和创新能力转变，由过分关注单一文化知识向注重认知、兴趣、意志、毅力、信仰、科学精神等情感、态度和价值观转变。幼儿教师不仅要向书本学习，还要向同事学习、向幼儿学习。

案例精选

从“一桶水”到“一井水”

作为当今时代的幼儿教师，“一桶水”已经远远不够了，非有“一井水”不可。从“一桶水”到“一井水”的观念，恰好印证了“继续教育”“终身学习”等教育理念深入人心。将“一桶水”提升为“一井水”应做到以下八个字：自觉、惜时、思辨、积累。

自觉——自觉是一种自愿以待的潜在意识。教师要达到这种状态，主要源于事业心和责任感。对于教师而言，不思学习就会日复一日地重复着自己。在这个日新月异的时代，只有将知识看作衣食一般的宝贵，才能高度自觉、乐得其所地投身到不断地学习中去。

惜时——惜时是一种孜孜不倦的精神状态。每个人都追求安逸的价值取向，为了抵御自身的惰性，要为自己制订自学计划，这些计划一旦坚持下来并养成习惯，便尝到了其中无比的乐趣：那种书海漫游，物我两忘的境界。

思辨——思辨是一种学以致用的思想方法。所谓思辨，就是要将学习与实践联系起来进行比照与分析，得出正确的认识和结论。要读书有所选择，要开卷必有笔记，要头脑常存问题，要理论联系实际。

积累——积累是一种“变本加厉”的学习方式。读书贵在积累，只有不断地积累，才能融会贯通，才能厚积薄发，才能博学多才。只要肯努力，只要一点一滴的积累，就一定能够挖掘出那汩汩不息的“一井水”。

评析：

作为幼儿教师，我们应该树立终身学习的理念，在学习与反思中不断成长，由“一桶水”变成“一井水”，再变成“源源不断的源头活水”，促进幼儿的成长和发展。

（三）善于反思

幼儿教师要养成善于反思的习惯，这是发现问题、总结经验的过程，也是自我成长、修养身心的过程。幼儿教师要注重培养自我反思、自我调节、自我完善和自我提升的能力，经常总结和反思，及时发现问题、分析问题和解决问题，通过实践——反思——更新——实践的良性循环，提升专业能力和保教水平。

拓展阅读

为书而生的魏书生

【实践园地】

未来同学们需考取幼儿教师职业资格证书，请设计一份切实可行的学习规划。

项目总结

爱国守法、爱岗敬业、关爱学生、教书育人、为人师表、终身学习是教师职业道德的基本规范。幼儿教师是幼儿健康成长的启蒙者和引路人，其职业道德直接影响幼儿的健康成长，关系到国家的前途命运和民族的未来。作为幼儿教师，要学习和践行教师职业道德基本规范，培育优良的职业道德，将外在的职业道德规范内化为自身的自律和追求，渗透到职业道德修养的日常点滴中，运用到幼儿品德启蒙教育的实践活动中。

思考练习

一、单选题

1. 古人把教师的职责归结为“传道、授业、解惑”其实质是（　　）。

A. 传承和弘扬　　B. 改革和发展　　C. 教书和育人　　D. 实践和创新

2. 体现教师职业与其他职业根本不同的是（　　）。

A. 教书育人　　B. 为人师表　　C. 奉献性　　D. 长久性

3. 某市教委在教师中作随机调查，问“您热爱学生吗”，90%以上的教师回答

“是”。而当转而对他们所教的学生问“你体会到老师对你的爱了吗”时，回答“体会到”的学生仅占10%！这说明（　　）。

A. 教师还没有掌握高超的沟通与表达技巧　　B. 教师尚不具有崇高的道德境界

C. 教师缺乏信心　　D. 教师缺乏爱心

4.“春蚕到死丝方尽，蜡炬成灰泪始干”，体现在教师职业道德规范中，就是（　　）。

A. 爱国守法　　B. 爱岗敬业　　C. 关爱学生　　D. 终身学习

5. 孔子曰：“其身正，不令而行；其身不正，虽令不从”，从幼儿教师角度来说可以理解为（　　）。

A. 走路身体一定要端正

B. 自己做好了，不要教育幼儿，幼儿自然会学好

C. 对幼儿下命令一定要正确

D. 教师自己要以身作则，一言一行都会对幼儿产生巨大影响

二、判断题

1. 依法治教的主体就是各级行政机关。（　　）

2. 在教育工作中，教师履行自己的道德义务就失去了职业自由。（　　）

3. 幼儿园教育活动的内容形式应该与幼儿身心发展特点和发展需要相适应。（　　）

4. 尊重幼儿的人格尊严和合法权益，要求教师依据幼儿的意愿部署教育活动。（　　）

5. 教师的言行本身就是课程，影响着幼儿的自信心、探索精神和社会交往发展的能力。（　　）

6. 所谓师表就是教师的外在形象之美。（　　）

7. 教书是手段，育人是目的。（　　）

8. 俗话说：“严师出高徒”“严是爱，松是害，不管不问要变坏”，所以，爱幼儿和严格要求幼儿是矛盾的。（　　）

三、问答题

1. 幼儿教师职业道德规范的主要内容有哪些?

2. 你赞同“教学有法、但无定法、贵在得法”同样适用于教育幼儿吗?为什么?

项目三　幼儿教师职业行为调适

知识导图

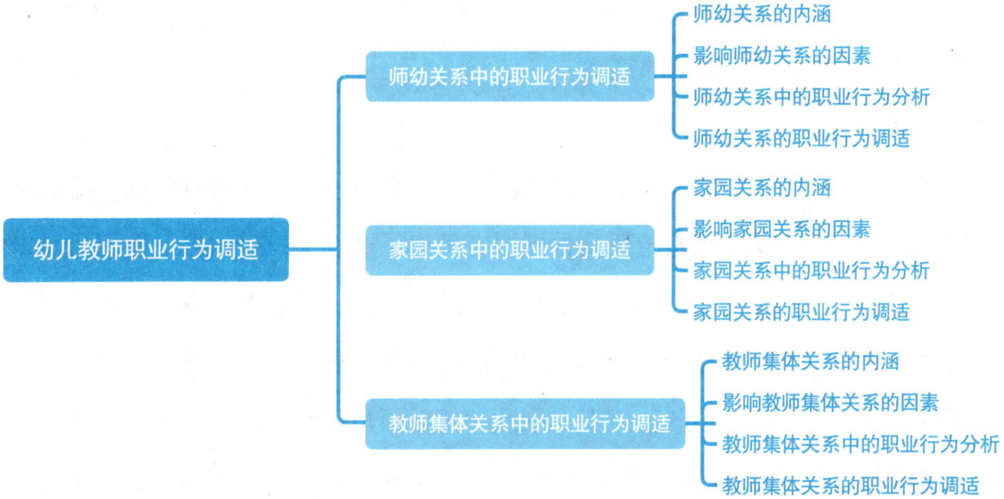

学习目标

知识目标：

了解师幼关系、家园关系、教师集体关系的内涵及影响因素，掌握这三类关系中的职业行为调适策略。

能力目标：

能够对师幼关系、家园关系、教师集体关系中的职业行为进行分析，具备职业行为调适的能力。

素质目标：

塑造幼儿教师优良的道德品格，加强幼儿教师道德修养，培养善于总结反思的习惯。

任务一　师幼关系中的职业行为调适

【任务要求】

理解师幼关系的内涵及影响因素；能够正确分析师幼关系中的职业行为；掌握师幼关系中职业行为调适的策略。

【任务引例】

某天，欣欣回家后和父母分享幼儿园的生活点滴。她跟父母说，在“娃娃家”玩游戏时，有个小朋友跟她抢玩具，她跟老师说了这件事，表示自己也想玩。老师就过去跟那个小朋友交流，结果只是象征性地说了句“要懂得分享”，就去干其他事情了。欣欣没有玩到喜欢的玩具，回家后很沮丧，还说老师不管她。还有一次，班里的小男孩不小心碰了欣欣一下，欣欣摔倒后眼角受伤了，恰巧主班老师不在，保育老师并没有询问欣欣的情况。欣欣父母后来和老师沟通，老师说会核实情况，却再无下文。有时候，老师好像能够自动屏蔽这些“求助”信号，久而久之孩子就不愿意和老师交流了，因为总是得不到回应，还会觉得老师很“凶”。

这则案例对你有什么启发？面对幼儿的“求助”，你觉得作为幼儿教师应该怎么做？

【主要内容】

在幼儿园的人际关系中，师幼关系是最基础、最重要的组成部分，也是极其宝贵的教育资源。深入分析幼儿园的师幼关系，对于构建良好的师幼关系，促进幼儿教师和幼儿共同成长，推动幼儿品德启蒙教育的发展，提升保教质量具有至关重要的作用。

一、师幼关系的内涵

幼儿离开家庭进入幼儿园以后，在与幼儿教师的互动交往中形成了一种新的人际关系——师幼关系。师幼关系是指幼儿教师与幼儿互动交往过程中所形成的人际关系和心理关系，是幼儿教育发挥作用的核心机制。

师幼关系是一种最基本、最亲密、最深切的人际关系，直接关系到幼儿身心和谐发展的程度，同时也深刻影响着幼儿园保教活动的质量。这不仅体现在幼儿园游戏与教育活动中，更体现在幼儿的洗漱、进餐、如厕和午睡等各环节，贯穿于幼儿一日生活的全过程。

二、影响师幼关系的因素

《幼儿园教育指导纲要（试行）》中指出："建立良好的师生、同伴关系，让幼儿在集体生活中能够感到温暖，心情愉快，形成安全感、信赖感。"良好师幼关系的建立受到多种因素的影响，包括幼儿教师的专业能力、幼儿园环境方面的因素、幼儿家庭方面的因素、幼儿自身的特点四个方面。

（一）幼儿教师的专业能力

幼儿教师的教育背景、教学经验、教育观等都对师幼关系产生重要的影响。幼儿教师专业能力强，专业素养高，关爱幼儿，尊重幼儿人格，能够与家长积极沟通并分享幼儿的成长故事，这样的幼儿教师能够与幼儿建立良好的师幼关系。在保教活动中经验丰富的幼儿教师更容易与幼儿建立亲密关系，能够帮助幼儿建立长期稳固的安全感和归属感，让幼儿拥有快乐的幼儿园生活。

（二）幼儿园环境方面的因素

良好师幼关系的建立离不开幼儿园文化的影响，和谐的园所文化氛围能够营造相互学习、互帮互助的精神环境。幼儿园空间的大小和布局影响师幼关系，空间太大，幼儿较分散；空间太小，压力感增强容易引发冲突；布局不合理也会影响师幼交流互动效果。幼儿园的师幼比也是重要影响因素，当教师少幼儿多，保教质量会受到影响，容易导致师幼关系不融洽。

（三）幼儿家庭方面的因素

家庭环境、幼儿与母亲的关系、家长的态度等也会影响师幼关系。如果幼儿与母亲之间感情亲密，并有积极的情感分享，那么师幼关系一般也倾向于安全和非冲突性的；但如果幼儿与母亲之间存在问题，包括情感缺失或者受到强势控制，那么师幼关系往往也容易出现不安全和冲突。幼儿家长愿意与幼儿教师进行沟通，经常参与幼儿园活动，家园关系和谐，则更容易建立良好的师幼关系。

（四）幼儿自身的特点

在早期师幼关系建立过程中，幼儿的问题行为会影响师幼关系的质量，有些幼儿会表现出混乱、抗拒甚至攻击性等外显行为。多动的幼儿与普通幼儿相比更容易与教师发生冲突。女孩在参与游戏活动时往往表现出更高的合作性，交往技能更强，幼儿教师与女孩的关系相较于男孩而言更亲密一些，冲突也更少一些。此外，幼儿的年龄差异也会影响师幼关系。

相关链接

表3-1　这些禁忌语，请别再说出口

禁忌语	举例
牢骚语	“你怎么这么慢啊？”“慢吞吞的，快点想！”“这么大了还不会穿衣服。”“你怎么吃个饭都能掉一身。”
否定语	“你从来都没好好吃过一顿饭。”“你太笨了。”
控制语	“我是老师，你就得听我的，你不听也得听。”“你再不听话老师就不要你了，你去别的班吧。”
恐吓语	“你再不听话我就把你喂大老虎。”“你再不听话你妈就不要你了。”

三、师幼关系中的职业行为分析

3岁以后，幼儿的交往对象更多的是幼儿教师和同伴，建立良好的师幼关系是十分必要的，但是幼儿园的师幼关系中仍存在一些不恰当的行为。

（一）错位式关系：师幼之间存在不平等

虽然很多幼儿教师能够意识到与幼儿平等对话的价值，也认同幼儿与成人一样都是独立的个体，要尊重幼儿的人格。但是，在实际的保教活动中有些幼儿教师始终处于主导性地位，而幼儿则是处于被支配的从属地位，师幼之间不是完全意义上的平等关系。在幼儿园自由活动中，有时会听到幼儿教师说："这些玩具太吵了，你们安静一点去看书吧！"这种做法忽视了幼儿的主体性，否定了幼儿的学习能力。虽然幼儿在自我学习、自我教育、自我发展方面的自主性较弱，依赖性较强，但并不意味着可以忽略幼儿的主体地位。

（二）从属性互动：幼儿主动性受到抑制

在幼儿园的集体活动中，活动的主题、内容、方式等一般都是由幼儿教师决定的，幼儿只是被动的执行者。虽然在活动过程中教师也会向幼儿提问，但通常情况下问题都是事先预设的，如果幼儿的回答在预设范围内，则会得到鼓励，反之则会被忽略。例如，幼儿出于好奇心会提出探究性的问题，或者是超出教师预设范围内的问题，有的教师就会表现出不耐烦的情绪，敷衍应付过去："你的问题和我们今天这个活动没有关系，我们来看……"长此以往，幼儿的想法得不到充分的尊重，其积极性和主动性也会受到影响。

（三）机械化沟通：师幼间缺乏情感交流

有的幼儿教师为了完成教学计划或者一味迎合家长需要，不顾幼儿身心发展的规律，机械化的将知识灌输给幼儿。幼儿教师经常会问："小朋友们，老师今天有一个新的本领要教给你们，你们想学吗？"其实在这种交流中，幼儿只是在积极地配合，表面上是师幼之间一问一答，实际上是教师一人在唱独角戏，根本不算真正意义的对话，这种缺乏情感交流的互动影响了良好师幼关系的建立，不利于幼儿的成长。

（四）粗暴式管教：错误的对待犯错幼儿

在幼儿犯错或者遭受挫折的时候，大部分的幼儿教师都能理解幼儿，帮助幼儿，但仍有个别幼儿教师采取错误的方式对待犯错的幼儿，采用罚站、呵斥等方式作为惩罚的手段，甚至话语中还伴随着尖刻的挖苦和冷漠的态度。还有的幼儿教师采用冷落歧视的方式对待所谓的"问题"幼儿，对幼儿日常的举动视而不见，有时草草应付了事，结果使这些幼儿的自尊心和自信心受到了伤害，因此产生自卑心理或者对抗情绪，不再信任教师，厌学甚至逃学，以至于师幼关系紧张。

四、师幼关系的职业行为调适

幼儿教师必须时刻铭记并遵守幼儿教师的职业道德，在实际工作中落实践行，以营造和谐融洽的师幼关系。

（一）关爱幼儿，用心传递温暖

关爱幼儿，意味着幼儿教师要对幼儿投入无尽的、无私的爱，要与幼儿建立起情感上和心灵上的互动关系。幼儿教师对幼儿的爱，既要无微不至、细腻、包容，又要注重以理性的态度和方式对待所有幼儿。一个富有爱心的教师，必然能够和幼儿建立起温馨和谐的师幼关系。教师要把自己放在与幼儿同等的高度，让幼儿感受到教师的爱和关怀，有利于幼儿的成长发展。在与幼儿进行互动交流时，教师要增加与幼儿的眼神交流和肢体接触，多给幼儿一些肯定赞赏的眼神和温暖有爱的拥抱。

（二）尊重幼儿，平等对话交流

尊重幼儿就应该做到与幼儿平等的对话，充分尊重幼儿主体地位，尊重幼儿的人格，理解、接纳幼儿的想法和意见，更重要的是，要杜绝任何形式的体罚和变相体罚。在幼儿的游戏、生活中，幼儿教师要以幼儿的兴趣爱好为出发点，选择那些幼儿喜欢并且适合他们的学习内容，并坚持引导式教学，要鼓励引导幼儿运用不同的方式来解决问题，勇于创新。在环境创设中也是如此，教师要以幼儿为主体，和幼儿一起设计、制作、装饰，让幼儿感受到参与的乐趣，有利于师幼关系的发展。

（三）理解信任幼儿，真心浇灌成长

幼儿教师要注重与幼儿的沟通交流，不仅局限于语言方面，语音、语调、眼神、微笑、手势等都能很好地传达对幼儿的爱与关怀，教师应该努力创设一种师幼积极交往互动的教育环境。特别是对于那些犯错误的幼儿，教师要给予他们更多的理解，不能只依靠规矩、纪律来进行严肃甚至严厉的批评和指责。教师要对所有幼儿都有同理心，真诚地对待每一个孩子，从他们的角度去感受人和事物，充分了解他们的情感需求，给予他们更多的包容，以欣赏的眼光看待每个孩子，为幼儿营造

宽松、和谐、理解、信任和支持的氛围。

（四）平等对待每一名幼儿，尊重个体差异

幼儿教师必须摆正自己的位置，承认个体差异性，公平、平等的对待每一名幼儿。首先，要一视同仁。教师要避免出现对某些幼儿的偏爱，如乖巧听话、相貌较好、能力突出的幼儿，而对其他幼儿出现冷淡甚至不公正的现象。其次，要机会均等。教师要给予所有的幼儿同等的机会和教育资源，不能因偏爱只把机会留给那些“好孩子”，而忽略了其他孩子的需求。再次，要转变角色。教师要根据幼儿的个体差异，采取不同的教育方式，而不能采取同一种方式对待所有幼儿。最后，要客观评价。教师的评价必须客观公正，要避免对不同发展水平的幼儿做横向比较，从而伤害幼儿的自尊心和自信心。

课堂讨论

吃午饭的时候，刘老师发现果果的餐巾掉在了地上，便马上走过去帮她捡起来，此时，果果脸上带着一丝天真的笑，刘老师俯下身摸了一下她的小脸蛋。还没等刘老师起身，忽然听到身后传来一个小小的声音：“老师，你不喜欢我。”刘老师转身一看，原来是东东，不由得一惊：“你说什么？”“我，我是说，你不喜欢我。”“为什么这样说呢？老师爱班上所有的小朋友。”刘老师忙解释说。东东低着头说：“因为你没有摸过我的脸。”刘老师恍然大悟。看着东东委屈又可怜的样子，刘老师蹲下身子，认真地摸了一下他的脸蛋，东东说：“今天我要大口吃完饭。”“为什么？”“因为老师好。”“好？”“因为你喜欢我！”

今天的事给了刘老师深深的触动：那些顽皮的孩子容易受到不公平的对待，而且不容易得到老师的理解和关爱。站在孩子的角度想一想，如果孩子的每一天都生活在犯错误、挨批评，再犯错误、再挨批评的循环中，他们会快乐吗？

思考：这则案例对你有什么启示？在日常工作中，教师应该如何对待那些所谓的“调皮捣蛋”的孩子，你有什么好的策略和方法？

【实践园地】

请利用互联网平台或采取实地调研走访等方式寻找师幼关系中的典型案例，并在班级内进行分享交流。

任务二　家园关系中的职业行为调适

【任务要求】

理解家园关系的内涵及影响因素；能够正确分析家园关系中的职业行为；掌握家园关系中职业行为调适的策略。

【任务引例】

星期一，王老师埋怨地说："孩子在家过了一个双休日，再回到幼儿园后，许多良好的行为习惯就退步了，不认真吃饭，乱扔东西，活动时喜欢说话，真不知孩子在家时，家长是怎么教育的？"站在一旁的李老师颇有同感地说："是啊，如果家长都能按照我们的要求去教育孩子，我们的工作就好做多了！"王老师接着说："可这些家长不按我们的要求去做倒也罢了，还经常给我们提这样那样的意见，好像我们当老师的还不如他们懂得多，真拿这些家长没有办法……"

你认为王老师和李老师的说法对吗？作为幼儿教师应如何处理好家园关系？

【主要内容】

没有家庭教育的幼儿园教育和没有幼儿园教育的家庭教育，都不可能完成幼儿教育的任务。家园合作是幼儿园教育工作必不可少的一部分，家园之间只有紧密配合、相互联系，才能构建平等、文明、和谐的家园关系，提高家园合作质量，共同促进幼儿健康成长。

一、家园关系的内涵

幼儿从家庭进入幼儿园后，家庭和幼儿园之间便以幼儿为纽带形成了广泛的联系，这就构成了家园关系。家园关系是指以家长为主体的家庭与以教师为代表的幼儿园之间的相互作用关系。

《幼儿园教育指导纲要（试行）》中指出："家庭是幼儿园重要的合作伙伴。应本着尊重、平等、合作的原则，争取家长的理解、支持和主动参与，并积极支持，帮助家长提高教育能力。" 如果没有家长的积极参与、密切配合，幼儿园教育是很难达到理想的教育效果的。幼儿教师应该在平等、尊重、理解的基础上，主动与家长进行有效的沟通合作，共同促进幼儿发展。

相关链接

教育，"家长"和"教师"

教育伴随着一个人成长过程中的重要时期，作为给予孩子第一课的家长应该是"全科"教师。做好这个"教师"角色，不仅要掌握基本的语文、数学、地理、历史、艺术、外语等文化知识，更要把握孩子成长过程中的教育、心理规律，适时准确地加以影响，才能达到理想的教育效果。这就需要家长摆正心态和位置，掌握教育规律、把握教育策略、讲求教育方法，既不做毫无原则溺爱孩子保姆式家长，也不做居高临下冷血管教式家长。《家庭教育促进法》规定，家庭教育应当尊重未成年人身心发展规律和个体差异，尊重未成年人人格尊严，保护未成年人隐私权和个人信息，保障未成年人合法权益，遵循家庭教育特点，结合实际情况采取灵活多样的措施。

与此同时，《家庭教育促进法》还要求家庭教育、学校教育、社会教育紧密结合、协调一致。这就需要家长要与学校老师建立有效沟通，让家庭教育和学校教育互补，形成合力。由于目标的一致性，所以一定程度上家长要和教师建立类似同事式的关系，随时交换孩子的情况信息，甚至在关键时期要"集体备课"，共同做好孩子的教育引导工作。当然，学校教师也应强化"家访"工作，主动和家长进行个别沟通交流，实现孩子学校和家庭信息的"共享"，对于出现的问题及时研判，共同努力，正向引导，达成教育目的。

二、影响家园关系的因素

陶行知曾说过："要和学生家庭联络……把学校与家庭构成一体，彼此可以来往，教师不再孤立，学校也不再和社会隔膜，而能真正地通出教育的电流，碰出教育的火花，发出教育的力量。"实际上，良好家园关系的构建受到多种因素的影响，包括幼儿园、幼儿教师和家长三方面综合因素。

（一）幼儿园及幼儿教师方面

1. 教师队伍建设水平

幼儿教师队伍的建设水平关系着良好家园关系能否实现，关系着家园合作的目标能否顺利达成。幼儿教师除了掌握系统的专业知识和专业技能外，还必须热爱学前教育事业，关爱幼儿，尊重幼儿人格，富有爱心、责任心、耐心和细心，具备良好的职业道德。当前，一些幼儿园存在教师待遇低、人员流动性大等问题，直接影响了家园合作的正常有序开展。

2. 专业素养和责任意识

有的幼儿教师在与家长的沟通交流中，对家长不够尊重，以教育专家自居，或者很少主动与家长联系，争取家长的参与配合也不积极，只要幼儿出现了问题，就直接把责任推到了家长的身上；有的教师在与幼儿相处时，采用的方式不够温和，过于简单粗暴，造成了家长对教师的不信任甚至产生抵触情绪；还有一些教师在处理家园矛盾问题时，不够冷静，缺乏理性思考，态度过于强硬，不仅没有将事态引向良性发展的方向，还导致了不良后果的产生。

3. 与家长沟通的效度

忙碌的工作，紧张的生活状态，使得幼儿教师与家长缺少了及时必要的沟通和交流。即使教师与家长有沟通，但也常常因为沟通渠道的限制而缺少互动，感情色彩不浓厚，无法在融洽的氛围中形成教育合力。甚至有些年轻的父母因忙于工作而无暇照顾幼儿，由祖辈们承担起教养孩子的重任。幼儿教师就面临着沟通对象的老龄化问题，那么沟通障碍也就随之而来，这也在一定程度上影响了家园合作目标的达成。

（二）幼儿家长方面

1. 对自身角色的认知

传统的教育观念认为，教育主要是学校和教师的事情，和家长无关。在传统教育观念的影响下，家长对自身的角色认知出现了偏差，有的家长将自己的角色定位为“活动的执行者”“信息接收者”；有的家长则不确定自己的角色，甚至把自己当作“局外人”。家长错误地将自身定位为家园关系中的“配合者”，而不是“合作者”，所以在家园合作中表现得不积极主动，参与家园合作活动也只是走过场，合作意识不强，主动性不高，造成家园合作的效果不佳。

2. 教育能力与价值观

家长的文化修养、道德观念、价值观等都对良好家园关系的建构起着至关重要的作用。家长如果不了解家园合作的方式与具体内容，缺乏育儿知识与教育能力，就无法与幼儿园开展有效的家园合作。有的家长对孩子过分溺爱，不理解教师的教育要求，也不积极配合教师工作，但又对孩子寄予厚望，一旦孩子表现不理想，首先把责任推卸给幼儿教师，推卸给幼儿园。因此造成幼儿园教育和家庭教育的疏离，也直接影响了家园关系。

3. 对教师专业的信任度

许多年轻的家长文化水平较高，心中有一套自己的育儿理念，而家长的育儿理念有时会与幼儿教师的教育理念相冲突、相碰撞，此时家长就容易对教师产生怀疑，信任感缺失，家长和教师之间难以建立起稳固的信任感。一旦孩子在幼儿园出现问题，家长就容易对幼儿园、对幼儿教师产生疑虑。只有家长对教师有足够的信任，与幼儿教师结成合作伙伴共同育儿，才能有效地提高幼儿园保教工作质量，促进幼儿健康快乐成长。

拓展阅读

8个黄金教育法则

三、家园关系中的职业行为分析

幼儿园与家庭应该是相互信任、共担责任，并形成教育合力的合作伙伴关系，但目前有的家园关系还未达到理想的状态。

（一）地位不对等：家园关系失衡

家园关系的不对等有两种表现形式：一种是幼儿教师处于强势地位，以专业教育者的身份自居，认为家长缺乏科学的教育观念、系统的教育知识和有效的教育方法。在教育行为上，教师往往以自我为中心，对家长的行为进行支配，却不考虑家长的现实情况和真实的需要，也不允许家长对教师的教育方法提出质疑。另一种是家长处于强势地位，认为我交了钱，孩子在幼儿园的一切必须教师负全责，家长没有责任。有的家长则认为我有自己的家庭教养方式，作为幼儿教师你只需要照顾好、关注好我的孩子，并服从就可以了，往往不参与、不配合家园合作活动，将双方置于一种对抗状态。

（二）合作形式化：难成教育合力

越来越多的家长意识到家园合作的重要性，也积极地参与到家园合作的活动中，但是有的家园合作仍流于形式化。有的幼儿园虽然制订了各种家园合作的计划，但基本都是基于自身的考量来确定活动的内容和方式，家长没有参与到决策中来，只是被动参与。有的幼儿园虽然设有家长园地等家长工作宣传栏，但却没有真正成为家园沟通交流的平台，只是抄录一些儿歌、故事或一周活动计划供家长学习。有的幼儿园虽然建立了自己的专门网站或论坛等，并开设了家园互动专栏，但却存在网站的更新率低等问题。家园沟通也很少，幼儿教师留言居多，基本是活动的通知安排、活动计划等内容，家长的回应率很低。

（三）目标不一致：隐性矛盾凸显

家长和幼儿教师更容易关注到的是幼儿的外显行为，如身体健康状况、学习情况、社交能力等，而很少重视幼儿的内隐行为，如个性、心理、品德等。特别是一些年轻的幼儿教师，除了教授幼儿知识外，所有的时间和精力都放在关注幼儿的身体健康和安全上，认为安全最重要，不能出任何事情。家长关注最多的是幼儿的人际交往和学习情况，很多家长表现出了小学化的倾向，认为孩子在幼儿时期就要多积累，希望幼儿教师能够多教孩子写字、算术、诗词等知识。而幼儿教师的基本理念是要遵循幼儿身心发展特点和保教活动规律，用符合幼儿学习特点的方式开展适合的教育，保障幼儿健康快乐成长。二者教育观念不同，关注点不同，导致家园合作的内容不能达成一致。

（四）沟通不顺畅：缺乏换位思考

有的家长希望教师能多关注自己的孩子，但又不主动参与幼儿园活动，也不抽出时间配合教师工作，导致双方沟通越来越少，家园之间的关系也越来越疏离。而沟通艺术的缺乏也导致了家园之间不能进行有效的沟通。特别是一些年轻的幼儿教师，在与家长沟通中过于直接生硬，缺乏沟通的艺术性，也缺乏换位思考。例如面对特殊幼儿的教育问题，有些教师与家长沟通时不注意沟通方式，直接建议把孩子送到医院让医生来诊断是否存在行为问题，或者建议家长把孩子送到特殊教育学校等，这种生硬的沟通方式容易引发家长的不满甚至愤怒，家长对教师就会越来越失望和不信任，难以建立良好的家园关系。

案例精选

谁之错?

游戏时间，两名幼儿在一起玩耍，因争抢玩具发生了一些小冲突，教师看见后，认为没有发生激烈的矛盾，决定让幼儿自己解决。十分钟后，其中一名幼儿的家长在观看监控后打来电话，指责该教师没尽到职责，质问老师为什么不处理幼儿之间的纠纷，并在家长微信群里诉说了这一情况。结果，另一名幼儿的家长也很有意见，两人甚至为了幼儿的小矛盾在微信群里争吵起来，事情愈演愈烈。第二天，家长闹到幼儿园，投诉教师没有尽到职责。教师也很委屈，她表示自己出于专业考量，认为幼儿之间有些事情可以自己解决。幼儿园在了解情况后，安抚了家长，最终让教师道歉。事情告一段落，可是教师的内心是十分委屈的，对幼儿的教育也因此变得如履薄冰。

评析：

案例中家园矛盾的产生主要是因为家长不信任教师，不认同教师的专业考量。幼儿教师在与家长交往过程中，要与家长建立信任感，要学会沟通。当家园矛盾发生时，要站在家长的角度为他们考虑，理解家长，采取适宜的方式引导家长，双方冷静下来共同解决问题。幼儿园要加强对家园矛盾的系统管理，加强对教师的心理呵护和人文关怀。

四、家园关系的职业行为调适

家长和幼儿教师在幼儿成长过程中起着至关重要的作用，双方应该在平等、尊重的前提下，积极构建健康和谐的家园合作关系。

（一）树立正确的家园合作理念，家园达成心灵契约

1. 树立正确合作观念

幼儿教师必须树立正确的合作观念，与家长保持密切的、经常性的联系，积极主动地向家长了解幼儿在家中的表现及家庭教育情况。幼儿教师还应该树立服务理念，要将家长视为合作者而不是配合者，不能指令式地要求家长完成幼儿园安排的任务。要真正考虑家长的需求和意愿，并在力所能及的范围内给予最大限度的满足，例如安排家园合作活动时要尽量考虑家长的工作时间。教师还应该不断提高自身的专业素养和职业道德，只有教师有爱心、有知识、有能力、有责任心，才能赢得家长的信任和支持，才能促使家园关系更加和谐。

2. 转变传统教育理念

教师要善于向家长传授科学的教育观念和方法，引导家长改变错误的教养方式和急功近利的教育期望。在培养目标上，幼儿教师应该努力与家长达成共识。有的家长希望孩子多识字，多学习文化知识，而幼儿园则注重在游戏中促进幼儿全面发展；有的家长教育孩子不能被别人欺负，不能吃亏，而幼儿园教育小朋友之间要团结友爱、互帮互助；有的家长过分溺爱孩子，包办孩子一切，而幼儿园则注重培养孩子的独立性。幼儿教师要向家长宣传普及科学的教育理念、方法以及家庭教育对孩子的重要作用，帮助家长树立“儿童为本”理念，让家长认识到与幼儿园是合作伙伴关系，双方具有共同的教育目标。

3. 建立相互尊重和信任的平等关系

幼儿教师应该尊重家长，对待家长要一视同仁，不能因为家庭权力、地位的差异或者幼儿的个性缺陷而区别对待。信任家长，虚心向家长学习。要善于倾听家长的意见和建议，合理的意见建议要虚心接受，并不断改进自身不足，努力提高自身各方面的素养。面对不同的家长，采取不同的沟通方式，努力积极的沟通，形成教育合力，这个过程也是教师不断成长的过程。教师真心的关爱幼儿，尊重幼儿，理解幼儿，公平公正的对待幼儿，家长也必定能感受到教师的真诚，一定会积极主动地配合教师工作，促进家园合作目标的达成。

（二）提高家园合作的实效性，家园结为教育伙伴

1. 优化家园合作的内容

幼儿园应该制订专门的家园合作活动计划，并将其纳入幼儿园的整体教学工作计划中。首先，家园活动的内容要做到前呼后应、系统连贯，具有一定的活动规律，家长能够从活动中获得更加系统化、连贯性的教育知识，能够帮助家长形成完整的家庭教育观念和知识、方法体系。其次，要做好家园合作活动记录，活动后及时总结经验和不足，并向家长公开，征求家长的意见建议。最后，要建立健全家园合作的机制，如班级和园级两级家长委员会、家长和幼儿园的联系议事制度等，组织制度的健全能够充分调动家长参与的积极性，保证家长有组织、有目的、有计划地参与到幼儿园的各项教育、管理活动中。

2. 常态化开展家园沟通

（1）积极主动沟通

幼儿教师可以采取普遍交流和重点交流相结合的方式。普遍交流就是在幼儿离园时，教师用简练的语言概括幼儿一日生活中的表现，如进餐情况、午睡情况、特别有趣的事情、需要注意的地方等，普遍交流花费的时间少，并不影响幼儿的接送，还能让家长了解到幼儿每天的基本情况。而重点交流就是教师针对特殊幼儿或发生的特殊情况，将家长留下进行单独的、长时间、深入的交流，既能凸显教师在家园沟通中的主动性，也能让家长感受到教师对孩子的关心关注。

（2）掌握沟通技巧

幼儿教师要多站在家长的角度考虑问题，如谈到幼儿的缺点或犯错误时，教师应注意措辞要含蓄委婉，可以先肯定幼儿的优点和取得的点滴进步，然后再适当地指出幼儿的不足之处，并提出和家长共同努力的改进方案。幼儿教师要根据不同的沟通对象采取不同的沟通策略。在与祖辈家长沟通时，首先，要抓住祖辈家长疼爱孩子的心理，在孩子入园和离园时，主动将孩子在幼儿园发生的趣事讲给他们听，让他们充分感受到教师的细心和对孩子的关心。其次，要充分发挥祖辈家长的作用，可以邀请他们积极参与家园合作活动，例如家庭教育经验交流会、“爷爷奶奶故事会”等。在与年轻父母沟通时，幼儿教师要注意多了解年轻父母的教育理念和教育行为，有针对性地进行家园沟通。

（三）运用多样家园互动模式，家园实现深度合作

1. 家访

通过家访，幼儿教师能够更加深入、全面地了解幼儿，能够知晓家长的家庭教育理念、方式等，也可以更加详细地向家长介绍幼儿在幼儿园的基本情况和存在的一些问题，并听取家长对幼儿园工作的意见建议。幼儿教师要根据不同幼儿和家长的情况，制定有针对性的家访方案，每学年至少要对每个幼儿进行一次家访。家访过程中，一定要尊重家长，倾听家长心声。家访后，一定要做好记录，及时进行分析总结，以进一步明确教育方法。

2. 家长会

家长会可分为全园性家长会、班级组家长会和部分家长的家长会，通常情况下在学期初或学期末的时候召开。幼儿园每学期都会定期的组织召开家长会，幼儿教师要积极做好家长会的筹备工作，提前制定方案，明确家长会的重点内容，利用家长会的契机向家长介绍幼儿园的基本情况、工作安排、幼儿活动、幼儿发展情况等内容，同时听取家长的意见和建议，有利于赢得家长对幼儿园工作的理解、认同和支持。

3. 家长开放日

在家长开放日活动中，家长能够更加深入地了解幼儿园的教育情况和教师的教育能力，通过近距离的观察幼儿在活动中的表现，能够更清楚地知道幼儿能力发展的情况。幼儿园每学期都会组织家长开放日活动，活动开始前，教师要做好充分的活动准备，制定活动方案，细化活动环节；活动过程中，要积极引导家长用正确的方式参与体验活动，切实感受幼儿园的文化和幼儿的学习过程；活动后，要及时总结并收集家长的反馈意见，了解家长真实的体验和感受。

4. 家园宣传栏

全园性的家园宣传栏主要介绍幼儿园的教育目标、幼儿教育成果、科学育儿理念和各项活动通知安排等。班级性的家园宣传栏主要介绍幼儿教育理论咨询、班级活动安排和幼儿的作品等。要使家园宣传栏真正发挥作用，幼儿园和教师必须及时更新宣传栏的内容，确保时效性，将最新的教育咨询、活动安排和幼儿表现告知家长，使家长在充分了解的基础上提出意见建议。

5. 家园联系册

家园联系册主要包括课程安排、幼儿在园和在家的表现、对幼儿的评价、希望和建议等部分。幼儿教师应该充分利用好家园联系册，及时、准确地填写幼儿在园内的表现情况，真诚地提出家园沟通的要求。家长也应以家园联系册为媒介及时反馈幼儿在家的情况，并在幼儿教育方面提出可行性的意见建议。

6. 亲子活动或主题活动

亲子活动或主题活动是幼儿园组织的家长和幼儿共同参与的游戏或体验活动，其形式丰富多彩，例如亲子运动会、亲子郊游等。家长以参与者、评价者的身份参与到活动中来，在亲身体验中更加深入地了解幼儿园的教育工作和幼儿教师的教育行为。

7. 网络联系

网络联系是家园沟通的一种便捷方式。幼儿园可以建立官方网站，定期更新网页内容，及时向家长展示幼儿园最新的教育信息。幼儿教师可以通过组建班级家长群，随时与家长沟通联系，及时反馈幼儿在园内的表现，密切家园合作。

课堂讨论

桐桐回家后告诉妈妈幼儿园刘老师不愿意给他提裤子，于是桐桐妈妈在微信群里质问刘老师，刘老师本想通过私聊的方式和家长进行解释，但是家长不同意，一定要在微信群里说，双方针锋相对，互不退让。

家长：幼儿园老师都这么娇贵吗？连给孩子提裤子都不愿意？

刘老师：首先，一个五岁的孩子连最基本的裤子都不会提，家长应该正视这个问题。再者，我没有说不帮孩子提裤子，你们家桐桐连最基本的礼貌都不会，需要帮助的时候要说“请你帮助我”，而桐桐小朋友只会说“给我提裤子”，连老师都不愿意喊。

家长：你这种老师，是什么老师？居然去和一个孩子计较，你在幼儿园交给他什么知识吗？让你给他提一下裤子，你觉得很委屈吗？觉得委屈可以选择不做这份工作。

刘老师：你们家孩子是小皇子，所有老师都要为他一个人服务，你们是多交钱了还是给国家多上税了？为什么要对你一个人特别？再说一句，老师和家长是相互尊重、平等交流的，如果你做不到这一点，那就这样吧。

家长：你这种老师，说话这么没素质，你们幼儿园都不管你吗？谁给你的胆子这么和家长说话，幼儿园老师什么时候和家长平等了？说好听点你是老师，说不好听你们就是保姆，孩子在幼儿园你像小学老师那样教知识了吗？不教他知识，那你就要照顾好孩子的一日三餐，否则你在这里存在的意义是什么？

刘老师：孩子在幼儿园，我们培养孩子良好的习惯，在一日流程中教会孩子懂礼貌，自己进餐、穿衣、整理床铺等，培养孩子自理能力，你孩子什么都没学会，不代表老师没有教。如果你找老师，请你尊重老师；如果你找保姆，建议你找一个保姆回家，一个人带你孩子。

看到桐桐家长和刘老师的对话，家长们都站在刘老师这边指责家长不尊重老师。

思考：你如何看待案例中家长和教师的行为，是否认同？如果你是幼儿园老师，面对同样的问题，你又将如何处理？

【实践园地】

1. 请围绕“六一儿童节”主题制订一份详细的家园合作计划，并在班级中进行展示交流。

2. 假设你是一名小班的幼儿教师，在开学初，班级要召开一次家长会，这次家长会是孩子进入幼儿园之后，家长参加的第一个家长会，请你拟定一份与家长沟通的文案。

任务三　教师集体关系中的职业行为调适

【任务要求】

理解教师集体关系的内涵及影响因素；能够正确分析教师集体中的职业行为；能够采取积极有效的措施应对教师集体关系中的冲突。

【任务引例】

小宇是某幼儿园的一名教师，爱好广泛，幼儿园组织的各项活动，她都会积极参加，各方面的成绩也很突出，每学期都会获得幼儿园里的“优秀教师”称号。她对孩子耐心、细心，很受孩子和家长的欢迎。但是她和同事之间的关系处理得很糟糕，很难与同事相处。对于比她表现出色的同事，小宇的嫉妒心非常强，总是在背地里跟幼儿园的领导说同事的坏话。慢慢地，幼儿园里的其他老师都不愿意跟小宇合作了。试分析上述材料中的教师存在的主要问题和危害。你认为在工作中教师应该怎样处理与同事之间的关系？

【主要内容】

教育劳动是建立在集体协作基础上的教师个体的脑力劳动。构建和谐的幼儿园教师集体，为幼儿园品德启蒙教育的有效开展提供了必要的条件，对形成教师集体中的和谐人际关系、促进幼儿教育事业发展具有重要意义。

一、教师集体关系的内涵

幼儿教育是一项群体性、协调性很强的系统职业劳动。在幼儿园中，幼儿教师之间、教师与领导之间、教师与其他教职工之间通过交往合作形成的关系，称之为教师集体关系。

教师集体关系是人际交往中非常重要的关系。幼儿教师的劳动既是个体劳动，也是集体劳动。幼儿教师不仅是以个体的身份与幼儿进行交往，常常也是以团队、集体的形式与幼儿互动接触。协调好幼儿教师集体的关系，建立起一个志同道合、充满活力、生机勃勃的幼儿教师集体，是进行幼儿教育工作的重要基础。

二、影响教师集体关系的因素

教师集体是一个相互联系、不可分割的整体，但在现实的教育过程中，教师集体中的人际关系仍存在一些矛盾冲突，严重影响了教师之间的关系。

（一）由于教育劳动分工导致的矛盾

教育劳动的分工容易使教师忽视其他成员在教育工作中的作用，缺乏合作意识与团队协作精神，片面强调自主性，完全依靠自己的知识水平和专业技能进行教学，有的教师甚至过高评价自己的价值与贡献，忽视集体的作用，忽视和否定其他教师的积极配合作用。幼儿园园长、副园长、教师、保育员、卫生保健人员、炊事员和其他工作人员在各自的岗位上必须各司其职、各尽其责，也必须相互配合、团结协作，才能完成教育工作任务。

（二）由于个体的差异性导致的矛盾

教师集体是由不同年龄、个性、专业、学历、经历的教师构成的整体，教师之间具有一定的个体差异性，具有潜在的矛盾可能性。幼儿教师普遍呈现年轻化的倾向，在幼儿园的教育活动中，容易在教育理念、教学内容、教学手段和方法上产生分歧和矛盾。尤其在深化教育体制改革的新形势下，教师的教育思想和理念不同，难免产生思想认识上的冲突或教育实践活动中的分歧，从而影响教师集体的关系。

（三）作为不同利益主体导致的矛盾

教师集体中的成员在根本利益和价值追求上虽然是一致的，但每个教师个体又是作为不同的利益主体而存在的，因而教师之间容易产生具体利益上的矛盾冲突，例如年度考核、表彰先进、评选模范、职称评聘等。物质利益的需求旺盛与供给相对不足的矛盾，很容易造成教师集体中人际关系的紧张和矛盾的产生。

三、教师集体关系中的职业行为分析

教师集体间合作的深度、理解的广度、竞争的尺度都会直接影响集体关系。然而在实际工作中，幼儿教师集体中仍然存在一些不容忽视的问题。

（一）小团体主义和个人主义的冲突

幼儿教师之间的合作，大部分集中在与搭班教师、保育员之间，较高的交往频率为幼儿教师之间合作提供了便利的条件，但长期处在固定的、狭窄的人际交往环境中，教师在思想和行为上容易相互影响，与其他人的交流沟通减少，也极易产生小团体，真正意义上的合作无法达成。此外，教师在个人主义的影响下，缺少集体意识与集体观念，不重视与其他同事间的合作，甚至为了维护自身利益而拒绝合作或消极合作，教师集体之间缺乏团结合作的精神，合作与竞争的关系难以实现平衡，使得小团体主义和个人主义的问题更加严重。

（二）不良竞争的冲突

竞争是一把双刃剑，以合法正当的方式参与竞争，对幼儿、教师、幼儿园和社会都有积极的意义，但如果是带有诋毁性、破坏性，甚至攻击性的恶意竞争，则会给竞争双方带来负面影响。教学业绩是教师之间竞争的主要方面，有些教师为了自己的业绩采用了不恰当的竞争方式，甚至在职称评定时提供虚假材料等，这种不良竞争的产生，不仅违背了教师职业道德的要求，也严重影响了教师集体的关系。

（三）不同思想和价值观的冲突

不同的思想和价值观相互碰撞，虽然能够产生智慧的火花，但也带来了很多的冲突和矛盾。有些教师因为专业知识和专业技能突出，在同事交往过程中往往表现得“高高在上”，在集体合作中对其他教师则表现出轻视傲慢的态度。还有一些从教时间长、教学经验丰富的老教师对一些年轻的新手教师态度冷淡，不愿意传授经验，也不愿意与其合作。还有的教师在教育观念和教学方式上理解不同，搭班中容易产生不同见解，易引起教师集体关系的紧张。

案例精选

心　结

红红是幼儿园大一班的老师，至今任教已十余年。她是个很有原则的老师，对孩子的生活及学习皆有很多规定。新入园的小如老师，她喜欢和孩子像朋友般相处，倡导在班级中营造轻松自在的气氛及运用弹性的原则。在双方合作的过程中，常常出现针锋相对的情况，有时简直是南辕北辙，两人合作起来都觉得好辛苦、好累。比如在一次游戏活动中，有个孩子打破了镜子，小如怕孩子踩到，马上去收拾碎片，红红却让打破镜子的小朋友自己去收拾，小如觉得危险而叫那孩子走开。收拾好之后，红红集合小朋友集体训话，在她训话的同时，小如忍不住地说：“孩子有没有受伤应该比训话重要吧？”红红不理，此举更加深了两人的心结。

评析：

案例中红红老师和小如老师发生冲突的直接原因是她们的教育观念、教育行为、性格气质等方面存在差异。幼儿教师在工作中要处理好与同事之间的关系，尊重不同的观念和行为，当遇到与自己想法不一致的行为时，要用辩证的眼光看待，学习借鉴他人身上的优点，掌握沟通艺术进行及时有效的沟通，增进双方的合作。

四、教师集体关系的职业行为调适

幼儿教师应熟悉和掌握人际交往规律，采取恰当的方式，建立彼此尊重、信任、支持与合作的集体关系。

（一）彼此尊重，相互成就

尊重同事是教师职业道德要求在教育中的具体体现，同时也是建立良好同事关系的基本前提。具体体现在以下几个方面：

1. 尊重同事的劳动成果

不管是班级管理还是教书育人，幼儿教师的劳动成果都是通过努力获得的，虽然有些时候努力了却没有成效，但在任何时候教师之间都不应该相互贬低对方的劳动成果，更不应该彼此相轻，贬低对方的人格。教师必须尊重同事的劳动成果，善于发现同事身上的闪光点，并积极维护同事在幼儿心中的威信和良好形象。

2. 尊重同事的不同观点

不同的教师在工作方式或是教育理念和教育方式上都有一定的差异性，在幼儿教育上持有不同的观点是很正常的现象。在集体备课和集体教研活动中，不同教师所表达的不同观点、不同意见能产生头脑风暴，更有利于教育问题的解决。幼儿教师在处理同事关系过程中，要秉持开放、接纳的态度，正确对待差异，认真、虚心听取其他教师的不同观点、不同意见，彼此尊重。

3. 尊重不同岗位的同事

作为幼儿教师集体中的一员，要认识到不同岗位相互配合的重要性。在幼儿教育的过程中，任何教师不可能具备所有的知识和技能，必须发挥集体的力量，合作育人，协同育人，才能促进幼儿的全面发展。不同岗位职责的同事之间相互尊重，既是教师职业道德的要求，也有利于维护良好的同事关系。

课堂讨论

在幼儿园工作会议上，教研组长小秋老师准备推行新的教学方式，新入组的小娟老师觉得这种方法不太适合本班幼儿的水平。在集体备课时，小娟老师向教研组长提出了自己的意见，希望能够先选择一个班试点，然后总结经验教训再全面推行。组长认为小娟老师刚来不了解情况，否决了她的意见。小娟老师感到组长不尊重同事，作风武断，在执行工作时难免有情绪。组长觉得小娟老师有“单干风”，不能和组里教师团结协作，于是请副园长做小娟的思想工作。

思考：你觉得这个案例中的核心问题是什么？应该怎样加以解决？

（二）公平竞争，共享机遇

《新时代幼儿园教师职业行为十项准则》中强调，幼儿园教师“要秉持公平诚信。坚持原则，处事公道，光明磊落，为人正直；不得在入园招生、绩效考核、岗位聘用、职称评聘、评优评奖等工作中徇私舞弊、弄虚作假”。这就要求幼儿教师必须具有公平竞争的职业道德。

1. 树立良性竞争意识

有竞争才会有进步，同事之间的竞争是难免的，要树立正确的竞争意识，坚决摒弃不正当竞争的思想。例如，在幼儿园集体教学过程中，针对教学中存在的问题开展的专题研讨，教师之间可以相互学习、共同探讨，交流教学经验。特别是对于那些资历尚浅、经验不丰富的年轻教师来说，这种专题研讨是一次非常珍贵的学习机会。此外，竞争是一种自我提升的有效方式，幼儿教师在竞争中必须遵守职业道德，坚守道德底线，尊重同事取得的成绩，而不应该将他人的成绩当作是自己事业进步的阻碍和威胁。

2. 积极参与竞争活动

幼儿教师要勇于进取，积极参与竞争活动，通过竞争展现自我才能，完善提高自我素养。例如，积极参与园内和园外组织的各种教学能力素质比赛、论文评选、职称评定等。但目前个别幼儿教师因为各种各样的原因逃避、不愿意参加竞争活动；或是不愿意费时费力准备；或是想刻意保持低调，不愿意显得自己“有野心”；或是不想和同事有竞争，担心和同事的关系闹僵。幼儿教师必须学会以从容、淡定的心态积极参与同事之间的正当竞争，并能妥善处理好竞争与协作的关系。

3. 正确对待竞争结果

有竞争就一定会有“输赢”。“输”时，幼儿教师要有包容的心态，大方地承认并欣赏他人的优点，真诚赞许他人取得的成绩。同时，不断地反思自我，在对比、找差距中不断提高自我专业能力。“赢”时，也要正确对待自己取得的成绩，常怀感恩之心，积极总结分享经验，帮助他人成长的同时也能够不断提升自我，并在今后的工作中不骄不躁、继续努力。正确地对待竞争结果，有助于建立融洽的同事关系，更有助于自身的专业发展。

（三）团结协作，共赢未来

幼儿教师要与同事通力合作，这是教师个人发展同时也是教师集体共同进步的基础。

1. 增强团结协作的意识

班组关系是幼儿园中最为基础的同事关系。幼儿教师必须首先处理好与班组同事之间的关系，不断增强团结协作的意识，并落实到日常工作的全过程。在班组同事遇到困难或存在工作不到位等情况时，要多包容、多帮助、多担待。在教育理念或教育行为上有分歧时，要主动沟通交流，表达自己看法意见的同时也真诚倾听他人的建议。当幼儿园或者班级组织一些大型活动时，要与班组同事一起承担活动任务，团结协作形成合力。

2. 构建教师职业共同体

幼儿教师要懂得团结协作的重要性，以幼儿的发展为本，从幼儿园的集体利益出发，顾全大局，不能将个人利益凌驾于集体利益之上，不能搞个人主义和小团体主义，幼儿教师只有做到心往一处想，劲往一处使，才能构建起一个具有向心力和凝聚力的职业共同体，这样既有利于教师集体的进步，也有助于教师间建立彼此信任的关系，共同成长。

拓展阅读

新师德宣言

【实践园地】

请以小组为单位，模拟幼儿教师身份组织一次集体拓展训练活动。

项目总结

幼儿教师作为幼儿的启蒙教育者，承担着十分重要的责任，在幼儿成长发展中具有举足轻重的作用。由于社会的转型、利益的多元化、道德素养的缺失等一系列原因，导致目前个别幼儿教师出现了职业道德问题，给幼儿的健康成长造成了不良影响，给我国的幼儿教育事业的发展带来了严峻的挑战。因此，全面提升幼儿教师的职业道德水平，对幼儿教师的职业行为进行调适具有重要的现实意义。幼儿教师必须不断加强自身职业道德修养，妥善处理好师幼关系、家园关系、教师集体关系，兼顾各方利益，最大限度进行多方位合作，利用多种教育资源，满足幼儿的成长需求。

思考练习

一、单选题

1. 小君上课时经常插话，老师生气地说："管住你的嘴，不然我就封住你的嘴！"老师的做法（　　）。

A. 错误，应该杜绝当堂批评　　B. 正确，应该严格要求学生

C. 错误，应该尊重学生人格　　D. 正确，应该加强课堂管理

2.在新型家园关系中，幼儿教师扮演的角色不包括（　　）。

A. 合作者　　B. 支配者　　C. 引领者　　D. 服务者

3. 下面不属于良好师幼关系主要特征的是（　　）。

A. 控制性　　B. 互动性　　C. 分享性　　D. 激励性

4. 一位新入园的小朋友问老师："妈妈什么时候来接我？"老师最好的回答是（　　）。

A. "老师不知道。"

B. "你现在很想念妈妈是吗？妈妈5点就来接你了。"

C. "妈妈5点就来接你。"

D. "妈妈马上就来接你。"

5. 在教师和家长的关系上，下列观念正确的是（　　）。

A. 以教师为主，家长为辅　　B. 家长和教师是平等的教育主体

C. 以教育能力较强的一方为主　　D. 在园以教师为主，在家以家长为主

二、判断题

1. 促进幼儿学业成绩的提高是家园合作追求的最终目标。（　　）

2. 良好的师幼关系对幼儿的社会性发展具有重要的促进作用。（　　）

3. 幼儿教育主要是教师的事情，家长只要照顾好幼儿的生活就可以了。（　　）

4. 幼儿教师了解幼儿最好的信息来源是同龄人。（　　）

5. 良好的同事关系意味着没有竞争。（　　）

三、问答题

1. 在与幼儿交往过程中，幼儿教师应该践行哪些职业道德？除此之外，你认为还需要注意哪些问题？

2. 你认为教师应如何处理自身合理的利益诉求和充分尊重对方的关系？

3. 目前家园合作方面存在的主要问题是什么？在家园关系构建过程中教师应发挥何种作用？

四、材料分析题

一天，浩浩跑到老师跟前说：“老师，我的橡皮不见了，我看到月月拿走了。”老师听了浩浩的话便到教室想去质问月月，发现月月不在。教师就私自打开了月月的书包，把书包翻了个遍，也没有找到浩浩的橡皮。这时，月月从外边走进来，发现老师正拿着自己的书包，而且书包明显是被老师翻过了，月月感觉很委屈，但是由于害怕老师而没有吱声。老师刚要开口向月月要浩浩的橡皮，站在一旁的明明大声喊道：“老师，浩浩的橡皮在浩浩手里攥着呢。”

问题：试从师幼关系的角度分析该老师的做法。

中篇

幼儿品德启蒙教育活动设计与指导

项目四　幼儿品德启蒙教育概述

知识导图

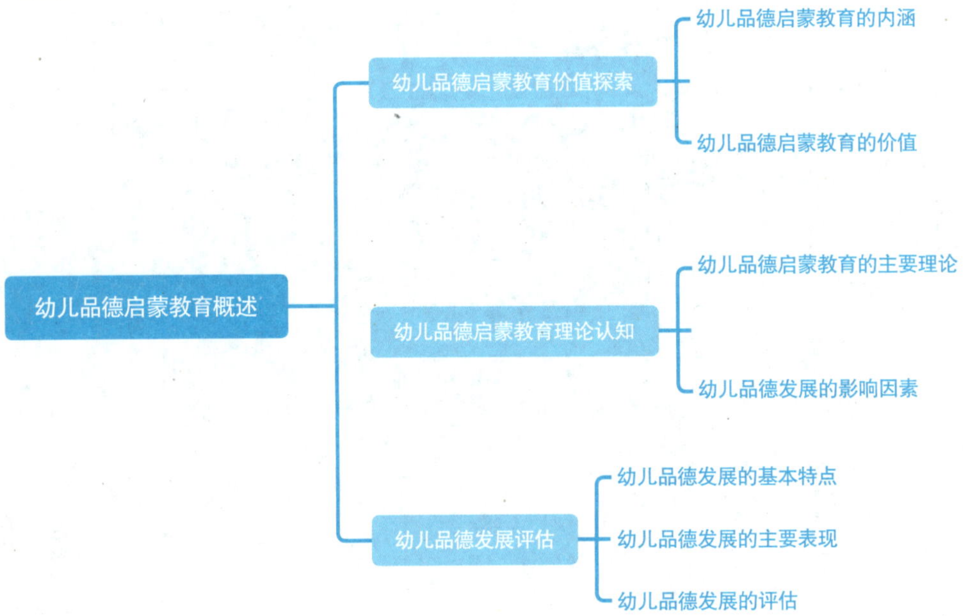

学习目标

知识目标：

理解幼儿品德启蒙教育的主要理论，领会幼儿品德启蒙教育的价值和意义。

能力目标：

能够分析幼儿品德发展的影响因素和主要特点，具备评估幼儿品德发展的能力。

素质目标：

培养幼儿品德启蒙教育的意识，激发做好幼儿品德启蒙教育的热情。

任务一　幼儿品德启蒙教育价值探索

【任务要求】

理解幼儿品德启蒙教育的内涵；领会幼儿品德启蒙教育的价值。

【任务引例】

2020年2月23日，新华社旗下新华视点发布了一张3岁男孩与医护人员互相鞠躬的照片，引起广泛关注。这个3岁的小患者在浙江省绍兴市中心医院治愈出院后向护士鞠躬致敬，护士也顺势做了回礼，这一幕恰巧被抓拍传到网上，感动无数国人。而巧合的是，这张照片与20世纪初时杭州广济医院院长梅藤根与小患者相互鞠躬的一张照片颇为相似。时隔百年，同样是两个小患者给医务工作者鞠躬致谢，相似的画面，历史的重叠，不仅令人为医患双方互信互敬、携手并肩的真情动容，更凸显出跨越年龄、跨越历史长河而传承的传统美德。教育是培养人的事业，关注幼儿品德启蒙是教育的当务之急。作为一名幼儿教师，应怎样理解幼儿品德启蒙教育的价值和意义呢?

【主要内容】

幼儿教育是基础教育的重要组成部分，承担着落实立德树人根本任务的重要使命。3—6岁是良好品德培养的关键时期，人的良好品德不仅关乎个体发展、家庭幸福，还对国家强盛、民族复兴具有重要影响。

一、幼儿品德启蒙教育的内涵

在党的十九大报告中，习近平总书记强调指出，“建设教育强国是中华民族伟大复兴的基础工程”。这是教育在中华民族伟大复兴中的新定位、新使命，是新时代社会主义教育事业的新特征、新征程。建设有中国特色的幼儿教育体系，对幼儿进行积极有效的品德启蒙教育必将成为教育新征程中的重要内容。

（一）道德与品德

道德是一种社会现象，它是在一定社会条件下形成与发展起来的人们共同生活的行为准则的总和，是评价人们行为的标准。道德反映社会对人们的要求以及人们对社会的态度，并调整人和人之间、个人和社会之间的关系。品德是道德品质的简称，属于个体现象，它是指个人依据道德准则行动时所表现出来的稳定心理特征，包含道德认识、道德情感、道德意志和道德行为四个方面。品德是在社会、家庭和学校教育的熏陶下，通过个体自身的实践活动形成和发展起来的。

（二）德育与幼儿品德启蒙教育

德育是教育者按照一定的社会要求，有目的、有计划地对受教育者施加影响，以培养社会所期望的品德。幼儿品德启蒙是道德教育的开端，幼儿的身心发展特点决定了其道德认识、道德情感、道德意志、道德行为处在发展过程中。根据《幼儿园保育教育质量评估指南》，幼儿品德启蒙教育应注重幼儿良好品德和行为习惯养成，潜移默化地贯穿于一日生活和各项活动，创设温暖、关爱、平等的集体生活氛围，建立积极和谐的同伴关系；帮助幼儿学会生活，养成自己的事情自己做的习惯，培育幼儿爱父母长辈、爱老师同伴、爱集体、爱家乡、爱党爱国的情感。

二、幼儿品德启蒙教育的价值

品德启蒙教育是幼儿教育的根基与源头。幼儿品德启蒙教育对立德树人、幼儿成长和社会发展都具有重要价值。

（一）幼儿品德启蒙教育对立德树人的重要价值

国无德不兴，人无德不立。立德树人是传承与弘扬民族精神的根本。《幼儿园保育教育质量评估指南》中明确指出办园方向“包括党建工作、品德启蒙和科学理念等3项关键指标”，旨在加强党对学前教育的全面领导，促进幼儿园全面贯彻党的教育方针，确保社会主义办园方向。在“办园方向”中特别提出“品德启蒙”的概念，主要源于新时代幼儿教育指导思想的发展进步。幼儿是社会主义的建设者和接班人，肩负着中华民族伟大复兴的崇高使命。幼儿教师要认真践行“为党育人，为国育才”的历史使命，落实立德树人根本任务，将品德启蒙教育渗透在生活中、体现在课程里、浸润在环境中。

（二）幼儿品德启蒙教育对幼儿成长的重要价值

幼儿期不仅是智力发展的重要阶段，也是塑造良好品德的关键时期。研究表明，人的个性和品德对幼儿未来的学业表现、事业成就、生活幸福等方面起着决定性的作用。幼儿的感知觉发展迅速，容易接受外界刺激和教育的影响，思维以具体形象思维为主，模仿能力强。在这个时期有目的、有计划地进行品德启蒙教育，可以帮助幼儿形成良好的道德品质。同时，开展品德启蒙教育，能调动幼儿自身的主观能动性，使之主动参与各项活动，积极与成人和同伴交往，促进幼儿形成心态积极、情绪稳定、自信心强、活泼开朗的性格，有利于幼儿身体健康，提升心智水平。

（三）幼儿品德启蒙教育对社会发展的重要价值

国民道德水准、受教育程度和文明程度，直接决定着一个国家和民族的前途。未来社会的发展更看重个体的综合素质，包括是否具备良好的性格、良好的道德品质、良好的社会交往能力和强烈的创新意识等，这其中人的道德品质起着最关键的作用。国家的发展、民族的振兴、社会的进步要求必须高度重视人的道德品质教育，所以幼儿品德启蒙教育对当今社会发展具有重要价值。

拓展阅读

反思与追寻——幼儿品格教育的未来取向

在2020年幼儿品格教育学术研讨会上，华东师范大学教育学部学前教育系教授李季湄作了《反思与追寻——幼儿品格教育的未来取向》的主题报告。她认为品格教育的未来取向，是时代发展的需要。21世纪以来，培养公民面向未来的核心素养是全球教育的共同追求，那如何来理解品格与核心素养的关系呢？核心素养其实是一个融合性概念，也就是说，我们不能将核心素养截然地划分为各自独立的品格部分与关键能力部分。品格是核心素养的一部分，是核心素养的核心。因此，幼儿品格教育的未来取向应该是基于核心素养体系，以适应未来、创造未来所需的品格为核心，对幼儿品格教育进行定位与架构。

品格是一个中性词，如果我们没有一个清醒的头脑、理性的态度，很容易偏离方向。实施幼儿品格教育必须遵循《幼儿园保育教育质量评估指南》的精神，以使幼儿品格教育保持正确的方向。正确地实施《幼儿园保育教育质量评估指南》就是在培养幼儿的核心素养，也就是在培养幼儿良好的品格。和培养核心素养一样，未来取向的幼儿品格教育同样需要教师不断提高基于核心素养的教育力。和核心素养的形成与发展需要科学、务实、精准的教育一样，未来取向的幼儿品格教育同样要求真务实，力戒华而不实的形式主义、力戒浮躁、力戒盲目追求效率的急功近利倾向等。它的形成与发展契机，也存在于幼儿园一日生活的所有环节中，存在于教师与幼儿每一个积极的互动中。在幼教30年的改革中，在落实国家有关学前教育政策法规的过程中，随着我国学前教育质量的整体性提升，幼儿品格教育也发生了根本性变化，未来取向的幼儿品格教育已经在实践中大量涌现。但是，随着时代的发展，需要幼儿品格教育与核心素养的培养同步，在观念上、实施上，与时俱进。我们要始终牢记，把育人为本作为教育工作的根本要求，“育”作为“人”的幼儿，“育”幼儿成为“人”。我们要知道，面向未来，基于核心素养的幼儿品格教育应当：不是管控是引导，不是压制是赋权，不是训练是唤醒，不是塑造是构建。李季湄教授以流沙河先生的一首诗作为结束，与大家共勉。

理想是石，敲出星星之火；
理想是火，点燃熄灭的灯；
理想是灯，照亮夜行的路；
理想是路，引你走到黎明。

【实践园地】

请以小组为单位开展讨论，谈一谈品德启蒙教育对幼儿具有哪些特殊意义。

任务二　幼儿品德启蒙教育理论认知

【任务要求】

理解幼儿品德启蒙教育的主要理论；掌握幼儿品德发展的影响因素。

【任务引例】

小班第二学期刚开始，小明在角色游戏中经常“闯入别人家”，还时不时出现弄乱娃娃家布置、打翻食物等行为。小班幼儿规则意识处于萌芽阶段，没有建立起自觉自发的规则意识，需在教师提醒下才能遵守规则。中班喝水环节中，“老师，小军弄了我一身水！”阳阳大声向老师告状。“是阳阳先挤小军，小军一转身不小心才弄湿阳阳的衣服。”茜茜替委屈的小军解释说。阳阳理直气壮地说：“我排队了！”中班幼儿有了规则意识，他们常会因为他人违反规则而告状。那么，幼儿是如何从一个任性、规则意识薄弱的个体，发展成为一个能恰当评价自我和他人行为的人呢？

你了解哪些幼儿品德启蒙教育的理论？哪些因素会影响幼儿品德的发展呢？

【主要内容】

幼儿品德的形成与发展受到多种因素的影响和作用，古今中外著名的教育家和思想家从不同角度对幼儿品德启蒙教育进行了研究和探索。

一、幼儿品德启蒙教育的主要理论

中西方的历史情况和现实各不相同，关于幼儿品德启蒙教育的主要思想也不尽相同。

（一）中国的品德教育思想

我国古代的教育家和思想家重视德育，并把德育放在教育的首位。当代教育家和思想家继承并发展了前人的德育思想。

1. 中国古代品德教育思想

（1）孔子的观点

孔子早在2500多年前就将道德品质划分为道德认识、道德情感、道德意志和道德行为四种成分。孔子认为“仁”是最高的道德概念，把“孝悌”“礼”“忠恕”“中庸”作为道德认识的内容，主张用诗和乐来发展道德情感，从立志、磨炼、持恒三个方面来培养道德意志，认为“行”比“言”重要，重视道德行为，强调言行合一。孔子的思想对当代社会道德的建构产生了极为重要的影响。

（2）孟子的观点

孟子作为我国古代继孔子之后著名的儒家学者。孟子道德教育思想的基本精神包括以下内容：以“人性本善”为基础的道德本原说，以“善教得民”为目的的道德作用论，以“居仁由义”为核心的道德价值观，以“仁义礼智”为主体的道德范畴论和以“反省内求”为特征的道德修养论。其道德教育思想对我国的道德生活实践和民主进步产生了深远影响。

2. 中国近代幼儿品德教育思想

（1）陈鹤琴的幼儿德育思想

陈鹤琴的活教育思想渗透着中国特色的现代精神。他沿袭了我国传统文化中关于“做人”教育的宗旨，即“修身、齐国、平天下”，把“做人”作为活教育的三大纲领之一。他提出活教育的目的为：做人、做中国人、做现代中国人，并将之解释为：做人，即做一个真正的人，必须热爱人类，热爱真理，以“世界一家”的思想作为人类最终目标；做中国人，即做一个中国人，必须热爱自己的国家，热爱自己的同胞，为自己国家的兴旺发达而努力；做现代中国人，必须有强壮的身体，有创造的能力，有合作的精神，有为社会服务的热情，还必须心胸开阔和目光远大。陈鹤琴活教育体系中的幼儿德育理论丰富且深刻，是中国近代幼儿德育思想的代表。

（2）陶行知的幼儿德育思想

陶行知认为：“人格教育，端赖六岁以前之培养。凡生之态度、习惯、倾向，皆可在幼稚时代立一适当基础。”他把幼儿教育视为人生之基础，6岁以前是人格陶冶、习惯态度养成最重要的时期。在陶行知的教育思想中，德育占有极为重要的位置。他在吸收古代传统德育的合理元素基础上，提出了“教人求真”“学做真人”“真即善，真即美，真善美合一”的德育目标和“热爱集体”“国家是大家的，爱国是个人的本分”“与人民亲近”“立大志，求大智，做大事”“公德和私德，都不可缺”的德育内容。陶行知的德育思想源于实践且在实践的过程中不断完善，具有实践性、进步性和人民性，对当今德育发展具有重要价值。

3. 新中国成立以来的幼儿品德教育思想

（1）改革开放之前的幼儿品德教育

1951年到1956年是新中国幼儿德育奠基发展的五年。1952年《幼儿园暂行规程》和《幼儿园暂行教学纲要》两个文件将幼儿教育的总目标确定为促进幼儿在体、智、德、美四个方面的发展，从德育的角度提出相应的目标和任务。1956年《幼儿园教育工作指南》强调德育目标要符合幼儿年龄特征。

（2）改革开放以来的幼儿品德教育

1981年《幼儿园教育纲要（试行草案）》根据不同年龄阶段的特点将德育总目标具体化，这是新中国成立以来首次对幼儿德育目标做出系统、具体的规定。1996年《幼儿园工作规程》和2001年《幼儿园教育指导纲要（试行）》对幼儿园的品德教育进行了准确定位，强调对幼儿情感及个性关注，重视将幼儿德育贯穿于幼儿的一日生活中潜移默化地进行。2012年《3—6岁儿童学习与发展指南》指出，幼儿社会领域的学习与发展过程是其社会性不断完善并奠定健全人格基础的过程，是幼儿品德教育具体化和丰富性的体现。2022年《幼儿园保育教育质量评估指南》第一次将“品德启蒙”纳入幼儿园保育教育质量评估关键指标，体现了党和国家对幼儿品德启蒙教育的高度重视。

（二）西方的品德教育思想

西方关于品德发展的理论研究主要有认知发展学派、精神分析学派和行为主义学派的研究。认知发展学派侧重道德认知方面的研究，精神分析学派侧重道德情感与动机方面的研究，行为主义学派侧重道德行为方面的研究。

1. 认知发展学派的品德理论

认知发展学派的品德理论最初由皮亚杰提出，后经柯尔伯格的继承和发展，成为迄今为止最有影响的一种品德发展理论。皮亚杰从道德判断入手研究儿童道德认知发展，把儿童的道德品质发展划为四个阶段：自我中心阶段（2—5岁）、权威阶段（6—8岁）、可逆性阶段（8—10岁）、公正阶段（10—12岁）。处于自我中心阶段的幼儿表现为不顾规则，按照自己的想象去执行规则，规则对于他们不具有约束力。处于权威阶段的幼儿表现出对权威和规则的绝对尊敬和顺从。皮亚杰对儿童的道德判断进行了创造性的研究，开创了现代道德认识发展学派的先河。他发现并总结出儿童道德认知的发展规律，即儿童道德的发展经历了一个从他律到自律的认识转化过程。其理论不足之处在于，没有对道德行为进行实证研究，只关心道德行为背后的理论和推理，无法解释儿童言行不一的现象。

相关链接

对偶故事法

皮亚杰采用“对偶故事法”来研究儿童道德判断。采用这一方法，研究者的真正意图不为被试所觉察，使得被试的反应真实、可信。皮亚杰及其同事按研究的目的编写了许多包含着道德价值内容的对偶故事。每一对故事都包含着两种道德情境，每一种道德情境代表一种道德发展水平。例如皮亚杰用来研究动机和效果的一对对偶故事是这样的：

A. 一个叫约翰的小男孩，听到有人叫他吃饭，就去开餐厅的门。他不知道门后有一把椅子，椅子上放着一只盘子，盘内有茶杯，结果撞倒了椅子，打碎了15只茶杯。

B. 有个男孩名叫亨利，一天他妈妈外出，他想拿碗橱里的吃的。他爬上椅子伸手去拿，因为果酱放得太高，他在拿果酱瓶时不小心打碎了1只玻璃杯。

在开始研究时，主试给儿童讲述一对对偶故事，然后让儿童判断哪个孩子的错误更大。在判断后，主试和儿童交谈，弄清儿童做出这种判断的理由。皮亚杰采用这一方法研究5—13岁儿童的道德认知发展，取得了重要的研究成果。

2. 精神分析学派的品德理论

精神分析学派主张品德或道德是人格的一部分，个体的人格发展过程也是其品德发展过程。美国心理学家埃里克森的心理社会发展理论是新精神分析学派品德理论的代表，即人格发展的八阶段理论。这一理论与幼儿期相对应的是第一阶段“基本的信任感对基本的不信任感”、第二阶段“自主性对羞怯与怀疑”和第三阶段“主动性对内疚感”。从埃里克森的理论中我们可以借鉴：幼儿的品德教育必须以幼儿社会性心理发展阶段为依据，以幼儿的自然发展为基础，重视与幼儿直接相关的社会环境。其理论的不足之处在于，缺乏足够的实证依据，思辨性多于科学性。

3. 行为主义学派的品德理论

行为主义学派的品德理论以美国心理学家班杜拉的社会学习理论为代表。其理论的核心概念是“观察学习”。观察学习直接影响着幼儿道德行为的形成和发展，幼儿通过对环境、社会文化关系、客观条件的观察学习而获得道德行为的发展，并迅速地影响到广泛的行为领域。从班杜拉的理论中我们可以借鉴：它充分强调观察学习在幼儿道德行为形成中的重要性，道德观念和行为经过后天的观察学习可以形成和改变，还强调了社会环境对幼儿道德发展的影响。其理论的不足之处在于，仅仅坚持环境论的观点，忽略了幼儿自身因素在观察学习中的重要作用。

案例精选

一片润喉药的功效

新学期小班开学，由于班里来了新生，老师们既要安慰哭闹的新生，又得时刻关注上过托班的几个孩子。

不出一天，张老师的嗓子就哑了，说话很费劲。钱老师给张老师拿来润喉含片，张老师吃到嘴里不自觉地做出了痛苦的表情。铭铭一直关注着老师们的一举一动，当他看到张老师的表情变化时，就问张老师："钱老师给您吃什么了？"张老师告诉他："钱老师听到我嗓子哑了，就让我吃了治嗓子的药。""药苦吗？"张老师点点头说："有点苦，但我很勇敢，不怕苦！"铭铭冲张老师笑笑就走开了。一会儿的工夫，铭铭拿着自己的小水杯，慢慢地走进了教室，朝张老师的方向走来。他走得很小心，生怕水杯里的水洒出来。张老师赶忙迎上去，想告诉他可以喝完水再进教室。他见张老师走过来就赶紧说："张老师，您喝水吧！喝了水，药就不苦了！"听完他的话，张老师一手拿过小水杯，另一只手一把抱起他，使劲亲了亲他的胖脸蛋。张老师和铭铭的脸上都洋溢着幸福的微笑。

评析：观察学习是幼儿形成道德行为的重要途径。在此案例中，正是老师之间的相互关爱给幼儿树立了榜样，从而引发幼儿的学习模仿行为。因此，作为老师要为幼儿树立榜样，支持、引导幼儿从"榜样"身上学习正确的道德行为，鼓励幼儿在实践中学习、模仿，并逐渐内化为自身的道德行为。

二、幼儿品德发展的影响因素

幼儿品德启蒙教育的根本目的是促进幼儿个体品德发展。影响幼儿品德发展的主要因素有遗传因素、环境因素和幼儿自身因素。遗传为幼儿的品德发展提供了可能性，环境将这种可能性变成现实性，幼儿自身的主观因素在其中起着重要作用。

（一）遗传因素是幼儿品德发展的生物前提

遗传因素是指幼儿从父母那继承来的生理特点，如神经系统、感觉器官和运动器官的特性等，其中脑的特性尤其重要。遗传因素给品德发展提供某种倾向性，使人容易发展与遗传素质相适应的某些品德。朱智贤的研究验证了遗传在幼儿心理发展上的作用主要体现在两个方面：一是遗传通过素质影响智力的发展，二是通过气质类型的因素影响个性心理特征的发展。遗传是气质的基础，遗传通过气质类型的因素影响个体的情绪体验和性格，乃至品德的发展。

（二）环境因素为幼儿品德发展提供了可能性

家庭因素、幼儿园因素与社会文化因素共同构成了影响幼儿品德发展的环境因素，对幼儿品德发展起着催化的作用。

1. 家庭因素

家庭是幼儿最初、最基本的生活场所，幼儿的品德发展首先是在家庭中开始的，父母在幼儿的生活中扮演着重要角色。影响幼儿品德发展的家庭因素错综复杂，主要包括家庭结构、教养方式、家长职业类型与文化程度、父母榜样作用四个方面。

（1）家庭结构

家庭结构是指家庭的人口结构，主要的家庭结构有核心家庭、主干家庭和单亲家庭。单亲家庭容易对子女品德发展产生不良影响，主要是由于破裂的家庭结构给幼儿带来了过分紧张的生活气氛和感情冲突，缺乏家庭的温暖和关怀，容易造成他们在道德认识、道德情感、道德意志和道德行为等方面向不良方向发展。

（2）教养方式

家庭教养方式是指父母对子女抚养过程中所表现出来的相对稳定的行为方式，是父母各种教养行为的特征概括。美国心理学家鲍姆林德把教养方式分为民主型、专制型、溺爱型和忽视型四种。民主型是最科学的教养方式。在民主型教养方式下，幼儿既得到尊重，又得到保护，正当的需要得到满足，不恰当的行为得到抑制和纠正。在这种环境下长大的幼儿谦虚、诚恳、乐观、自信，更有主动性、积极性和责任感。在其他教养方式下，幼儿很容易缺乏责任感和自信心，并出现人际交往能力、适应能力、自控能力差等问题，性格偏向于怯懦、孤僻、自私等。

（3）家长职业类型与文化程度

家长的职业类型不同，可能导致不同的家庭生活特点和家庭教养方式，从而影响到子女品德的发展。由于职业的选择往往取决于家长的受教育程度，因而家长职业类型对子女品德的影响，实际上是其文化程度影响子女品德的间接表现。不同职业类型的家长的职业道德要求、职业修养也不尽相同，这些差异最终都会影响到幼儿的品德发展。

（4）父母榜样作用

父母是幼儿的第一任老师，他们自身的品德素质、心理素质等都对幼儿道德品质的形成具有潜移默化的影响。卢梭在《爱弥儿》中提到，父母在教育幼儿时，要言传身教，身教远远重于言传。幼儿经常以父母为榜样加以模仿，父母应注重自身的道德修养，给幼儿树立良好的表率，使幼儿的品德朝着积极、健康、向上的方向发展。

2.幼儿园因素

幼儿园是幼儿成长过程中接触到的第一个专业教育机构。自幼儿进入幼儿园后，幼儿教师和同伴就成为幼儿品德发展的重要影响因素，而幼儿园教育作为一种有目的、有计划、有组织地对幼儿品德发展施加影响的过程，对幼儿品德发展起着重要的指引作用。

（1）师幼关系

良好的师幼关系是正确实施幼儿品德启蒙教育的关键，这是由幼儿期道德发展的“他律性”特征所决定的。在幼儿园中，最能反映这种“他律”水平的代表性言语是“老师是这样说的”“老师叫我这样做的”“听老师的话才是好孩子”。在现实生活中，幼儿往往认为教师是绝对的权威，教师的言行都是绝对正确的。因此，教师的道德观和道德行为直接影响幼儿的品德发展。

（2）同伴关系

同伴关系具有平等性、自愿性的特点，在幼儿品德发展中具有独特的作用。在同伴交往中，幼儿需要学会站在他人的角度思考问题，知觉他人的态度，意识他人的情绪感情，才能与同伴愉快交往。这一过程有助于幼儿克服自我中心，有助于幼儿对道德规范的理解和对道德情感的体验。

此外，同伴交往也有助于幼儿良好道德行为习惯的养成。在同伴交往中，那些积极、友善、符合社会道德规范的行为易被同伴接纳和认可，而消极、违背社会道德规范的行为会被同伴排斥和拒绝。为了获得同伴的接纳和认可，幼儿必须调整自己的言行，自觉遵守道德规范。

（3）幼儿园教育

图 4–1　教师教幼儿认识植物

幼儿园教育在幼儿品德启蒙教育中起着至关重要的导向作用，引导幼儿品德发展的方向和水平。幼儿园所提供的系统、全面的课程，能够促进幼儿各方面的发展，包括品德的发展。规范的、系列的、生活化的课程，能够帮助幼儿循序渐进地完善自我认识、掌握社会规范、提高人际交往能力、接受爱国主义和中华优秀传统文化教育。同时，幼儿园开展的各种活动为幼儿品德教育提供了学习实践的机会。这些活动可以将幼儿的道德认识有效地转化为道德行为，促进幼儿品德的发展。

案例精选

保护好小鱼宝宝

在朱继文《我对品德启蒙的理解与践行》一文中，记载了这样一个案例：幼儿园里每个班都会养小金鱼，孩子们很喜欢观察小鱼游动的过程，老师也会把喂食物的事情交给孩子们，但由于孩子们都想给小鱼喂食物，就会出现小鱼被撑死的现象，如果教师没有德育意识就会出现，死掉的小鱼没关系，老师顺手把死掉的小鱼扔到垃圾桶里，心里还会想：花不了几块钱的事情，再买几条小金鱼补上就好。但幼儿园的格格老师就抓住这一有力的教育契机，把德育的种子悄悄种在孩子的心里。格格老师带着孩子们通过多种的方式了解小鱼吃的食物量，小朋友采取分工合作、轮流喂食、给食物分装器皿、数数计量和称重计量等方式，孩子自己做图标设计，用视频记录和观察其他小朋友照护小鱼的过程。

评析：

教师在活动中巧妙地将品德教育的目标与幼儿认识发展目标结合、与幼儿社会性情感目标结合、与数学领域的目标结合，充分体现幼儿学习发展的整体性原则。在精心地喂养小鱼，给小鱼换水、给氧的过程中，孩子通过尝试、体验、商讨等多种方式，使保护小鱼成为孩子的责任。小鱼成了孩子中的一员，成了孩子嘴里最常念叨的朋友，他们想着它、念着它，学习小鱼游泳、绘画可爱的小鱼、讲述小鱼的故事、创编小鱼的韵律体操，关心爱护好朋友的能力自然融进孩子的心田。

3. 社会文化因素

幼儿的品德发展是在社会文化传递过程中进行的，不同的社会文化会影响幼儿品德向不同的方向发展。在此，我们主要分析中华优秀传统文化和大众传媒对幼儿品德发展的影响。

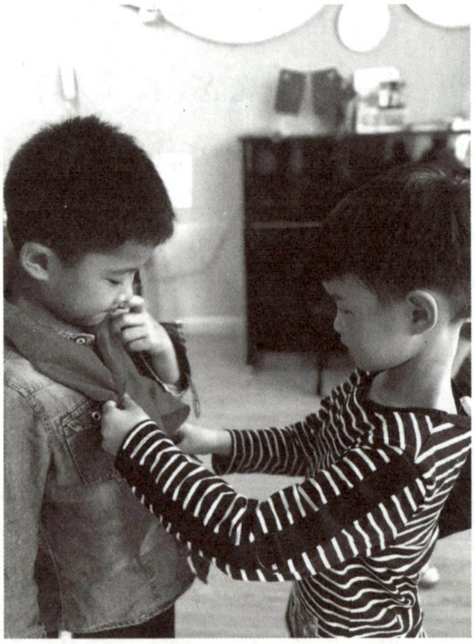
图 4-2　我是小小少先队员

（1）中华优秀传统文化

中华优秀传统文化是中华民族的精神命脉，是涵养社会主义核心价值观的重要源泉，也是我们在世界文化激荡中站稳脚跟的坚实根基。在幼儿教育阶段进行中华优秀传统文化教育，能让幼儿在感受、欣赏和体验中了解中华民族的悠久历史和传统文化的精神实质，培养他们宽阔的视野、博大的情怀，形成良好的道德品质。

（2）大众传媒

随着信息技术的飞速发展，大众传媒已深入人们的日常生活，对幼儿品德发展的影响也日益加深。这些影响可以分为两个方面，一方面是积极的，有助于幼儿认识社会角色，掌握社会道德规范，体验丰富的道德情感，形成良好的道德行为。另一方面是消极的，由于传播的信息良莠不齐，幼儿如果全盘接收，会对其道德品质的形成及世界观、人生观、价值观的建立造成不良的影响。

（三）幼儿自身因素为幼儿品德发展提供了内在条件

家庭教育、幼儿园教育和社会文化是影响幼儿品德发展的外在条件，幼儿自身的主观特点是幼儿品德发展的内在因素。幼儿自身的主观因素包括需要、能力、气质、性格和自我意识等。在此，我们主要分析需要和能力对幼儿品德发展的影响。

1. 需要

需要是品德发展的内在源泉。幼儿教师必须了解幼儿的需要，促使幼儿不断产生积极的、合理的、符合社会要求的需要，才能促进幼儿良好品德的形成和发展。例如，教师让幼儿观察活动室凌乱不堪的情景，让幼儿产生不舒服的体验，接着动员幼儿动手把物品归类放好，引导幼儿获得因活动室干干净净而感到舒服的体验。通过体验促使幼儿自身产生“游戏结束后要收拾好玩具”的需要，以后幼儿就会逐渐养成管理物品、管理自我的好习惯。

2. 能力

能力是复杂多样的，人的许多能力与品德发展密切相关，其中幼儿的认识能力是品德发展的基础。幼儿学习了社会道德知识，理解了社会道德规范，才能将社会道德行为规范内化成个人品德，而幼儿对道德规范的学习和理解受认识能力的制约。幼儿认识能力的高低直接影响幼儿道德发展水平。例如，只有在幼儿领会了游戏规则的意义，了解了怎样去遵守游戏规则，才能对幼儿提出“遵守游戏规则”的要求。否则，幼儿会因为对规则要求的不理解，出现言行不一致的情况。

【实践园地】

在有关幼儿品德启蒙教育的理论中，你更倾向于哪种理论？为什么？请以小组为单位开展讨论交流。

任务三　幼儿品德发展评估

【任务要求】

理解幼儿品德发展的特点，掌握评价幼儿品德发展的指标和方法；能够对幼儿品德发展的特点进行评估。

【任务引例】

源源的妈妈最近很苦恼，因为幼儿园的老师反映孩子在学校里管不住自己，把老师的话当“耳边风”，明知道自己做错了，接受批评后，没一会儿又故态复萌。源源在家里也有这种情况，事先说好玩完玩具要自己把玩具收拾到柜子里，可最后还是会乱扔。被妈妈批评时，源源也知道自己做得不对，妈妈问：“下次该怎么做？”源源会立刻回答：“下次一定会收拾好！”但常常做不到。以上材料显示出幼儿品德发展的一个突出特点就是言行不一。

幼儿品德发展还有哪些特点？如何评估幼儿品德发展？

【主要内容】

处在人生品德启蒙阶段的幼儿，其品德发展有何特点，如何评价幼儿品德发展的水平，如何使幼儿品德启蒙教育更好地适应这些特点，以取得最佳的教育效果，这应是广大幼儿教师共同关注的课题。

一、幼儿品德发展的基本特点

从总体上来看，幼儿品德发展具有两个特点：从他性和情境性。

（一）从他性

在幼儿身上，从他性道德占主导地位。从他性表现在两个方面：一方面，幼儿认为道德原则、道德规范是神圣的、绝对的，来自外在的权威，不得不服从，而对其内涵却不了解；另一方面，判断是非的标准也来自成人，同时只注意行为的外部结果，而不考虑行为的内在动机。幼儿晚期开始向自律性转化，会出现一些自律道德的萌芽。

（二）情境性

幼儿的道德认识、道德情感具有表面性、具体性，易受情境的暗示，总是和一些直接道德经验、情境和成人的评价相联系。幼儿的道德动机非常具体、直接、外在，往往受具体情境的影响，道德行为缺乏独立性和自觉性，因而也缺乏稳定性。

二、幼儿品德发展的主要表现

幼儿品德发展主要包括道德认识、道德情感、道德意志和道德行为四个方面的表现。

（一）幼儿道德认识

幼儿道德认识包括幼儿对道德概念的掌握和幼儿道德评价能力的发展。幼儿对道德概念的掌握水平较低，常常是直觉的、具体的、表面的，对人和事的认识大都是非本质的、不全面的。幼儿道德评价具有受暗示性和情绪性的特点，缺乏独立性和客观性，往往以父母、老师的评价作为自己评价的依据，或者以自己的需要、情绪和利益来评价别人的行为。幼儿的道德评价还具有片面性和表面性，表现为以外部行为及行为表面后果作为评价的依据。

（二）幼儿道德情感

幼儿的道德情感以直觉情绪体验和想象的情感体验为主。小班幼儿的道德情感具有直觉性、冲动性的特点，往往由某种强烈的刺激所引起，缺少道德认识的因素。中班幼儿的道德情感与道德标准、认识相联系，他们不仅关心自己的行为是否符合道德标准，而且关心别人的行为是否符合道德标准。到了大班，开始表现出以道德认识为中介的情绪体验。小朋友对新来的同伴破坏班里的植物很生气，他们会说“这是全班小朋友辛辛苦苦种的”。这里“大家的劳动成果不能破坏”的道德认识起了中介的作用。随着幼儿的发展，道德情感的内容逐渐丰富，爱国主义情感、义务感、责任感、集体感开始萌芽。幼儿道德情感指向的事物不断增加，范围不断扩大，使其道德情感体验不断丰富。

（三）幼儿道德意志

幼儿的道德意志是指幼儿自觉地调节行为、克服困难、实现一定道德目的的心理过程。幼儿道德意志具有自觉性低、自制力弱、坚持性不强等特点，体现在道德行为上往往表现为行为不稳定、缺乏持久性、无法抵抗诱惑。在参加活动时，幼儿往往坚持性和自制力不强，不能很好地控制自己的行为或遵守相关的要求，需要不断地提醒和监督。

（四）幼儿道德行为

幼儿的道德行为具体、直接，具有明显的情境性。小班幼儿上课遵守纪律是为了得到“小红花”。中、大班幼儿逐步出现独立、主动自觉的社会道德行为。例如，“小朋友应该互相谦让，不应该争抢玩具”是因为“争抢玩具的话，游戏就没法玩了”。幼儿后期初步自觉的社会道德动机逐渐趋于内化，成为稳定的道德感，如责任感、同情心、自尊感等，并激发幼儿良好的道德行为。

三、幼儿品德发展的评估

幼儿品德发展评估是指依据幼儿品德发展的评估要求，运用一系列的评估方法，系统收集相关资料信息，对幼儿的品德发展做出价值判断的过程，是幼儿品德启蒙教育工作中的重要方面。

（一）幼儿品德发展的评估要求

1. 树立正确的评估观念

幼儿品德发展评估的目的是提升品德启蒙教育质量，促进幼儿全面发展。因此帮助幼儿教师树立正确的评估观念至关重要。正确的评估观念，即正确看待幼儿品德的发展。首先，必须考虑幼儿品德发展的阶段性特征。其次，既要关注幼儿共同的发展特征，还要考虑个体的差异。最后，要以发展的眼光看待幼儿，根据幼儿的成长变化科学调整评价行为。

2. 遵循客观性评估原则

坚持客观性原则是保证评估结果真实、有效的前提。首先，要选择经过科学程序编制，并在实践中反复验证且行之有效的评估工具。其次，要根据搜集到的评估信息进行客观判断，不能凭主观臆断对幼儿进行评估。最后，要科学、合理、客观地看待和分析评估结果，使评估真正起到促进幼儿品德发展和提高保教质量的作用。

3. 优化评估方式

《幼儿园保育教育质量评估指南》强调要“树立科学的评价导向，改进评估方式，突出过程评估，强化自我评估，聚焦班级观察”。首先，要充分发挥评估的引导、诊断、改进和激励功能，注重过程性评估。其次，要建立常态化的自我评估机制，促进教师、家长、幼儿和幼儿同伴主动参与评估过程，采用综合归纳的方法，得出公正的评估结论。最后，要通过自然观察，了解教师与幼儿互动情况，准确判断教师对促进幼儿品德发展所做的努力与支持，全面、客观、真实地了解幼儿品德发展的状况。

（二）幼儿品德发展的评估方法

1. 观察法

观察法是指评估者在自然状态下有目的、有计划地对幼儿行为进行直接观察，从中获得评估资料，然后根据这些资料进行科学分析判断的方法。观察法是幼儿品德发展评价中使用最普遍的方法，时间取样法和事件取样法是较常用的观察法。时间取样法是指在规定的时间单位内进行观察，对观察进行分类或记分，例如每天观察幼儿在 30 分钟游戏时间里分别有几次互助行为或攻击行为。事件取样法是指观察者事先确定观察目的，选择某种或某类事件作为观察目标，在观察中等待该事件的发生，并仔细观察事件全过程的方法。

2. 自然实验法

自然实验法是指在教育实践中，按照研究目的控制和改变某些条件，将幼儿置于与现实生活场景类似的情境中，由评估者通过在该特定情境中的实验来评价幼儿品德行为的方法。相对于观察法，自然实验法是评估者主动创设测验的情境，可控性比较高，材料收集的效率也比较高。

相关链接

对幼儿责任感的评价

例1：教师在活动室墙壁布置照片墙，告诉幼儿需要将活动照片和装饰材料贴在墙上，如果不想做，可以玩其他游戏（如果有些幼儿没有参与，可以再提醒一遍）。观察幼儿的表现：

A. 玩其他游戏

B. 经提醒参与制作

C. 主动参与制作

例2：幼儿离开幼儿园前，教师告诉幼儿活动室里要建一个图书角，要求每个幼儿第二天从家里带来一本图书。第二天观察，哪些幼儿带来了，并对没带来的小朋友进行第二次提醒。观察幼儿的表现：

A. 教师第二次提醒后仍未带来

B. 教师第二次提醒后才带来

C. 教师第一次提出要求后就能带来

3. 谈话法

谈话法是指评估者通过与幼儿交谈，收集幼儿品德发展资料，然后根据这些资料进行科学分析判断的方法。谈话可以是纯语言的，也可结合图片、图画故事等进行。如在研究儿童道德判断时，皮亚杰使用的“对偶故事法”就是谈话法。

4. 问卷调查法

问卷调查法是指根据评估目的，向幼儿家长或教师发放问卷调查表，请他们提供关于幼儿在家庭、幼儿园中品德表现的书面材料。问卷调查法有助于全面客观地获取幼儿在不同情境下的品德表现。

相关链接

幼儿主动性调查表

5. 社交测量法

社交测量法是指评估者通过某种特定方法，了解某一特定团体的社交结构以及该团体内人际交往模式的方法。提名法是社交测量法中最主要、最省时的方法。操作方法是让每个被试根据某种标准，例如“最喜欢和谁做好朋友或最不喜欢和谁做好朋友”，从同伴团体中选出3—5名成员。最后对提名结果进行统计分析，得出幼儿班集体的社交结构。

以上幼儿品德发展的评估方法各有其特点，幼儿教师应根据实际需要选择相应的方法，必要时可多种方法同时使用，以提高评估结果的信度和效度。

拓展阅读

怎样评价幼儿的同情心

【实践园地】

用事件取样法收集幼儿合作活动的相关材料。观察对象为20名3—6岁幼儿，其中男孩9人、女孩11人。按照事先拟订好的观察记录内容填写观察记录表并用秒表计时。

表4-1　幼儿合作活动记录表

姓名	年龄	性别	活动背景	合作内容	持续时间	做什么说什么	结果	影响

项目总结

幼儿期是一个人道德品质和个性心理形成的关键时期。品德启蒙教育作为幼儿教育的有机组成部分，对幼儿身心的健康成长有着十分重要的意义和作用。本项目概述了幼儿品德启蒙教育的价值、理论及特点，介绍了幼儿发展的影响因素和评估方法。通过本项目的学习，教师应领会幼儿品德启蒙教育对于幼儿发展的价值和意义，具备分析幼儿品德发展特点和影响因素的能力，具备评估幼儿品德发展水平的能力，并能够运用评价结果，分析、改进幼儿品德教育活动，促进幼儿品德发展。

思考练习

一、单选题

1. 班杜拉的社会认知理论认为（　　）。

A. 儿童通过观察和模仿身边人的行为学会分享

B. 操作性条件反射是儿童学会分享的重要学习形式

C. 儿童能够学会分享是因为儿童天性本善

D. 儿童学会分享是因为成人采取了有效的惩罚措施

2. 下列不属于影响幼儿品德发展的内部因素的是（　　）。

A. 自我意识　　B. 能力　　C. 需要　　D. 同伴关系

3. 为了解幼儿同伴交往特点，研究者深入幼儿所在的班级，详细记录幼儿交往过程的语言和动作等，这一研究方法属于（　　）。

A. 访谈法　　B. 实验法　　C. 观察法　　D. 作品分析法

二、问答题

1. 幼儿品德启蒙教育的价值有哪些？

2. 幼儿品德启蒙教育理论有哪些？

3. 幼儿品德发展的特点是什么？

4. 如何对幼儿品德发展进行评估？

项目五　幼儿品德启蒙教育目标与内容

知识导图

- 幼儿品德启蒙教育的目标与内容
  - 幼儿品德启蒙教育的目标设定
    - 个人—家庭层面目标
    - 集体—社会层面目标
    - 民族—国家层面目标
  - 幼儿品德启蒙教育的内容选择
    - 个人—家庭层面内容
    - 集体—社会层面内容
    - 民族—国家层面内容

学习目标

知识目标：

了解幼儿品德启蒙教育目标设定与内容选择基本知识，理解并掌握幼儿品德启蒙教育各层次目标及内容。

能力目标：

能够在幼儿品德启蒙教育实践中设定具体活动的目标与内容，为开展幼儿品德启蒙教育奠定能力基础。

素质目标：

引导幼儿形成良好的道德品质、集体主义的观念、遵守社会公德的意识，厚植爱国主义和家国情怀。

任务一　幼儿品德启蒙教育目标设定

【任务要求】

理解并掌握幼儿品德启蒙教育目标要求及其设定方法；能够正确分析幼儿品德启蒙教育的目标，并对幼儿品德启蒙活动案例进行分析；能够从个人—家庭、集体—社会、民族—国家三个层面设定幼儿品德启蒙教育活动的目标。

【任务引例】

2022年2月，教育部印发《幼儿园保育教育质量评估指南》引发行业广泛关注与讨论。其中，在“办园方向”中提到的关键指标之一——“品德启蒙”，首次出现在幼儿园保育教育质量评估指标中。如何在幼儿保育教育全过程中贯彻党的教育方针，落实立德树人根本任务，并从个人、社会、国家等各个层面培育和发展幼儿的品德？如何在幼儿品德启蒙教育实践活动中设定不同层次的教育目标以促进幼儿的全面发展呢？

【主要内容】

幼儿是祖国的未来和民族的希望，培养幼儿良好的道德品质，不仅是幼儿身心健康成长的需要，也是党和国家的需要。新时代幼儿品德启蒙教育的总目标是以习近平新时代中国特色社会主义思想为指导，全面贯彻党的教育方针，落实立德树人根本任务，将培育和践行社会主义核心价值观融入保育教育全过程，为培养德智体美劳全面发展的社会主义建设者和接班人奠定坚实基础。在总目标的指引下，幼儿品德启蒙教育可从微观、中观、宏观层面分为个人—家庭、集体—社会、民族—国家具体目标。

一、个人—家庭层面目标

幼儿品德启蒙教育的首要目标是使幼儿具有良好的道德品质和文明的行为习

惯，为幼儿适应未来社会发展需要和创造个体幸福生活奠定坚实基础。幼儿品德启蒙教育的个人—家庭层面具体目标主要包括：

（一）形成基本的道德品质

道德品质是个体按照社会道德准则行动时所表现出来的某些稳固的特征。人一生的道德品质从幼儿期开始萌发，并逐步形成、完善和成熟。幼儿时期能否筑牢坚实的道德基础，将影响其一生的道德发展水平和品质。所以，幼儿期的品德启蒙教育对于未来新一代社会成员良好道德品质的形成发挥着关键而重要的作用。在幼儿品德启蒙教育过程中，应着重帮助幼儿形成对基本道德的正确认识，教会幼儿学会做人，引导幼儿养成善良仁爱、公平正直、诚实勇敢、尊敬师长、孝敬父母、尊老爱幼等优良品质。

（二）养成良好的文明行为习惯

文明行为在人们长期共同生活和相互交往中逐渐形成，并以风俗、习惯和传统等方式固定下来，是维系社会正常生活而对个体所做出的道德规范方面的约束。幼儿期是培养良好文明行为的关键期。幼儿文明行为教育，应根据幼儿德育的任务、幼儿身心发展的特点和幼儿品德发展的实际情况，有目的、有计划地对幼儿施加教育影响，不断深化幼儿对文明行为的认识，使其逐步养成讲文明、懂礼貌、举止文雅大方及注意语言美、仪态美、行为美等基本的文明行为习惯，并不断感受到文明行为习惯的价值，为其未来立足社会筑牢根基。

（三）培养良好的生活习惯和生活能力

良好的生活习惯和生活能力对于培养幼儿的责任感、自信心、独立自主的精神，以及幼儿未来的社会生活都会产生深远的影响。在幼儿品德启蒙教育过程中，应重视通过生活中的细节对幼儿进行潜移默化的熏陶和引导。例如，通过在垃圾箱的附近贴上“不要随手乱扔垃圾”的小贴士，在水龙头附近粘贴“节约用水”小标语，在幼儿园内装饰文明礼貌的小墙饰，用表现幼儿独立自主、自力更生精神的良好生活习惯和生活能力的小故事、小物品对幼儿园进行装饰，在“润物细无声”的教育过程中，使幼儿逐步具备独立自主的生活习惯和生活能力。

（四）拥有良好的心理状态

幼儿心理健康的一个重要标志是情绪态度积极、情绪反应适度。安定愉快的情绪是幼儿保持身心健康和行为适应的重要条件，而愤怒、恐惧、悲伤等消极情绪会使幼儿身心发展失去平衡，甚至会导致病变。增强幼儿情绪的自我调节能力，使幼儿时刻保持安定的情绪和平和愉快的心境，是开展幼儿品德启蒙教育的重要目标之一。在幼儿品德启蒙教育过程中，要始终注意为幼儿营造宽松、温暖、和谐的氛围，以欣赏、鼓励的态度对待幼儿，以使幼儿能够时刻保持轻松、愉悦、稳定的良好情绪和心理状态，形成心理上的安全感和信赖感。同时，还要注意帮助幼儿学会恰当地表达和调控自己的情绪，要引导他们遇到事情不乱发脾气、不迁怒于别人，帮助他们学会以正确、恰当的方式去表达、宣泄不良情绪。

二、集体—社会层面目标

良好的社会性发展对幼儿身心健康和其他方面的发展都具有重要影响。幼儿品德启蒙教育的中观层次目标，是使幼儿能够顺利融入集体，并通过集体生活不断发展和完善自身的社会性，为幼儿在未来形成健全的人格和融入社会奠定坚实基础。幼儿品德启蒙教育集体—社会层面的具体目标包括培养幼儿的集体主义观念和社会公德意识两大方面。

（一）具备初步的集体主义观念

1. 引导幼儿积极参与集体活动

使幼儿愿意和同伴小朋友一起游戏，有经常一起玩的小伙伴；愿意与人交往，能够与同伴友好相处；能够拥有自己的好朋友和结交新朋友；能够友好地加入同伴的游戏，不争抢、独霸玩具；能够在游戏活动中分享、合作；与同伴发生冲突时，能够在他人的劝解或帮助下通过协商的方式和平解决；在活动中能够倾听和接受别人的意见；有高兴的事或有趣的事愿意与大家分享，有问题愿意向别人请教。

2. 帮助幼儿适应并喜欢集体生活

愿意与家长一起主动参加幼儿园、社区等的集体活动；对幼儿园集体活动有较高的兴趣，能够在群体活动中表现出积极、快乐的情感；在集体活动中，与别人的看法不同时，敢于坚持自己的意见并说出理由；能够主动选择或发起游戏、活动，敢于带领小伙伴尝试具有一定难度的活动或任务，遇到困难能够坚持并积极出主意、想办法，从而引领集体活动向纵深发展。

3. 能够关心和尊重他人

家长和老师讲话时能够认真听讲，并听从相应的要求；会用礼貌的方式向家长和老师表达自己的要求和想法；能够对身边生病或情绪不佳的人表示出同情、关心和体贴的情感，并能给予力所能及的帮助；能够在提醒下做到不打扰别人；能够体会到自己身边的人为养育和教育自己所付出的辛劳；尊重为大家提供服务的人，珍惜他们的劳动成果；能够尊重、接纳与自己的生活方式或习惯不同的人。

（二）形成遵守社会公德的基本意识

1. 能够遵守基本的社会规则和行为规范

使幼儿感受到社会规则的意义，在提醒或自觉意识下，能够积极遵守社会和公共场所的各项规则，在游戏和活动中，能够与同伴协商制定规则；知道不经允许不能拿别人的东西，借别人的东西要归还，不私自拿不属于自己的东西，爱惜物品，用别人的东西时懂得爱护；做了错事敢于承认、不说谎；知道接受的任务要努力完成，并能够认真负责地完成任务；爱护身边的环境，懂得要节约粮食、水、电等资源。

2. 具有初步的集体—社会认同感和归属感

在幼儿品德启蒙教育中，家庭、幼儿园和社会应共同努力，为幼儿创设温暖、关爱、平等的家庭和集体生活氛围，让幼儿在积极健康的人际关系中获得安全感和信任感，引导幼儿在与成人和同伴交往的过程中，逐步学会如何看待自己、对待他人，学习如何与人友好相处；能够喜欢自己所在的班级、幼儿园及所在社区，愿意为集体和社会服务；能够积极参加家庭和幼儿园的各项集体活动，并在活动中建立起良好的亲子关系、师生关系和同伴关系。在此基础上，帮助幼儿不断发展适应社会生活的能力，在良好的社会环境和文化熏陶中学会遵守规则，形成基本的集体—社会认同感和归属感。

三、民族—国家层面目标

幼儿品德启蒙教育的宏观目标应与建设富强、民主、文明、和谐的中国特色社会主义现代化强国和实现中华民族伟大复兴结合起来。幼儿教师要从小培养幼儿深厚的爱国情感和对中华优秀传统文化的认同与热爱，并将之作为幼儿品德启蒙教育的最高层面目标。

（一）形成初步的爱国主义认识和情感

1. 培养幼儿对爱国主义的正确认识

爱国主义是民族精神的核心，是中华民族的精神基因。在幼儿品德启蒙教育中，要始终贯穿爱国主义教育，将之融入幼儿日常生活中，在幼儿内心播种下热爱祖国的种子。在幼儿爱国主义教育目标设定方面，幼儿教师要教育幼儿深入了解我国的基本国情，帮助幼儿从身边的事物出发，产生对国家的初步感性认识。通过引导幼儿认识家乡的发展变化、围绕生活环境、社会关系、组织机构等的认识，使幼儿感知国家的存在，体会个人与国家之间的密切关系。

2. 激发和深化幼儿的爱国主义情感

幼儿爱国主义教育目标设定，还要不断激发和深化幼儿热爱祖国的意识和情感，形成对祖国的自豪感、荣誉感及归属感，厚植幼儿的家国情怀。幼儿教师要教育幼儿认识到，家是最小国，国是千万家，中国是一个多民族的大家庭，为自己是中华民族的一员感到自豪。幼儿教师要使幼儿了解我国发展历程中人民创造的伟大成就，认识到自己是社会主义的建设者和接班人，把自己的人生理想同祖国的前途命运紧密联系在一起，扎根人民，奉献国家。

（二）深化对中华优秀传统文化的认同和热爱

1. 深化幼儿对中华优秀传统文化的认识与理解

中华优秀传统文化包括中华民族传统节日、风俗礼仪、传统艺术、民间游戏和运动等，是中华民族创造的一切具有积极意义的物质和精神文明成果。在幼儿品德启蒙教育过程中，幼儿教师要深化幼儿对上述物质和精神文明优秀成果的认识，以弘扬传统文化、传承民族精神为主旨，不断丰富和深化幼儿对中华优秀传统文化的认识与理解，让其体会中华民族爱国主义精神的独特文化内涵。

2. 强化幼儿对中华优秀传统文化的热爱与自信

在深入认识和了解的基础上，幼儿教师要引导幼儿不断增进对中华优秀传统文化的认同感、亲切感、归属感，坚定幼儿对传承民族精神血脉和文化精神基因的信心与决心。幼儿教师要培养幼儿成为面向世界的现代中国人，成为德智体美劳全面发展的社会主义建设者和接班人，为其未来成长为担当民族复兴大任的时代新人积聚强大、持久的精神力量。

拓展阅读

藏在游戏里的德育

日常生活中，家长和教师的言传身教、同伴交往的过程、寓言童话的耳濡目染，都在点滴之间影响着儿童的道德发展。游戏作为儿童喜闻乐见的活动形式，也潜藏着许多有关儿童德育的教育契机，若运用得当则可以发挥出事半功倍的成效。

一、游戏规则有助于儿童提升道德认知

规则是游戏的内核与灵魂，在各类游戏活动中都存在规则的影子。小时候常玩的“跳格子”“丢手绢”等游戏，都让儿童在愉悦的玩乐中体会到了规则的价值。在很多游戏中，规则都是一种无形的规范，让儿童懂得在集体生活中去“自我中心”。无论是游戏顺序、主导权，还是游戏资源，都应该依照合理的规则进行轮换和分配。在彼此的协作和尊重中，儿童能够感知到一种无形的规范力量伴随着他们的游戏，但是这种力量丝毫没有破坏游戏的乐趣，反而让游戏开展得更加融洽顺畅。

二、游戏互动有助于儿童培育道德情感

游戏时的儿童仿佛置身于一个小社会，儿童在游戏中的合作与冲突行为不断形塑着儿童的思维，这一过程利于其道德情感的形成和发展。在游戏中，因为儿童有了更多的自由，他们自主自发的合作会产生更多的创造性行为，在面临道德冲突时也获得了更多的锻炼机会。游戏中的儿童拥有更多的共同话语，在同辈群体的影响下更加懂得团结的力量，从而避免因为个人的不当行为影响集体的形象和利益。在频繁的交流中，儿童需要亲自实验、换位思考，因而其道德情感也会愈加完善。

三、游戏目标有助于儿童树立道德意志

游戏目标的设定会让儿童的活动更具有目的性，也能充分调动儿童的积极性，并促使儿童在实现目标之前设计一套可行的计划。儿童在实现目标的过程中难免会遇到挫折，但在游戏中的挫折往往会让儿童“越挫越勇”，突破一个又一个难关的经历就是儿童道德意志的养料。与此同时，在幼儿园的各类游戏活动中，经常会有一些竞争与比拼的环节，这不仅能激发儿童的兴趣和参与感，还能让儿童不断挑战和突破自我，在对集体负责、为他人负责的过程中磨砺自身的道德意志。

四、游戏环境有助于儿童强化道德行为

游戏是儿童在幼儿园环境中边做边学的最佳形式，游戏所营造的场景再现和角色模仿都有助于儿童道德行为的塑造。游戏环境与现实生活的密切联系，能够让儿童获得真实深刻的道德体验。秩序感与自主感的并存是游戏吸引儿童的魅力源泉，既不必紧张过度，也不能肆意妄为，这种张弛有度的行为模式与道德行为的养成不谋而合。例如，儿童对某一类玩具材料的分享也可以迁移到实际生活中对其他事物的分享，从而帮助儿童强化良好的道德行为。

【实践园地】

如果你是一名幼儿教师，你会从哪些方面构思和设定幼儿品德启蒙教育活动的目标？试以思维导图形式制定一次幼儿品德启蒙教育活动的目标。

任务二　幼儿品德启蒙教育内容选择

【任务要求】

理解并掌握幼儿品德启蒙教育的主要内容；能够从个人—家庭、集体—社会、民族—国家三个层面对幼儿品德启蒙教育内容进行分析、选择和设计。

【任务引例】

强国必强教，强国先强教。教育是培养人的事业，是面向未来的事业。今天的幼儿是未来建设社会主义现代化强国、实现中华民族伟大复兴中国梦的主力军。未来的国家建设，需要更多具有民族自豪感和国家荣誉感的人才参与。与其他教育阶段相比，幼儿教育是最关键的品德启蒙期。那么，在幼儿品德启蒙教育中，应从哪些方面、通过哪些具体内容来帮助幼儿形成正确的道德观念呢？

【主要内容】

幼儿品德启蒙教育是幼儿品德发展的开端，将意蕴深远的道德观念传授给幼儿，开阔幼儿的视野，提升幼儿的思想素养、道德素养和文化素养，引导幼儿形成正确的价值观念和思维方式，为落实立德树人根本任务奠定良好基础。幼儿品德启蒙教育内容的选择方面，应结合教育目标的要求进行相应的划分：在个人—家庭层面，幼儿品德启蒙教育应在对幼儿进行基本道德品质教育和文明行为习惯教育的基础上，开展劳动教育和心理健康教育；在集体—社会层面，应着重培养幼儿具备良好的集体主义观念和遵守社会公德的习惯；在民族—国家层面，应以爱国主义教育和中华优秀传统文化教育为主，厚植幼儿爱党、爱国、爱人民、爱家乡的爱国主义和家国情怀。

一、个人—家庭层面品德启蒙教育内容

（一）基本道德品质教育

基本道德品质包括对是与非、对与错、爱与憎等道德问题的认知和判断。良好道德品质的种子，应在幼儿时期播种，使之在幼儿个体精神培育和社会性塑造过程中生根发芽、茁壮成长。幼儿教师要将善良仁爱、公平正直、诚实勇敢、尊敬师长、孝敬父母、尊老爱幼等古今中外人类社会所共同追求、具有历史继承性的基本道德品质和良好个人品格融入幼儿品德启蒙教育内容中，并作为其首要内容。

（二）文明行为习惯教育

我国素有“文明古国”“礼仪之邦”的美称，我们的祖先历来注重文明行为习惯教育，在历史发展的长河中形成了诸多中华民族的传统美德，成为国家文明、民

族进步的表现。人的良好外在行为很大程度上取决于他在幼年时期养成的文明行为习惯。从小培养幼儿的文明行为习惯，是幼儿品德启蒙教育的基本内容。幼儿教师要抓住幼儿文明行为习惯养成的关键期，培养幼儿时时处处懂文明、讲礼貌，不论是在家庭或幼儿园，还是在社会公共场所，都能够自觉遵守文明行为规则，懂得人际交往礼仪，学会文明礼貌的言谈举止，从小养成良好的文明行为习惯，使幼儿终身受益。

（三）劳动教育

劳动蕴藏着丰富的品德启蒙教育内容，为幼儿品德发展提供了丰富的资源和条件。劳动教育的内容不仅包括培养幼儿热爱劳动的习惯、掌握基本的劳动技能，还包括培养幼儿吃苦耐劳、艰苦奋斗的意志。

1. 自我服务劳动教育

劳动教育要从培养幼儿热爱劳动的行为习惯入手。幼儿教师要引导幼儿从小参加各种力所能及的劳动，让幼儿学会独立管理自己的生活，养成自己吃饭、自己如厕、自己穿衣等自己的事情自己做的好习惯。

2. 服务他人劳动教育

幼儿教师要逐步培养幼儿勤于、善于做简单的家务劳动和幼儿园劳动，通过自己的劳动服务他人的能力，使幼儿在家能够帮助家长做家务，在幼儿园能够帮助老师和其他小朋友摆放玩教具、分发食物等。随着幼儿年龄的增长，幼儿教师要适当组织和鼓励他们参加简单的生产劳动，如种植常见的作物、制作简单的食物等，使幼儿学会使用相应的劳动工具，掌握基本的劳动技能。

3. 热爱劳动的精神教育

在引导幼儿掌握基本劳动技能的过程中，幼儿教师要激发幼儿热爱劳动的热情和意愿。同时，使幼儿了解家长以及与自己生活有关的社会各行各业、各条战线的劳动过程和劳动成果，培养幼儿热爱劳动和尊重劳动成果的意识。

（四）心理健康教育

心理健康状况直接影响幼儿的个性发展及社会适应能力发展，健康的心理是幼儿形成良好人格品质的心理基础。幼儿道德启蒙中的心理健康教育主要是针对幼儿自我意识、自我调节等方面所进行的教育，促使幼儿形成并保持健康的心理状态。

1. 正确的自我意识教育

自我意识是幼儿社会性及个性发展的心理基础。幼儿教师要培养幼儿形成正确的自我意识，才能使其形成对自己的正确认识，找准自己的定位。幼儿品德启蒙教育中的自我意识教育，应使幼儿在形成正确的自我概念和自我评价的基础上，培养自我尊重、自我爱护和期望他人尊重的自尊感，能够控制或延迟满足自己的需求，能够自我调控自己的情绪。

2. 优良的心理品质教育

心理健康教育要及时发现和矫正幼儿成长过程中的各种不良心理倾向，保证幼儿形成健康的心理品质。幼儿教师要为每个幼儿提供表现自己长处和获得成功的机会，培养幼儿活泼开朗、积极向上、自立自强、自尊自信的健康心理；鼓励他们遇到困难和挫折不轻言放弃，通过努力解决问题，形成勇于克服困难的优良品质。通过加强幼儿的心理健康教育，帮助幼儿塑造更好的性格，形成更强的心理素质，建立更加完善的人格，促进其社会性发展。

二、集体—社会层面的品德启蒙教育内容

（一）集体主义教育

集体主义教育是社会主义道德品质教育的重要组成部分，是贯穿幼儿教育始终的重要内容。在幼儿品德启蒙教育过程中，幼儿教师要积极引导幼儿参加各种集体活动，贯彻集体主义意识，使幼儿避免形成脱离集体、与集体不相容的不良心理倾向和自我中心、冷漠孤僻的个性特点。要教育幼儿体验与教师、同伴等共同生活和集体活动的乐趣，帮助他们正确认识自己和他人的关系，养成对他人、对社会亲近和合作的态度。

1.人际交往教育

人际交往不仅是幼儿品德启蒙教育的重要内容，也是其品德发展的基本途径。幼儿的人际交往主要包括与同伴交往和与成人交往。在同伴交往教育时，幼儿教师

要使幼儿能够倾听同伴的讲话，尊重他人的意见，正确地表达自己的感受，并以合理的方式提出自己的需求；在活动中懂得分享、谦让、轮流并愿意帮助他人；对同伴表示同情和关心，懂得安慰伙伴；与同伴发生冲突和纠纷时，会用适当的方法解决。在与成人交往教育时，要使幼儿知道父母、老师为其做的事情，体会父母、老师对其的关心、爱护，使幼儿懂得关心、理解、尊重和赞赏父母、老师，从而帮助幼儿建立对父母、老师的信任和安全依赖，形成良好的亲子关系和师幼关系。

2.集体观念教育

幼儿品德启蒙教育中的集体主义教育应结合幼儿具有的天性合群、愿意找小同伴共同游戏、喜爱集体活动的特点，因势利导，使他们从小养成积极参加集体生活和活动的意识，遵守集体生活和活动的规则与纪律，能够主动约束自己并体会这些规则对自己和他人的积极意义。同时，在集体生活和活动中，幼儿教师还要培养幼儿具备初步的集体主义责任感和荣誉感，使其能够自觉主动地关心和爱护集体，能够主动关心老师、关心同伴、互助友爱，乐于参与集体生活，乐于为集体和同伴服务。

（二）社会公德教育

幼儿品德启蒙教育中的公德教育，应通过家庭、幼儿园和社会等各种场合，以多种形式和方式引导幼儿认识、理解、体验、遵守日常生活中的基本社会公德，形成和发展遵守社会公德的情感、意志和行为习惯。

1. 公共场所行为规范教育

幼儿教师要帮助幼儿正确认识社会公共秩序，遵守公共卫生规则、公共交通规则等。不乱扔垃圾，不随地大小便，不随地吐痰，不大声喧哗吵闹；不闯红灯，过马路时走人行横道，不在马路上嬉戏打闹，乘坐公共交通工具时先下后上，给老人、孕妇和残疾人让座等，使其初步体会社会主义核心价值观的内容，养成作为公民的社会责任感和遵守社会公共规则的意识。

2. 爱护公共财产、珍惜他人劳动成果教育

在幼儿一日活动中，幼儿教师要教育幼儿爱护幼儿园的桌椅、玩教具、劳动工

具等公共物品，培养幼儿爱护公共财物和自然环境、珍惜公共资源的意识和习惯。同时，还要教育幼儿珍惜他人劳动成果。例如，在午餐前，要让幼儿学会感恩，感谢农民伯伯的辛苦劳动、感谢食堂阿姨的辛苦劳动、感谢其他小朋友的帮助，使幼儿认识到劳动成果都是他人辛苦劳动和付出才创造出来的，是来之不易的，应倍加珍惜。

三、民族—国家层面的品德启蒙教育内容

（一）爱国主义教育

爱国主义是我国人民在中国大地上长期生活、劳动和奋斗中形成的对祖国深厚的情感和热爱的态度。新时代爱国主义教育，既包括幼儿对祖国、国旗、国徽、国歌、家乡等具体事物的热爱，也包括对党和国家的光辉历史、灿烂文化、杰出人物和勤劳智慧的人民的热爱。

1. 基本国情教育

基本国情教育首先是让幼儿对我国自然环境有初步了解。例如，选择我国的版图、山川河流、风景名胜、地方特产等素材作为教育内容，让幼儿从感性上加强对国家的认识。其次是引导幼儿加强对我国社会人文的认识。例如，让幼儿认识国旗、国徽、国歌等国家标志，了解我国的民族构成及其风俗习惯，熟悉我国的悠久历史、基本国情和新时代建设社会主义现代化强国的伟大成就等，进一步深化幼儿对国家的认识。

2. 爱国主义情感教育

幼儿教师要引导幼儿实际感受家乡的发展和变化，感受中华民族和社会主义祖国的优秀所在，激发幼儿爱党、爱国、爱家乡、爱人民的朴素情感，使幼儿深刻认识到自己是中华民族的一员，以未来献身于中国特色社会主义现代化强国建设和实现中华民族伟大复兴为己任努力奋斗。

（二）中华优秀传统文化教育

中华优秀传统文化有着五千年的悠久历史，源远流长、经久不衰，有深厚的历史渊源和广泛的现实基础。

1. 优秀传统文化感知教育

在幼儿品德启蒙教育中，幼儿教师要教育幼儿对中华民族的历史传统、文化积淀等形成初步的认识，选择幼儿能够理解和接受的事物，让幼儿有具体而丰富的文化感知。例如，通过将中华民族重要传统节日融入幼儿园的游戏活动中，使幼儿充分了解祖国和家乡的生活习俗，初步认识我国的传统礼仪，学会待人接物的基本礼节；使幼儿初步感受经典的民间艺术和技艺，体会中华优秀传统文化的博大精深；使幼儿在感悟生活的过程中，不断深化对中华优秀传统文化的认识，继承并发扬中华优秀传统文化。

2. 优秀传统文化自信教育

对传统文化的学习还在于传承民族精神命脉、建立中华文化自信。在中华优秀传统文化教育过程中，幼儿教师尤其要注意培养幼儿对我国传统优秀文化的认同感、亲切感和自豪感，加强幼儿的文化自信心，使幼儿深刻体会到中华民族世世代代形成和积累的优秀传统文化是中华民族的精神命脉，是中国人汲取营养和智慧的源泉，为其未来坚定走中国特色社会主义道路、实现中华民族伟大复兴的中国梦奠定基础。

案例精选

利用中华民族传统节日促进幼儿品德启蒙

中华民族传统节日在促进幼儿品德启蒙方面有着极其重要的教育价值。在幼儿园中，教师该如何利用中华民族传统节日来开展幼儿品德启蒙教育呢？下面以中华民族传统节日“春节”主题活动为案例具体说明。

活动目标：

1. 通过“春节”主题活动，了解、体验我国传统节日的庆祝方式，体会中华优秀传统文化的内容和特点。

2. 能够以积极愉快的情绪参与集体劳动和节日活动，养成独立自主、热爱劳动、善于与他人合作的精神。

活动内容：

1. 第一周：

活动一：新年传说——扫尘、剪窗花、贴春联、属相的故事

活动二：新年到了——“福”到了、大拜年

2. 第二周：

活动一：制作花灯——大家来看灯

活动二：花灯谣——猜灯谜

活动三：热热闹闹的元宵节

评析：

本活动通过幼儿全程参与与春节有关的各项活动，在欢快愉悦的气氛中，使幼儿深入感知和体验中华优秀传统文化，不仅可以使幼儿了解中华民族传统节日的历史传说、民俗习惯，进一步引发幼儿对中华民族传统节日的喜爱和认同；还能够在活动中培养幼儿独立自主、热爱劳动、善于与他人合作等可贵的道德品质。如有条件，还可邀请家长到幼儿园一起参与主题活动，进一步升华幼儿的家园情、师生情、亲子情。使幼儿的家国情怀由情绪的萌发到情感表达，再到情感的升华，进一步促进幼儿社会性情感。

【实践园地】

请以小组为单位开展讨论，如何从个人—家庭、集体—社会、民族—国家等不同层面设计和选取幼儿品德启蒙教育活动的内容？

项目总结

幼儿品德启蒙教育的微观、中观、宏观层面目标及内容分别从个人—家庭、集体—社会、民族—国家三个层面展开。其中，个人—家庭层面目标及内容以培养幼儿基本的道德品质和文明行为习惯为主，包括幼儿的基本道德品质教育、文明行

为习惯教育、劳动教育、心理健康教育等内容；集体—社会层面目标及内容以培养幼儿良好的人际交往和社会适应能力为主，包括集体主义教育、社会公德教育等内容；民族—国家层面目标及内容以培养幼儿深厚的爱国情感和家国情怀为主，包括幼儿的爱国主义教育启蒙和中华优秀传统文化教育等内容。在掌握各层次目标设定及内容选择的基础上，幼儿教师要能够对幼儿品德启蒙教育的具体活动目标与内容进行分析、选择和设计，开展好幼儿品德启蒙教育实践活动。

思考练习

一、单选题

1. 幼儿品德启蒙教育的个人—家庭层面目标以培养幼儿基本的（　　）和文明行为习惯为主。

A. 道德素质　　B. 道德品质　　C. 个人修养　　D. 政治品质

2.《幼儿园保育教育质量评估指南》针对“幼儿品德启蒙教育”，提出“注重幼儿良好品德和行为习惯养成，潜移默化贯穿于一日生活和各项活动，创设温暖、关爱、平等的（　　）氛围，建立积极和谐的同伴关系；帮助幼儿学会生活，养成自己的事情自己做的习惯，培育幼儿爱父母长辈、爱老师同伴、爱集体、爱家乡、爱党爱国的情感”等具体要求和任务。

A. 家庭生活　　B. 集体生活　　C. 班级生活　　D. 社会生活

3. 以中华民族传统节日、风俗礼仪、传统艺术、民间游戏和运动等为代表性的（　　），是中华民族创造的一切具有积极意义的物质和精神文明成果。

A. 中华优秀传统文化　　B. 中华历史传统文化

C. 中华民族优秀传统文化　　D. 中华民族优秀文化

二、问答题

1. 幼儿品德启蒙教育的目标可从哪几个层面进行解读？

2. 幼儿品德启蒙教育主要包括哪些方面的内容？

3. 五大领域教育可从哪些方面为幼儿品德启蒙教育提供支持？

三、材料分析题

在幼儿园一日生活的各个环节中渗透传统文化教育，如通过开展投壶、滚铁环、丢沙包、踩高跷、跳竹竿等传统户外游戏活动，不仅可以激发幼儿的活动兴趣，还可以使他们了解古代民间传统游戏，并在游戏中建立“规则之于人也，须人人凛遵”的行为意识。通过餐前、离园活动前进行古诗词朗诵活动，让幼儿在吟诵中感受古诗词的韵律美和意境美，感受中华文化的魅力。通过采取笑脸贴奖励的形式开展“光盘行动”，让幼儿传承中国传统文化之勤俭节约的高尚品质；通过开展“我是中国娃”“十二生肖”“过年啦”等主题活动，让幼儿了解中国传统文化的博大精深，增强民族认同感和自信心，为自己是一个中国娃而自豪，同时在丰富多彩的活动中感受传统艺术的美，提高审美意识和欣赏能力，激发表现欲和创造力。通过开展传统文化节日主题活动，如清明节主题活动可以让幼儿知习俗、懂感恩；放风筝、踏青主题活动可以让幼儿感受万物凋零的寒冬将过、生机勃勃的春天真正开始，感受传统文化中对季节准确把握的神奇；端午节主题活动可以引导幼儿亲手制作粽子、绿豆糕、做五彩绳、龙舟游戏等，在制作品尝美食与快乐游戏中，让幼儿丰富生活经验、感受节日文化内涵，激发爱国情感；重阳节主题活动可以组织幼儿唱歌、制作小礼物，为幼儿园里的老职工送上自制小礼物、帮他们揉揉肩，为家里的老人做一件孝顺的事情等，让幼儿感受中华传统文化中对长辈的尊重，让他们懂得长幼有序、孝字为先，感受孝文化，感受家文化。

请从上述幼儿园开展幼儿品德启蒙教育活动的案例中，选择自己最感兴趣的一个案例，具体设计该活动的目标及内容。

项目六　幼儿品德启蒙教育的途径与方法

知识导图

- 幼儿品德启蒙教育的途径与方法
  - 幼儿品德启蒙教育途径的开发
    - 日常生活中的渗透
    - 幼儿园环境的创设
    - 发挥集体教学活动的优势
    - 区域活动的设计与指导
    - 利用游戏活动寓教于乐
    - 社区资源的开发和利用
  - 幼儿品德启蒙教育方法的运用
    - 说服教育法
    - 榜样激励法
    - 强化评价法
    - 角色扮演法
    - 移情训练法
    - 实践练习法
    - 价值澄清法

学习目标

知识目标：

理解和掌握幼儿品德启蒙教育的主要途径和方法，理解各种教育途径和方法的优势及其在幼儿品德启蒙教育中的价值和作用。

能力目标：

能够开发不同的教育途径和运用灵活的教育方法进行幼儿品德启蒙教育，并对品德启蒙教育行为和效果进行全面分析和评价，提出改进意见和建议。

素质目标：

树立正确的幼儿品德启蒙教育观，提高幼儿品德启蒙教育的责任感。

任务一　幼儿品德启蒙教育途径的开发

【任务要求】

掌握幼儿品德启蒙教育的主要途径；能够因地制宜地挖掘、利用不同的教育途径和教育资源进行幼儿品德启蒙教育，并能够分析、评价幼儿品德启蒙教育的效果。

【任务引例】

某幼儿园教师发现有些幼儿开始要求穿名牌的衣服、鞋子，背名牌书包，出现了攀比心理。为此，她在集体教学活动中，让幼儿观看了贫困儿童生活的视频，为幼儿分析了自己对于名牌的看法等，然后又与家长进行沟通。经过家园双方共同努力，最终使幼儿认识到了勤俭节约、杜绝攀比的道理。另一位教师在3月份到来的时候，组织了一次集体教学活动，让幼儿了解雷锋叔叔的故事，观看了有关雷锋同志的影片，同时又去参观了雷锋纪念馆，让幼儿更加懂得了珍惜今天的幸福生活，做一个助人为乐、大公无私的好孩子……

这些教师在幼儿品德启蒙教育过程中利用了哪些教育途径？还有哪些教育途径可以开发？如何发挥出各种教育途径的优势？

【主要内容】

品德启蒙教育途径是对幼儿进行品德启蒙教育时所选择和利用的渠道，是落实品德启蒙教育目标、实现品德启蒙教育效果的重要组织形式。幼儿品德启蒙教育是一项系统工程，要想实现教育效果的最优化，就必须充分开发和利用各种教育途径，依托幼儿园、家庭、社会等各方面的力量，对幼儿实施全方位、立体化的品德启蒙教育。幼儿品德启蒙教育途径多种多样，主要包括日常生活中的渗透、幼儿园环境的创设、集体教学活动、区域活动、游戏活动、社区资源的开发和利用等。

一、日常生活中的渗透

幼儿园的日常生活虽然平常而琐碎，但潜移默化之中对幼儿良好品德的形成有着重要的影响。幼儿教师必须充分利用日常生活中的每一个机会和细节，将品德启蒙教育渗透于其中。

（一）一日生活环节中的渗透

幼儿的一日生活环节主要包括入园、餐饮、如厕、集体教育活动、区域活动、午休、游戏、户外活动、离园等，每一个环节都蕴含了品德启蒙的教育机会和教育元素。

例如：入园、离园环节——礼仪教育、独立意识、安全意识等；

餐饮环节——生活自理能力、爱惜粮食、进餐习惯和礼仪、尊敬和感恩、服务意识及责任感等；

如厕环节——生活自理能力、性别意识、秩序和规则等；

午休——生活自理能力、公德意识等；

户外活动和游戏——互相谦让、团结协作、安全意识、意志力等。

集体教育活动、区域活动更是专门进行幼儿品德启蒙教育的重要环节，而且严格执行一日生活常规和作息制度本身也是社会规范、行为习惯教育的体现。幼儿教师应抓住一日生活中的各个环节，全方位、立体化地渗透品德启蒙教育。

（二）节日活动中的渗透

幼儿教师应挖掘节日活动中的德育元素和文化内涵，发挥其思想熏陶和文化教育的功能，让各种节日纪念活动成为幼儿道德品质教育、集体主义教育、爱国主义教育、文化自信教育的切入点和重要抓手。

我国的节日纪念活动多种多样，蕴含了丰富的幼儿品德启蒙教育内容。

例如：三八妇女节——爱护和尊敬女性，并学会表达对女性长辈的爱意；

五一劳动节——了解劳动在社会生活中的价值和意义，明白劳动最光荣的道理，萌发热爱劳动、珍惜劳动成果的情感，并力所能及地从事各种劳动，提高社会责任感和社会适应能力；

六一儿童节——展现自己，发展自我意识，并感受幼儿园大家庭的温暖，萌发集体归属感和集体荣誉感；

七一建党节——认识党的生日、党的象征和标志，感受红色文化和红色精神，产生爱党、爱国的情感；

八一建军节——了解我国在军事方面的伟大成就，了解解放军叔叔在保家卫国、抗灾抢险、建设祖国过程中的伟大贡献，增强对中国人民解放军的热爱和崇敬之情，并学习解放军叔叔的勇敢、坚强、爱国的精神气质，树立建设祖国、保卫祖国的远大理想；

国庆节——认识祖国、认识家乡，感受自己作为一名中国人的骄傲和自豪，并厚植家国情怀，树立振兴祖国、建设家乡之志。

传统节日和传统习俗更是源远流长，承载着丰厚的传统文化。其中蕴含的团圆、和顺、丰收、敬老等美好寓意传统文化，是对幼儿进行品德启蒙教育的宝贵资源。

例如：春节——通过贴窗花、贴福字、贴年画、悬挂中国结和红灯笼等，让幼儿感受春节浓浓的团圆喜庆气氛，增强归属感和民族自豪感；

清明节——通过祭扫烈士陵园、参观革命遗址、讲述英雄故事等，激发幼儿缅怀先烈、报效祖国的远大志向；

端午节——通过缅怀和赞颂爱国诗人屈原忧国爱民的高尚品格，萌发幼儿的爱国主义情感；

中秋节——通过感受丰收的喜悦和团圆的气氛，激发幼儿对丰收的企盼，对亲情、友情的渴望；

重阳节——通过登高赏秋、助老等活动，强化幼儿的感恩敬老意识。

在利用传统节日进行品德启蒙教育时，幼儿教师应对其中的品德启蒙教育内容进行合理的遴选和挖掘，发扬其精华，舍弃其糟粕，让传统节日发挥出积极的教育作用。

除了以上节日以外，植树节、雷锋纪念日、世界读书日、世界环境日、世界消防日以及幼儿的生日、开学和毕业典礼日等，都可以渗透相应的幼儿品德启蒙教育内容。

（三）特殊教育形式中的渗透

幼儿的思维以具体形象为主，主要通过直接感知和实践体验来认识事物。幼儿教师应注重通过生动、有趣的教育形式，提升品德启蒙教育的生动性和趣味性。例如，劳动、仪式活动、“大带小”活动、运动会、远足、参观、诗词大会等。

1. 劳动

苏霍姆林斯基曾说：“儿童高尚的心灵是在劳动中逐渐培养起来的，关键是要使儿童从小就参加劳动，使劳动成为人的天性和习惯。”通过劳动，幼儿不仅可以增强大肌肉群的力量和小肌肉群的灵活性，提高生存能力，而且可以掌握一定的劳动技能和技巧，并逐渐认识劳动的意义，学会珍惜劳动成果，产生尊重劳动者的思想感情。

幼儿的劳动包括自我服务、为他人和集体服务、参加简单的社会性劳动等。

（1）自我服务

自我服务主要包括独立进餐、穿脱衣服鞋袜、刷牙、洗脸、洗手、梳头、独自大小便、整理自己的衣物、收拾玩具等。自我服务性的劳动可提高幼儿的自我意识、自理能力等。

（2）为他人和集体服务

为他人和集体服务主要包括帮厨、做值日生、清洁活动室、修补图书、收拾房间以及力所能及的家务劳动。为他人和集体服务性的劳动可培养幼儿的友爱精神和集体责任感等。

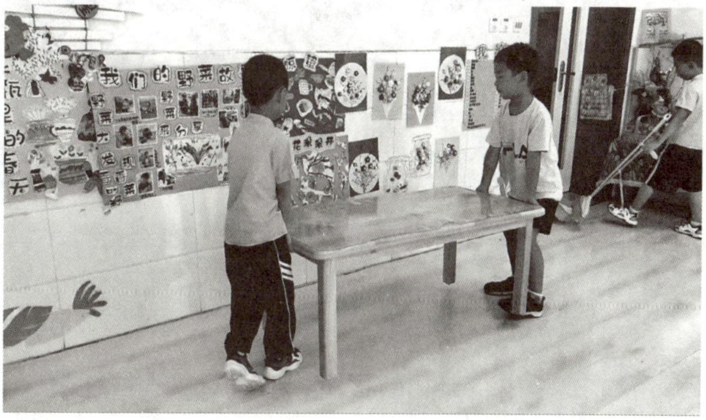

图 6-1 我是值日生

（3）简单的社会性劳动

简单的社会性劳动主要包括种植、饲养以及公益性劳动等。

种植是指开辟自然角或种植园地，让幼儿种植一些易于管理和成活、易于得到成果的农作物或花草；饲养是让幼儿力所能及地饲养一些易于照料的鸡、鸭、兔、鱼、蚕等小动物。在种植和饲养过程中，幼儿参与播种、管理、照料、收获，不仅可以获得关于动植物生长的知识和经验，学习相应的劳动技能，而且还可以激发幼儿对科学探究的兴趣，更重要的是，能够培养幼儿尊重生命和珍惜劳动成果的意识。

公益性劳动是让幼儿在公共场所参加的捡拾垃圾、植树、浇水、参与创建特色街道等劳动。公益性劳动可以提高幼儿的公民意识、社会责任感等。

除此以外，还可以让幼儿观察认识成人的劳动、参加一些简单的生产性劳动等，在劳动过程中激发幼儿的劳动热情，培养幼儿的劳动习惯。

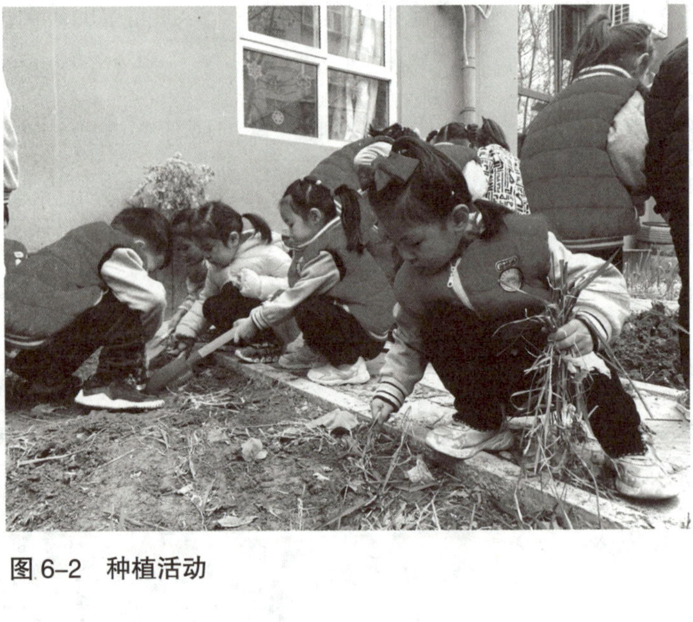

图 6–2　种植活动

2. 仪式活动

仪式是指举行典礼的程序、形式。仪式往往蕴含了丰富的内在精神意义，被寄予了更丰富的内涵，承载了更多的期待。仪式活动能有效地增强幼儿品德启蒙教育的影响力和感染力，使幼儿产生更强烈的认同感、自豪感和责任感，有利于幼儿品德的自觉成长。幼儿教师可以通过丰富多彩的仪式活动，向幼儿传递特殊的品德启蒙教育意义。例如，升国旗仪式和国旗下讲话，向幼儿传递爱国主义教育，激励幼儿发奋学习，将来报效祖国的情感；开学典礼和毕业典礼仪式，向幼儿传递成长的意义，让幼儿感受到自己已进入新的成长阶段，应做好各种准备，迈向新的生活；过生日的仪式向幼儿传递生命教育，让幼儿认识生命的可贵，并学会珍惜生命、热爱生活等。

图 6–3　举行升旗仪式

3. “大带小”活动

“大带小”活动可以有效发挥混龄教育的优势和同伴影响的作用。对幼儿来说，与异龄同伴交往的过程增加了群体互动的复杂性和层次性，带来了社会角色、心理体验和沟通方式的变化，这个过程对大、小幼儿都有德育的作用。例如，大孩子意识到自己在小孩子面前具有榜样的效应，因而对小孩子更加关心照料，并规范自己的言行，自觉给弟弟、妹妹做示范，这无形中提高了他们的独立性和责任感；而小孩子从哥哥、姐姐这里得到了照护，感到了温暖，他们会因为哥哥、姐姐的榜样作用而产生照顾更小的孩子的愿望和行为。每个幼儿都能从中体验到从被爱到关爱别人的全过程。而且这种学习是自发的，因而更自然、更轻松、更有效。

除了以上活动形式外，远足、运动会、观看国际赛事、观看红色电影以及紧扣社会热点的“新闻播报”等形式，都对幼儿的品德发展具有良好的促进作用。例如，举办运动会，可以锻炼幼儿的耐力和意志力；远足活动可以让幼儿认识大自然的神奇和壮美，进而热爱家乡、热爱祖国；观看各种国际赛事，可以激发幼儿竞争的勇气和不服输的精神，并深刻领会力争上游、为国拼搏的内涵；其他诸如观看红色电影、“新闻播报”等，都可以使幼儿品德启蒙教育更加生动、形象、有趣。

图 6–4　观看红色电影

二、幼儿园环境的创设

幼儿园环境是指由幼儿园的全体工作人员、幼儿、各种物质器材、人事环境以及各种信息要素，通过一定的文化习俗、教育观念所组织、形成的一种动态的空间范围和场所。既包括园舍环境、班级活动场地、玩具、图书等显性的物质环境，也包括幼儿园文化、师幼关系、集体氛围等隐性的精神环境。从一定意义上来说，幼儿的品德启蒙教育就是一种“润物细无声”的环境教育。

（一）物质环境的创设

1. 园舍环境

园舍环境应力求生态环保、美观和谐、空间布局合理适当、整洁有序。墙面上可以张贴展示各行各业发展成就、家乡风貌、道德模范和榜样人物的照片和绘画；大厅里可以摆放当季的家乡特产或当地的民间艺术品，让幼儿在潜移默化中萌发热爱祖国、热爱家乡的情感，提升审美能力。

2. 班级环境

（1）活动室的空间密度要适当，功能区分隔要合理

避免幼儿由于过分拥挤而造成侵犯行为、攻击倾向增多，或者由于空间过大而造成人际交往减少。如果有条件，还可以为幼儿设置一定的私密空间，确保幼儿的独处需求。

（2）活动材料、墙面的布置等都应体现出明确的品德启蒙教育价值

例如，为了让幼儿感受家乡的发展变化和魅力，培养幼儿热爱家长、热爱祖国的情感，可布置“可爱的家乡”展览；为了让幼儿体验传统民间艺术之美，可以布置竹、木、石、面、泥、陶瓷、漆、刺绣等各种材料和工艺制成的民间工艺品，通过欣赏和亲手创作，让幼儿深切感受祖国优秀的传统技艺和传统文化。其他诸如“新闻角”“评比栏”等也都应成为幼儿品德启蒙教育的阵地。

图 6–5　墙面布置

（3）玩具、图书等要考虑数量、性质

研究表明，在活动材料丰富的情况下，幼儿表现出来的竞争性、侵犯性和破坏性行为都明显低于活动材料贫乏的情况下产生的类似行为；枪、刀之类的玩具更易引起幼儿之间的打斗和对抗。因此，幼儿教师准备玩具等材料既要考虑数量又要考虑性质，以有助于幼儿之间的合作、互助、分享等良好行为为宜。图书配备应体现

品德启蒙教育特色，画面要优美，思想要积极，尤其要防止存在意识形态和宗教思想渗透的图画书进入幼儿园。

（4）发动幼儿参与班级环境创设

幼儿参与环境创设可以认识到自己的能力，体验到成功的喜悦，其主体意识、责任感、自尊心、自信心等都可以得到提高。幼儿参与环境创设还可以感受到集体的力量，认识到团结力量大的道理，提高集体归属感。幼儿教师要鼓励和带动幼儿参与班级环境的创设，并通过幼儿与环境的有效互动，促进幼儿品德的发展。

（二）精神环境的创设

幼儿园的精神环境是指幼儿园内部的各种人际关系、集体氛围、教师的教育观念与行为等所共同营造出来的文化气氛，是对幼儿品德发展产生影响的一切精神因素的总和。与物质环境相比，精神环境虽然看不见、摸不着，但它起着重要的文化熏陶作用和情感铺垫作用。从某种意义上而言，精神环境的创设更为重要。

1. 构建合作包容的教师人际关系

幼儿教师之间的关系是幼儿园精神环境的重要组成部分，保教人员作为幼儿的榜样，他们之间的互帮互助、友爱和谐或者互相诋毁、争吵对立，都会给幼儿留下深刻的印象。因此，幼儿教师更应注重与同事良好关系的养成，与同事互相欣赏、互相尊重、真诚相待、友好合作，用团结和睦的集体形象做幼儿的楷模。园长也要从整体上协调和把握教师之间的关系，通过相关的制度建设，营造良好的教师成长环境和氛围，促进教师之间良好关系的形成。

2. 构建民主平等的师幼关系

和谐、良好的师幼关系，能使幼儿精神愉快，具有安全感和归属感，在社会交往中也能更加积极主动。如果师幼关系不佳和互动不良，会使幼儿畏缩、懦弱、冷漠、自我贬低，产生消极情绪，甚至出现攻击行为。

在与幼儿的交往中，教师应尊重幼儿的主体地位，以平等的身份、友善的态度、亲切的语言与幼儿交往，对幼儿应多关心、多支持、多接纳、多鼓励，并学会倾听、观察、理解。通过师幼之间的双向沟通和情感交流，建立起彼此信任、亲近的关系。

对待幼儿的错误或不恰当的行为，教师要冷静、理解和宽容，不能随意训斥、讽刺、羞辱、惩罚幼儿。教师要用自己的言行举止、积极态度、价值观念去影响幼儿，在幼儿品德发展过程中真正起到导师的作用。

3. 引导幼儿建立互助友爱的同伴关系

幼儿与同伴之间具有相似的年龄特征和个性倾向性，因而容易成为彼此之间品德发展的重要动力源和信息源。随着年龄的增长，幼儿同伴之间的影响也会更加明显。良好的同伴关系可以使幼儿获得来自同伴的友谊和交往的乐趣，有助于他们增强自尊感和自信心，并表现出友好、互助的品质。

幼儿教师应创设良好的班级气氛，想方设法引导、帮助幼儿建立互助友爱的同伴关系，让幼儿感受到班级大家庭的温暖。例如，对于刚入园的幼儿，教师可以让他们互相介绍自己，逐渐消除彼此的陌生感和胆怯心理；对于性格内向、不擅于主动交流的幼儿，教师可以让同伴去主动接近他；如果幼儿出现了困难，教师可以引导幼儿之间互相帮助解决，并教会他们表达谢意；如果出现了争执，教师可以引导幼儿友好协商解决；对于幼儿的自由交往和交流，如果不影响其他人的活动或教师教学的话，不要过多干涉等等。同时，还可以让幼儿互相分享好吃的、好玩的，或者分享自己的小秘密等。

三、发挥集体教学活动的优势

集体教学活动是教师根据幼儿品德启蒙教育的目标和任务，有计划、有组织地选择教学内容和方法，创设相应的教育环境，面向全体幼儿开展的品德启蒙教育活动。集体教学活动既可以是单独的一节“课”，也可以是主题教育活动。

相对而言，集体教学活动是一种结构化程度较高的教育活动，其优势在于效率高，能够在较短的时间内围绕幼儿的品德发展目标进行集中教学，而且教师的直接指导作用比较明显，体现出主动促进和引领的特点。同时，集体性的学习也有助于幼儿形成学习共同体，并形成遵守组织纪律的意识和习惯。集体教学活动的缺陷在于难以适应幼儿的差异化需要，加之时间的限制，容易使一些学习和操作活动不充分。但是，在幼儿园品德启蒙教育中，集体教学活动仍属于比较普遍的教学活动形式，发挥着重要的教育作用。

在组织集体教学活动时，幼儿教师应该注意教学程序的设计，设法突出品德启蒙教育的功能，发挥出集体教学的“点睛”作用。

（一）突出目标的引领

幼儿教师需要考虑集体教育活动应实现的道德认知、道德情感、道德意志、道德行为目标是什么，具体解决的是幼儿哪方面的问题，要帮助幼儿积累哪些经验，如何引发幼儿进一步的思考和探索，可以利用的教育资源有哪些，如何实现家园共育等。幼儿教师应全面、清晰地把握品德启蒙教育的目标，并争取在有限的活动时间里达成目标。

（二）突出教学过程的设计

在各领域集体教学活动中，幼儿教师应注重教学过程的设计，合理安排各个环节的结构和顺序，把品德启蒙教育有机融入其中。例如，品德启蒙教育内容如何凸显？如何做好教学准备？如何通过师幼互动渗透品德启蒙教育？哪些环节需要让幼儿去操作、探索、尝试、体验、发现？教师的引领作用如何体现？品德启蒙教育教学效果如何评估等等。幼儿教师应通过教学环节的层层递进、环环相扣，一步一步地引领幼儿道德品质的发展，真正发挥集体教学活动在品德启蒙教育过程中的优势。

（三）突出教师的引导作用

幼儿教师是课程的实施者，在教学中应突出与幼儿之间有效的集体对话，并通过积极、广泛的师幼互动，起到提升和引领的作用。在教学过程中，幼儿教师要通过启发性提问或讲授，引导幼儿积极思考，积累道德认知经验；通过恰当的回应和评价，引导幼儿个性化的品德学习与发展；通过观察幼儿的表现，及时调整和生成相应的品德启蒙教育措施。幼儿教师应该像行驶中的汽车驾驶员一样，把握品德启蒙教育活动的方向，决定教育活动的节奏，保障幼儿的学习质量。

四、区域活动的设计与指导

区域活动是幼儿教师依据幼儿的发展需要而创设的一些特定学习区域，通过在其中投放适合的活动材料，引导幼儿与材料、同伴、教师互动而获得个性化学习与发展的一种组织形式。幼儿园常见的活动区有建构区、角色扮演区、语言区、科学区、美工区、音乐区等。

作为集体教学活动的延伸和补充，区域活动为幼儿提供了一个更为宽松、自由、开放的学习氛围和活动空间，因而受到所有幼儿的喜爱，活动积极性也更高。幼儿可以自由选择感兴趣的活动区域，并按照自己的意愿和能力，主动地进行探索和学习，这对幼儿的探索精神、交往合作能力、解决问题的能力及自律习惯等都有着非常积极的促进作用。而对幼儿教师而言，除了要注意创设区域环境和投放适宜的活动材料以外，还要以及时、有效的师幼互动对幼儿进行有效指导。

（一）区域环境的设置

幼儿教师需要考虑各区域环境的设置对于幼儿品德启蒙教育的意义和价值。例如，空间布局上要尽量减少由于布局不合理而导致幼儿的互相侵犯和冲突；各区域相对独立，但应满足区域之间的互动共享；各区域相对封闭，但不能影响教师的观察和及时指导；材料安全实用，但要避免奢华浪费和形式主义。

（二）活动材料的投放

材料的投放必须能够引发幼儿的主动学习，为幼儿提供不断选择与决定的机会，促使幼儿在此过程中获得各种道德认识和体验，提高道德判断能力。

1. 根据品德启蒙教育目标投放材料，让材料蕴含品德启蒙教育价值

幼儿教师应注意投放一些利于幼儿品德发展的材料。例如，在建构区投放一些需要合作才能完成的建构材料，促使幼儿共同协商、分工合作，学习处理人际关系；在音乐区和角色扮演区投放一些幼儿自己设计、制作、装饰的服装和道具，让幼儿在其中尽情地展示自己，体验各种社会角色；科学区的材料，要力求激发幼儿对科学的兴趣和探索欲望，调动幼儿投身科学的积极性。

2. 根据幼儿的能力差异投放有层次性的材料，让幼儿体验到成就感和自信心

幼儿教师应提供适合幼儿“最近发展区”的活动材料，让材料呈现出难易梯度，让不同能力的幼儿都能找到适合自己的活动材料和活动方式，避免一些幼儿因

为达不到目标而产生沮丧和自卑感。对于能力较强的幼儿，可适当增强材料的挑战性，为他们提供展示自我、提升能力、获得成就感的机会。例如，在建构区投放积木时，可以投放一些色彩鲜艳、形状较简单的软积木，也可以投放一些木质的、形状更复杂的积木，还可以投放一些塑料拼插玩具、指偶玩具、易拉罐、纸盒、木板、胶棒等辅助材料，以利于不同水平的幼儿进行主题搭建或自由搭建。

3. 根据时令和社会生活状况不断更新材料，让幼儿关注和探索大自然和大社会

区域活动材料要根据时令和社会生活状况不断更新，引导幼儿关注和探索大自然、大社会的特点和变化，或者帮助幼儿了解社会热点和时事、感受中华优秀传统文化等。例如，清明节投放缅怀英雄、烈士的图书，激发幼儿崇尚英雄的情感，还可以投放生命教育的绘本，教育幼儿敬畏生命、珍惜生命；神舟载人飞船发射成功和胜利归来，可投放相应的图书和新闻照片，让幼儿感受我国航天科技的飞速发展，从而激发幼儿的爱国主义情怀。

图 6–6　农事展示体验区

（三）教师的有效指导

区域活动的开放性、动态性、低结构性等特点，决定了幼儿教师的指导是关键，需要更高的技巧和策略。幼儿教师要观察幼儿的活动状况，并适时引导幼儿与材料互动、与同伴互动，不断地协助幼儿建构与扩展自己的道德认识和经验，灵活机动地对幼儿进行品德启蒙教育。

1. 根据幼儿的活动情况选择不同的指导方式

幼儿教师应尽力保障幼儿的自主选择、自主学习，但是又不能完全放任而失去

教育应有的目的性和方向性。教师应根据幼儿的活动情况，巧妙地采取一定方式，达到指导目的。例如，“角色式”指导活动中，当教师发现在超市区活动的幼儿不会运用礼貌用语时，教师可以“顾客”的角色身份，运用礼貌用语和“服务员”打招呼、对话，也可以“服务员”的身份，运用礼貌用语和“顾客”对话，从而引导幼儿学习使用礼貌用语。除“角色式”指导以外，还有“建议式”“鼓励式”“澄清式”“邀请式”“指令式”等指导方式。

2. 注重幼儿区域活动后的分享和评价

区域活动后，幼儿教师应引导幼儿对刚才的活动情况进行分享、反思与评价，一方面对幼儿的良好行为表现进行赞许和鼓励，强化幼儿的道德行为；另一方面帮助幼儿整理零散的经验，提升其道德认识水平；还可以借机对幼儿提出更有挑战性的要求和建议，帮助幼儿获得进步的动力。幼儿教师还应以此为契机，发现幼儿存在的问题，为下一步的指导提供参考。

3. 不断反思自己的指导过程，总结经验教训

幼儿教师应时常对自己的指导过程进行反思、自评，不断总结经验和教训，提高指导能力。例如：指导是否及时恰当；投放的活动材料在数量、质量上是否有利于幼儿品德的发展；对幼儿的道德行为是否进行了及时的赞许和鼓励；当幼儿出现矛盾、争执、攻击行为时，是否进行了有效的干预和引导、是否存在强制性指导等。幼儿教师应通过反思，不断提高指导策略和技巧，实现自我成长。

五、利用游戏活动寓教于乐

幼儿品德的发展与其最基本的活动形式——游戏密切相关。游戏是幼儿道德社会化的重要渠道之一，幼儿游戏的过程就是无意识地接受道德熏陶、逐渐领会道德内涵的过程。

首先，游戏促进幼儿的道德认知，影响其道德观念的形成。游戏源于社会生活，游戏主题、游戏规则往往参考了社会道德的标准，幼儿在游戏中会逐渐认识道德标准和要求，认识各种社会角色的义务、责任，学会判断是非、好坏、善恶和美丑。翻花绳、踢毽子、九连环等传统游戏还可以让幼儿感受传统文化的魅力，了解

生活中的智慧。同时，游戏也为幼儿提供了大量生动的素材和实践机会，帮助幼儿逐渐形成道德观念。竞赛性的游戏可以让幼儿明白友谊与比赛的关系；集体性的游戏能够让幼儿逐渐树立起集体主义观念，学会克服自我中心，服从集体利益，学会互相尊重和协作，为争取集体的荣誉而努力。

其次，游戏有助于幼儿道德情感的发展。游戏给幼儿带来轻松愉快、积极向上的情感体验，这就使得游戏活动具有了一种驱动力，让幼儿的积极性、主动性及主体性表现得淋漓尽致。同时，游戏为幼儿提供了一种健康的发泄方式，帮助幼儿解决与外部世界的冲突，让幼儿“复活”自己的快乐经验，从而感到有力量，并有助于移情能力的发展。

再次，游戏可以磨炼幼儿的道德意志。游戏可以让幼儿在遵守规则、克服困难、独立解决争执和冲突、学习包容和谅解等方面获得进步，让幼儿的自制力、自控力、自觉性都有所提升。游戏的吸引力可以使幼儿愿意放弃冲突与争执，抑制个人冲动和愿望，逐渐学会求同存异，与同伴达成和解。即使遇到挫折也会“越挫越勇”，不断挑战和突破自我。

最后，游戏有助于幼儿良好道德行为的巩固。游戏与现实生活联系密切，游戏中的场景再现和角色模仿都有助于幼儿道德行为的塑造，让幼儿边玩边学，巩固良好的道德行为，修正不良行为。例如，在集体性游戏中，大家都要遵守游戏规则、愉快合作才能使游戏顺利进行，如果某个幼儿违反了这些就会受到同伴的排斥，这就使得幼儿要自觉修正自己的不良行为，以获得继续游戏的机会。这种虽然轻松、自由但也不能肆意妄为的游戏活动模式与道德行为的养成也是不谋而合的。

案例精选

“老鹰捉小鸡”游戏的品德启蒙教育作用

在玩“老鹰捉小鸡”游戏中，充当老鹰的幼儿往往累得气喘吁吁了，但是仍然乐此不疲，继续左右奔跑着试图突破“母鸡妈妈”的阻挡，去抓住“小鸡”；而充当“母鸡妈妈”的幼儿为了保护自己的“小鸡”，也仍然气喘吁吁地撑开双臂极力阻挡着“老鹰”的步伐。充当“小鸡”的幼儿们个个都跑得东倒西歪了，但是依然紧紧地抓住前面同伴的后衣襟来回奔跑，即使要跌到了也不想松手。这个游戏过程对幼儿有什么样的教育作用？

评析：

游戏活动是幼儿最喜欢的活动形式，游戏时，幼儿会全身心投入到游戏活动中，表现出顽强的意志力和集体主义精神，即使遇到再多的困难也不愿意后退。多数幼儿会非常自然地去克服困难、战胜挫折，想方设法，组织协调，个个都展现出了非凡的忍耐力和拼搏精神。通过游戏活动，幼儿会从中获取各种经验，并获得同伴的友谊和认同，还可以享受成功感和集体荣誉感，增强社会适应能力。“老鹰捉小鸡”的游戏对于幼儿的意志力、团结协作的能力等都有促进作用。

总之，游戏为幼儿道德品质的发展提供了无限广阔的空间。幼儿教师应巧妙把握游戏与道德的内在联系，想方设法地把品德启蒙教育融于游戏之中，使游戏活动和游戏精神成为幼儿品德启蒙教育过程中最自然、最直接、最完整、最快乐的实现形式和促进力量。

六、社区资源的开发和利用

社区资源是指社区内能对幼儿的品德发展产生积极影响的各种资源，即所有可以应用于幼儿品德启蒙教育的要素和条件。既包括园内资源，也包括园外资源；既包括各种物质和环境条件，也包括人文资源和文化要素，是可以用来进行幼儿品德启蒙教育的物质资源和精神资源的总和。幼儿教师要树立大教育观，充分开发和利用各种教育资源，拓展幼儿品德启蒙教育的时间和空间，与家庭、社会形成教育合力，以提高幼儿品德启蒙教育的体验性、生活性和实效性。

（一）充分挖掘和利用园内、园外的品德启蒙教育资源

1. 幼儿园内的品德启蒙教育资源

幼儿园内的品德启蒙教育资源包括园名、园史、园训、园徽、园报（刊）、园歌、特殊标志、特色走廊、墙面布置、温馨提示语、制度建设、师幼风采、好人好

事以及与德育有关的设施设备等，这是幼儿园文化的组成要素。幼儿教师应充分利用这些资源，让幼儿受到积极的熏陶和教育。

图 6–7　参观园史馆

2. 幼儿园外的品德启蒙教育资源

幼儿园外的品德启蒙教育资源包括自然资源、人文资源、人力资源等。

自然资源指的是农业资源、森林资源、国土资源、矿产资源、海洋资源、水资源、气候气象等。幼儿教师可以结合本地自然资源特色，让幼儿充分认识祖国的地大物博，感受大自然的神奇，进而产生热爱家乡、保护环境、建设祖国的情感。

人文资源指的是人类所创造的物质的、精神的文明成果，例如古建筑、古镇、古典园林以及本地的民俗风情、主题公园、标志性建筑、纪念场馆、科技中心、机关单位、教育基地、文化场所、文体赛事、历史故事与传说、戏剧文化等。幼儿教师可以结合本地人文资源特色，对幼儿进行历史教育、传统文化教育、理想信念教育、“五爱”教育、社会规则教育等，促进幼儿对家乡的全面了解，激发幼儿热爱家乡、热爱祖国的情感。

人力资源指的是可以协助幼儿园开展品德启蒙教育活动的各类人员，如英雄人物、劳动模范、专家学者、热心于幼教的人士和家长等。幼儿教师可以充分挖掘和利用这些宝贵的人力资源，增强幼儿品德启蒙教育的力量。例如：邀请消防英雄为幼儿讲解消防工作经历、开展消防演练，加深幼儿对这一崇高职业的认识；邀请科学家为幼儿介绍相关的科学知识和科考历程，激发幼儿探索科学、建设祖国的远大志向；邀请行业企业专家为幼儿展示特殊本领，激发幼儿热爱劳动、尊重劳动成果的情感。

图 6–8　走进消防站

幼儿教师要善于利用与开发各种教育资源，拓展幼儿品德启蒙教育的时间和空间，使社区真正成为幼儿品德启蒙教育的大课堂。

课堂讨论

你的家乡有哪些可以利用的品德启蒙教育资源？请互相说一说。

（二）注重与家庭的沟通与合作

德育始于家庭，家庭中的亲缘关系使得孩子对家长有着特殊的依恋和尊敬，家长往往成为孩子心目中的榜样和权威。家长的言传身教，在幼儿品德发展中具有不可替代的作用和不可磨灭的影响。家庭中的品德启蒙教育关系到幼儿道德的最初形成与培育，也是幼儿园德育与社会德育得以延续的前提和条件。幼儿教师应致力于与家庭合作共育，充分发挥家庭品德启蒙教育的作用，从而保证品德启蒙教育的效果。

1. 发挥教育机构的辐射带动作用，通过各种方式实现家园共育

教育机构应发挥引领和辐射作用，利用自身的专业优势，为家长提出品德启蒙教育建议和要求，实现家园共育。幼儿教师可以通过家访、家庭教育学校、家园联系园地、家园联系手册、家教经验交流、家长开放日、亲子活动指导、家长委员会等各种形式，积极与家长沟通合作，达成共识，提高家长的认识水平和品德启蒙教育能力。

2. 帮助家长树立正确的品德启蒙教育观念，提高家庭教育的影响力

（1）塑造家风，构建家庭品德启蒙教育环境

家庭品德启蒙教育不是以课程作为教育的基本手段，而是以家庭品德启蒙教育环境的构建来发挥家庭教育的作用。良好的家风就是一个家庭无可替代的精神财富，潜移默化地为孩子提供价值引导和道德感化，让孩子自然而然地形成道德意识和道德风范。目前家庭教育中存在重“智”轻“德”的现象，致使一些孩子出现心理脆弱、适应力差等心理问题以及自私冷漠、无责任感、无公德意识等品德问题，难以堪当建设社会主义强国、实现中华民族伟大复兴的大任。因此，家庭要注重品德启蒙教育环境的构建，改善家庭教育中的不利因素，构建充满教养与文化气息的家风，培养孩子正确的“三观”，把家国情怀的种子播撒在孩子的心田。

（2）严爱相济，创设民主的家庭教育氛围

家长应采取民主型的家庭教养方式，让孩子在尊重、爱护、鼓励但又有约束、监管、规则的家庭教育氛围中成长。对孩子要严中有爱、爱中有教、严而有格、严慈相济，促进孩子品德和人格的健康发展。

（3）以身作则，注重言传身教

家长的言行举止都会直接成为孩子模仿的榜样，影响孩子“三观”的形成。这就要求家长要以身作则、率先垂范，随时检视自身的行为。尤其是在公共场所，家

长更要注意自己的言传身教，为孩子树立爱护公物、互助分享、文明礼貌的榜样。对于孩子的言行，家长也应及时做出正确的评价，引导孩子明辨是非、判断对错。

（4）实践引领，帮助孩子实现道德内化

幼儿的道德认识、道德情感、道德意志和道德行为只有在实践中反复练习、检验，才能得到巩固，使社会道德内化成为个人品德。因此，家长应多带孩子参加丰富多彩的实践活动，例如家务劳动、公益活动等。家长要激发孩子参与家务劳动的热情和积极性，通过鼓励、夸赞、欣赏孩子的劳动成果等方法，让孩子体验到劳动的成就感和自豪感，树立正确的劳动观；还可以通过参加捡拾垃圾、关爱老人等公益活动，培养孩子助人为乐的精神，关心社会、勇于承担社会责任、为社会无私奉献的高尚品质，帮助其形成更加积极向上的人生观和价值观。

有条件的家长还可以定期带孩子去游历，实地领略大自然的奇妙和优美，广泛见识祖国深厚的历史文化和发展成就，让孩子在游历过程中陶冶性情、开阔胸襟、砥砺志气、涵养品格。

（5）鼓励阅读，在幼儿读物学习中渗透品德启蒙教育

好的幼儿读物和早期阅读不仅能够发展幼儿的言语能力，增进幼儿的社会认知，更重要的是可以“润物细无声”地进行品德启蒙教育，提升孩子的道德品质和人格魅力。例如“笑猫日记”系列丛书，运用“二十四节气”串联季节与时间，不仅整个作品充满美的意境，还为幼儿科普了传统文化知识；《大卫，不可以》《每一个善举》等，教育幼儿要养成良好的行为习惯，有爱心、有责任心；《好朋友》告诉幼儿，朋友之间要真心相对，对待朋友要公平，要做一个珍惜友情、恰当表达友情的人;《石头汤》《猜猜我有多爱你》则以丰富的创造力、优美的语言、动人的故事情节传递着爱、勇敢、善良等精神品质。

家长应选择具有优秀文化内涵和具有品德启蒙教育意义的幼儿读物，向孩子传递温暖、友爱、勇气等情感，引导孩子在人生道路上更加积极地前行。

【实践园地】

1. 如果想利用“春节”对幼儿进行品德启蒙教育，你会运用哪些教育途径？请

设计至少四种教育途径，并说明具体做法。

任务二　幼儿品德启蒙教育方法的运用

【任务要求】

理解和掌握幼儿品德启蒙教育方法的特点和运用要点；能够综合运用不同的教育方法进行幼儿品德启蒙教育，并能够对相应的教学效果进行分析和评价。

【任务引例】

有的幼儿性情内向，不善于交往，不主动参与集体活动；有的幼儿为了争抢玩具而与同伴发生冲突；有的幼儿不能遵守生活常规和集体纪律，经常打扰到身边的小伙伴；有的幼儿不会运用礼貌用语，不懂得正确的做客与待客礼仪；还有的幼儿不听家长的劝告，用大把压岁钱买了玩具和零食……对于这些情况，幼儿教师应该如何运用品德启蒙教育方法对幼儿进行教育，引导幼儿品德的良好发展呢？各种教育方法在运用时应该注意些什么？

【主要内容】

品德启蒙教育方法是对幼儿进行品德启蒙教育所采用的各种影响方式的总和，是实现品德启蒙教育目标、提高品德启蒙教育质量的策略性途径。幼儿品德启蒙教育方法多种多样，既包括幼儿教师为主体的施教方法，也包括幼儿为主体的活动方法指导。幼儿教师必须正确认识和恰当运用各种教育方法，并发挥出各种方法的优势，以保障品德启蒙教育的效果。幼儿品德启蒙教育方法主要包括说服教育法、榜样激励法、强化评价法、角色扮演法、移情训练法、实践练习法、价值澄清法等。

一、说服教育法

说服教育法是指通过讲解、谈话、讨论等方式向幼儿讲清道理，帮助幼儿提高道德认识、树立道德观念、培养道德行为的一种方法。说服教育法是正面引导教育的具体体现，强调的是摆事实、讲道理，对幼儿进行说服教育。

说服教育法主要有三种形式：

（一）讲解法

讲解法是指幼儿教师结合具体事例，以简明、生动、形象的语言，向幼儿说明相关的道理，帮助幼儿掌握道德知识和行为方式的一种方法。例如，通过讲解故事《萝卜回来了》，帮助幼儿理解人与人之间要团结友爱、互相帮助的道理；通过讲解诗歌《小山羊过桥》，帮助幼儿理解同伴之间要互相谦让、不要争抢的道理；通过讲解“废旧电池的污染”，让幼儿了解一粒废旧电池可能会给环境带来什么样的危害，进而知道废旧电池应该如何放置和回收。

讲解法要求幼儿教师根据幼儿的认知水平和特点进行讲解，让幼儿知其然，知其所以然，因此更有针对性。

幼儿教师在运用讲解法时应注意：

第一，根据幼儿的年龄特点和认知水平决定讲解内容的深度和广度，要让幼儿听得懂；

第二，讲解的语言要简单易懂、生动形象，且重点突出，要尽量唤起幼儿的情感共鸣，让幼儿听得进去；

第三，根据情况可采用实物、图片、音乐、影像、情境表演等手段辅助讲解，让幼儿加深印象、理解透彻；

第四，讲解后要有小结，帮助幼儿归纳提升、明晰道理。

课堂讨论

经过测试发现，一粒纽扣电池可以污染600立方米的水，一节1号电池烂在地里能使1平方米的土地失去利用价值，可见废旧电池对环境、土壤的污染十分严重。针对这个问题，你会如何为幼儿进行讲解?

（二）谈话法

谈话法是指幼儿教师围绕幼儿品德启蒙发展中的具体问题，以师幼之间的相互提问和回答，诱导幼儿自己得出结论的一种方法。

谈话法不受时间、地点和人数的限制，而且能够及时获得幼儿的反馈，有利于幼儿教师随时随地发现问题、及时指导，并通过与幼儿的互相问答，有意识地对幼儿进行品德启蒙教育，因此是一种非常方便的品德启蒙教育方法。例如，通过“压岁钱怎么花”的谈话，向幼儿传达压岁钱如何处理才更有意义；通过“如何帮助别人”的谈话，引导幼儿提出多种帮助别人的方法；通过“你长大了想干什么”的谈话，激发幼儿对未来美好生活的向往以及树立个人发展和建设祖国的志向等。其他像“我做的一件好事”“雷锋叔叔是谁”“关心生病的小朋友”等谈话，都能起到品德启蒙教育的作用。

幼儿教师在运用谈话法时应注意：

第一，谈话主题需蕴含品德启蒙教育内容，能够对幼儿起到品德启蒙教育的作用；

第二，营造民主、平等、和谐的谈话气氛，耐心听取儿童的谈话内容，并随时调整谈话的方向和方式，让幼儿愿意谈、敢于谈；

第三，尽量吸引全体幼儿参与谈话，并适当关注那些不爱交谈、性格内向的幼儿，不要变成表达能力强的幼儿的“一言堂”；

第四，谈话活动后，教师要进行简单的总结和评价，对幼儿进行品德启蒙教育，并留下问题，激发幼儿进一步思考。

（三）讨论法

讨论法是指在幼儿教师的引导下，让幼儿之间针对某一道德现象、观点、问题等展开讨论和争论，以交换看法、统一认识的一种方法。即教师“搭台”，幼儿“唱戏”，让幼儿通过讨论明晰道理，提高道德认识。

讨论需要选择一个具有争议性、有探讨意义的现象、观点或问题，让幼儿广泛交换意见。例如“要不要给陌生人带路”“玩具越多越好吗”“如何帮助有听力障碍的小朋友”“压岁钱该怎么花”“别人打我，我该怎么办”等。讨论时可以分成小组，或者全班幼儿共同参与。幼儿教师一般不直接参与讨论过程，而是起到选题、提示、引导、指导、总结、归纳、概括的作用，引领幼儿讨论的方向。

幼儿教师在运用讨论法时应注意：

第一，尽量选择与幼儿生活有密切关系，并能够起到品德启蒙教育作用的话题；

第二，话题要有争议的必要性，或者结论存在多种可能性，能够引发幼儿发表不同的见解和意见；

第三，做好讨论的准备，例如，如何引起幼儿讨论的兴趣、如何引领讨论的方向、对幼儿进行哪些方面的品德启蒙教育等，都应事先考虑好，并在讨论过程中通过适当提问和鼓励来调节讨论的节奏和方向；

第四，不宜过早下结论和做出评价，应鼓励幼儿尽情讨论、发表多样性见解；

第五，讨论结束时，要阐明正确的观点，引导幼儿对问题做出正确的判断，尽量达成统一的认识。

二、榜样激励法

榜样激励法是指幼儿教师运用具有榜样作用的思想和言行去激励幼儿，引导幼儿模仿、学习榜样人物的一种教育方法。

生动、具体的榜样形象，能使幼儿对抽象的道德概念有更具体、更直观、更现实的理解，因而能够对幼儿的道德观念、生活态度、行为方式等产生极大的影响和示范作用。对幼儿来说，榜样的激励性和推动性要比成人的语言说服效果更好，也能较长时间地保持在记忆中。榜样形象既可以是现实生活中的真人真事，也可以是文学艺术作品中的形象，主要包括伟人、领袖、英雄、革命先烈、科学家、时代性榜样人物、各行各业的优秀工作者、家长、教师、同龄伙伴中的优秀者、文学艺术作品中的正面形象等。

幼儿教师在运用榜样激励法时应注意：

第一，选择适宜的榜样形象，激发幼儿对榜样的敬慕之情，教师也要注意自身的言行举止的榜样作用；

第二，帮助幼儿明确向榜样人物学习什么、怎样学习等，引导幼儿对照榜样来调节自己的行为，发扬优点，克服缺点。但不要过分地强调、批评幼儿的缺点，以免引起幼儿的自卑、反感和抗拒心理；

第三，鼓励幼儿将学习榜样转化为自己的实际行动，形成道德行为习惯。如果幼儿有进步，要及时进行表扬和鼓励，如果模仿了错误的人物要及时提醒和纠正；

第四，对文学艺术作品中的榜样角色要进行适当的介绍和剖析，提高幼儿的辨识能力，避免幼儿盲目模仿和崇拜反面人物，或者对反面人物产生错误的心理认同。

三、强化评价法

强化评价法是指幼儿教师运用一定的评价和强化手段，使幼儿良好的道德行为表现得以保持并发扬光大，不良的行为得到抑制直至消除的一种办法。

幼儿的认知和评价能力还处于较低的水平，他们往往把成人的评价作为自我评价的依据，并根据成人的评价来调整自己的行为。如果某种行为得到了成人的肯定与赞许，就会因为积极愉悦的情感体验而使这种行为得到巩固和加强；如果受到了成人的否定甚至惩罚，就会逐渐减少或抑制这种行为。幼儿教师需要根据社会道德和行为规范的要求，通过恰当的评价和强化手段不断地对幼儿的行为进行调整，激发良好的道德行为，抑制不良的行为表现。

根据强化结果的不同，可以将强化分为正强化和负强化。正强化手段可以运用口头表扬、鼓励，也可以运用鼓掌、温柔的目光、点头、微笑、握手、拍肩、摸头、亲吻、拥抱等体态语，还可以运用小红花、荣誉、奖状等信物，或者给予某种优先权利等。负强化手段则包括口头的批评、警告、规劝、摇头、严肃目光注视、严厉的声音、适当惩戒等。

幼儿教师在运用强化评价法时应注意：

第一，对幼儿的评价要有明确的品德启蒙教育目的，应充分肯定成绩，适当地指出缺点，帮助幼儿取得进步；

第二，对幼儿的行为表现给予恰当的评价和强化。正面评价和赏识教育必不可少，但是要避免一味地赏识和夸赞，恰当的负面评价和批评惩戒也是需要的。但要讲究批评的艺术，绝对不能体罚和变相体罚幼儿；

第三，奖惩要及时、适当，态度要鲜明，不要因间隔时间太长而降低强化的效果；

第四，强化评价手段要根据幼儿的年龄特征和个性差异而采取多样化、多元化、个别差异化的方式。例如，对听话的幼儿要表扬，但对那些好奇心强、有表现欲但是会“闯祸”的幼儿也不要一味抑制，对于经常犯错和偶犯过失的幼儿，在处理上应该体现出不同的分寸，对于自尊心强的幼儿，要慎用横向比较；

第五，无论是正强化还是负强化，都要让幼儿了解原因，并为幼儿指明方向。尤其是运用负强化手段时，不要单纯地看结果，对幼儿好的出发点要给予肯定，要给原本好心但是办了坏事的幼儿继续尝试的自信心和积极性；

第六，提高幼儿的评价能力，促使幼儿的道德水平由他律逐渐转向自律，逐渐形成自律道德。

课堂讨论

很多人认为“好孩子是夸出来的”，如何评价这种观点？请以小组为单位展开讨论。

四、角色扮演法

角色扮演法是指让幼儿通过扮演某个社会角色，去了解角色的需求和感受，体验角色的情感，并学习站在角色的立场分析问题、处理问题，从而更好地掌握与角色相适应的社会行为及道德规范，提高角色承担能力与亲社会行为的一种方法。

角色扮演的目的是希望幼儿通过扮演角色来熟悉角色的任务设定，了解角色应该承担的相应责任以及应该遵循的价值观念，从而落实品德启蒙教育任务。因而在增强幼儿的社会理解力、掌握社会行为规范和道德要求、提高亲社会行为等方面起着重要的作用。例如，通过扮演站岗的哨兵，了解哨兵所具有的坚守岗位、坚韧不拔、不畏艰难等品质；通过扮演医生，体验医生的细心、耐心和一丝不苟的工作特点，增强对医护人员的敬佩之情，缓解对医院、医生、打针等人和事的恐惧心理等。

幼儿教师运用角色扮演法时应注意：

第一，根据幼儿的生活经验，创设幼儿熟悉、理解的角色活动情景，尽量让幼儿扮演他们熟悉的社会角色；

第二，提前为角色扮演活动准备相关的道具，以使扮演活动更加丰富和生动，也有助于激发幼儿的表演欲望；

第三，给幼儿提供自主选择角色、创造角色的机会，鼓励幼儿扮演不同的角色，或者运用不同的扮演方式来表现角色的变化；

第四，给予所有幼儿角色扮演的机会，尤其是那些内向、害羞的幼儿，教师要多鼓励。教师也可以以角色身份参与到扮演活动中，以起到活跃表演气氛、引导扮演活动持续等作用；

第五，幼儿扮演的角色要尽量以正面形象为主，特别要避免经常由某几个幼儿扮演反面角色的情况，否则容易影响这些幼儿在群体中的形象和地位；

第六，在角色扮演过程中，教师可适当提出一些问题，特别是一些“两难”问题让幼儿思考。扮演活动结束后，要进行总结或评价，加深幼儿对所扮演角色的理解和感受，并渗透品德启蒙教育。

五、移情训练法

移情训练法是指幼儿教师通过幼儿的现实生活事件或通过讲故事、续编故事、情境表演等方式，引导幼儿设身处地站在别人的位置考虑问题，理解、体验他人的情绪情感，使幼儿在日后生活中对他人类似的情绪、情感产生习惯性理解和共鸣的一种方法。

移情训练旨在培养幼儿对他人情感、思维、意向的知觉能力，进而提高设身处地为别人着想直至达到共鸣的能力。移情训练法可以让幼儿逐渐摆脱自我中心，并以“感同身受”的方式感知和适应他人的情感节奏，提高相互理解和社会交际能力，为幼儿的早期道德行为奠定基础，因而在幼儿品德启蒙教育中具有特殊的重要作用。

相关链接

幼儿移情——亲社会行为系列教育活动方案

1991年，韩兰、琚贻桐在参考美国《学会关心：移情训练方案》的基础上，根据我国幼儿的具体情况编制了一套“幼儿移情——亲社会行为系列教育活动”方案。该方案强调认知—情绪系统的交互作用，综合运用认知提示、情绪追忆、情感换位、巩固深化和情境表演等移情训练技术，由近及远、由浅入深、由具体到抽象地对幼儿展开道德认知和道德行为的教育，该方案教育活动实用性强，具有较强的推广和运用价值。

移情训练法共包括认知提示、情绪追忆、情感换位、巩固深化、情境表演等子方法，其主要作用和心理效果如下：

认知提示是通过成人的言语提示，组织幼儿讨论、绘画、唱歌、游戏、表演等，帮助幼儿辨别各种不同的情感及其面部表情，理解不同的人在不同的情境中的想法、观点和情感，促进幼儿辨别他人情感、设想他人观点及进入他人角色能力的发展，进而促进幼儿认知水平和社会理解水平的提高，为产生移情奠定认知基础。

情绪追忆是运用言语提示唤醒幼儿在过去的生活经历中亲身感受到的最强烈的情绪体验，引起他们对情绪体验产生的情境、原因和事件的联想，加强情绪体验与特定社会情境之间的联系。

情感换位是提供一系列社会情境让幼儿进行分析讨论和角色扮演，从而使幼儿转换到他人的位置去体验某种情绪、情感状态，促进其角色转换能力的发展。

巩固深化是对上述活动的延伸，其作用在于把幼儿引向更高的层次，使之不再拘泥于具体的情境，而是掌握普遍性的行为规范。

情境表演包括事例分析和行为练习，即列举并假设各种社会情境或事例，让幼儿分析在该种情形下怎样做才能给别人带来欢乐，并根据幼儿的提议或通过欣赏、表演儿歌等，让幼儿轮流扮演不同的角色，从中体会不同的情感。其作用在于强化幼儿积极的情绪、情感，把握积极的行为方式，使幼儿在遇到类似的真实情境时，更容易产生移情，并做出亲社会行为。

例如，移情训练活动“他为什么哭了”：

认知提示——教师通过让幼儿观看情景表演、观察表情图等，帮助幼儿认识、辨别各种不同的情感及其面部表情，理解不同的人在不同的情境中的想法、观点和感受，为产生移情奠定认知基础；

情绪追忆——“小朋友为什么会哭?”“你在什么情况下会哭?”以此唤起幼儿自己伤心、委屈、不被他人尊重时的情感体验，帮助幼儿理解他人不愉快的感受，引起幼儿对“哭”产生的情境、原因和事件的联想；

情感换位——“你哭时希望别人怎样对待你?”让幼儿转换到他人的位置去体验他人的情绪、情感状态；

巩固深化——让幼儿讨论得出“小朋友要互相关心、互相帮助”的结论；

情境表演——“在别人哭的时候，我们应该怎么做?”让幼儿通过角色扮演或者用实际行动去帮助同伴，加深印象。

幼儿教师在运用移情训练法时应注意：

第一，应根据幼儿情感发展的特点和已有的经验，唤起他们对当前人物情境的理解与情感的共鸣，从而产生理解与分享意识，而不应超出儿童的理解能力；

第二，移情训练是为了让幼儿产生良好的行为表现，因此不能只停留在理解和分享上，还应注重与行为的结合，引导幼儿产生良好的行为。例如，不仅能理解生病小朋友的痛苦感受，更能自然地给予力所能及的关心和帮助；

第三，教师不能只做旁观者，而应与幼儿一起加入移情的情境中。教师应该用自己的情感投入去感染幼儿，避免幼儿产生疑惑和矛盾，影响移情的发生；

第四，移情训练法应与角色扮演法、实践练习法等有机地结合起来，并通过集体教育活动、区域活动、游戏活动等途径，使移情训练达到最佳效果。

六、实践练习法

实践练习法是指幼儿教师组织幼儿在真实或模拟的生活事件情境中，通过实践和练习活动，形成和巩固道德认识、道德情感、道德意志和道德行为的一种方法。

实践练习法强调把学习和生活结合起来，让幼儿在真实或模拟的生活事件和生活情境中进行反复练习和实践，提高幼儿对社会中的人、事、物的直接认识和感受，实现“做中学”“做中求进步”。例如，在家庭中参加家务劳动、敬老活动；在幼儿园里做礼仪宝宝、做小值日生、整理玩具、帮厨、有秩序地排队和等待、使用礼貌用语、练习待人接物、独立解决冲突与矛盾；在社区范围内参观各种社会机构、了解各行各业的人和事、学习购物和初步的理财、参加各种力所能及的公益活动等。这些实践活动都会因为幼儿经历了亲身体验、亲自操作而印象深刻，品德启蒙教育也能达到更好的效果。

幼儿教师在运用实践练习法时应注意：

第一，根据品德启蒙教育目的和要求，选择适宜的实践练习内容和方式，并制定周密的计划和活动程序，例如，练习什么、如何练习、达到什么目标、幼儿练习过程中应注意什么等；

第二，无论以何种形式进行实践练习，都要注意激发幼儿实践的愿望，发挥其主动性和积极性，让幼儿产生愉快的情绪体验，并从中获得成就感；

第三，实践练习的要求应前后一致、持之以恒，使幼儿在反复练习中形成良好的习惯，使道德认识和道德行为得到巩固；

第四，对实践过程和效果及时进行总结、评价和反馈，提高幼儿的认识，增强幼儿的信心；

第五，与家长联系，让幼儿在家庭中延续良好的做法，实现家园共育。

七、价值澄清法

价值澄清法是一种价值观教育法，是指让幼儿利用理性思考和情绪体验来审视自己的行动、分辨自己的价值观念、解决自己的价值冲突，并根据自己的价值选择行事的一种方法。它是让幼儿通过内部心理活动进行价值选择、价值确定，然后付诸外部行动的一种教育方法。

价值澄清法强调幼儿的主体地位，注重幼儿的价值判断能力和选择能力的培养，而幼儿教师则通过有目的且科学的提示、问询、激励、提供信息资料等，引导和辅助幼儿在矛盾冲突中通过价值澄清提高自身的价值判断和选择能力，在轻松愉快、自主平等的氛围中获得独立向上的价值观和人生态度。价值澄清法注重幼儿获得价值观的过程，认为只有经过幼儿自己思考选择出来的价值观，才更让他们珍爱和付诸行动。但是，价值澄清法在实践中往往会因为放任幼儿的错误观点或行为而造成不可估量的损失。因此，幼儿品德启蒙教育既要借鉴价值澄清法的合理内核，又要充分发挥说服教育方法的优势，积极引导幼儿形成正确的价值观。

价值澄清法最常见的策略有澄清应答、价值表决、价值排队、展示自我等。

（一）澄清应答

澄清应答是指幼儿教师通过与幼儿交谈引起幼儿的思考，在相互交流中不知不觉地让幼儿进行内省与价值评价。它要求教师运用巧妙的应答技术与幼儿一对一地随意交谈，并根据幼儿的所说所感，加以适时、适地、适人的语言反应，以引发幼儿无忧无虑地表述真实想法，并激发幼儿思考，促进幼儿独立地做出决定，澄清一些认识。例如，有的幼儿表示“将来想当一名驯兽师”，教师和幼儿进行交流，使其思考：你了解驯兽师吗？你喜欢动物吗？你最喜欢什么动物？为什么？你为什么喜欢当驯兽师？你是什么时候产生这一想法的？你为这一选择感到高兴吗？等等。

幼儿教师在运用澄清应答法时应注意：

第一，针对具体情景，教师要适时、及时地与幼儿进行澄清应答，敏锐地抓住对话的时机对幼儿进行价值引导，鼓励其进行价值思考；

第二，要对幼儿的言行表现出一种非常在意的态度，使幼儿感受到教师对他的关注和尊重，尽量避免是与非的评价与判断，力求师幼之间的交谈宽松、自由、和谐；

第三，价值澄清应答的时间不能过长，只要触发幼儿进行有关价值思考就适可而止，要将思考和寻求答案的机会留给幼儿。

（二）价值表决

价值表决是指幼儿教师事先拟订一系列幼儿关心的价值问题，让幼儿来表达自己意见的一种方法。价值表决的目的就是给幼儿提供公开自己价值观的机会。例如，围绕培养幼儿“独立解决问题”的能力，可以设计以下价值判断题，让幼儿表决：当小朋友从你许多玩具中拿走了你最心爱的玩具怎么办？你想玩的积木，别的小朋友正在玩怎么办？做游戏时你的椅子被别人搬走了怎么办？你想演的角色被别人担任了怎么办？你想去积木活动区，可人数满了怎么办？玩滑梯时其他小朋友发生了碰撞，你怎么办？

幼儿教师在运用价值表决法时应注意：

第一，让幼儿表决的问题不要太多，一般不超过10个问题；

第二，要让每个幼儿都有表决的机会。

（三）价值排队

价值排队是指让幼儿以三、四种事物为对象，按自己认为的重要与否为它们排名次并说明理由。价值排队法训练的是幼儿对事物的价值进行分析、比较、筛选的能力，帮助幼儿进一步了解各种事物的价值，并公开表达自己的选择。例如，一个小朋友不小心把妈妈最喜欢的茶杯打碎了，你最喜欢哪种做法？——妈妈问起来就说“不知道”、妈妈问起来就说“是小猫打碎的”、主动向妈妈承认是自己打碎的。让幼儿对这三种做法进行价值排队并说明自己的理由。

幼儿教师在运用价值排队法时应注意：

第一，题目的难易程度要符合幼儿的年龄特点和认知水平；

第二，价值排队的事物数量不能太多，最好是三、四种；

第三，价值排队事物的内涵不能有交叉和包含关系，否则幼儿很难正确地对它们进行价值排队；

第四，教师要通过幼儿的价值排队情况了解幼儿的品德发展状况，必要时要进行价值观的引领，增强幼儿对事物的正确认知。

（四）展示自我

展示自我是指幼儿教师或家长提出一个中心话题，让幼儿围绕这个话题进行自由、充分的表达，目的是为幼儿提供系统地审视自己的机会，使他们逐渐学会分析自我、检查自我和发现自我。例如，“我很能干”“我做得最有意义的一件事”“假如我是……”“假如我能……”等。

幼儿教师在运用展示自我法时应注意：

第一，为幼儿拟定的话题能够激发幼儿表达的愿望，让幼儿愿意围绕话题进行回忆和想象；

第二，为每个幼儿创设条件和提供发言的机会，让幼儿充分表达自己觉得有意义的经历和想法，不要轻易打断幼儿的表达。

【实践园地】

大班环保教育活动“垃圾分类好处多”可以运用到哪些教育方法？请列举至少4种，并说明如何具体运用。

项目总结

本项目总结和概括了幼儿品德启蒙教育的多种途径和方法。教育途径和教育方法都是对幼儿进行品德启蒙教育的重要组织形式和策略，二者在幼儿品德启蒙教育过程中发挥着重要的作用。幼儿教师应全面认识幼儿品德启蒙教育的途径和方法，并在教育实践中发挥出每一种途径和方法的优势，有目的、有计划、有组织地实施品德启蒙教育。幼儿教师还应以更加开放的格局和更加长远的眼光，审视自己在幼儿品德教育途径的开发和方法的运用等方面的效果，并在实践中不断探索和完善自己的教育过程，保障幼儿的品德启蒙教育取得实效。

思考练习

一、单选题

1.（　　）是幼儿教师通过幼儿的现实生活事件或通过讲故事、续编故事、情境表演等方式，引导幼儿设身处地站在别人的位置考虑问题，理解、体验他人的情绪情感，使幼儿在日后生活中对他人类似的情绪、情感产生习惯性理解和共鸣的一种方法。

A. 价值澄清法　　B. 角色扮演法　　C. 自我展示法　　D. 移情训练法

2.（　　）是幼儿教师运用具有榜样作用的思想和言行去激励幼儿，引导幼儿模仿、学习榜样人物的一种教育方法。

A. 榜样示范法　　B. 角色扮演法　　C. 强化评价法　　D. 移情训练法

3. 幼儿教师运用一定的评价和强化手段，使幼儿良好的道德行为表现得以保持并发扬光大，不良的行为得到抑制直至最后消除。这种方法是（　　）。

A. 说服教育法　　B. 角色扮演法　　C. 强化评价法　　D. 移情训练法

4. 东东想获得红红手中的汽车玩具，老师询问启发他："你打算怎样获得它呢？等着轮流？还是用你的玩具和她交换？或者帮她做点事情？去和她友好的协商？还是过去抢夺过来？你打算怎样做？"这位幼儿教师运用了（　　）。

A. 澄清应答法　　B. 价值表决法　　C. 价值排队法　　D. 展示自我法

5. 大班李老师提出了一个话题："我做的最有意义的一件事"，让孩子们围绕这个话题充分表达自己。李老师使用的方法是（　　）。

A. 澄清应答法　　B. 价值表决法　　C. 价值排队法　　D. 展示自我法

二、问答题

1. 幼儿品德启蒙教育的主要途径有哪些？

2. 日常生活中应如何抓住时机对幼儿渗透品德启蒙教育？

3. 如何为幼儿创设有利于品德发展的物质环境和精神环境？

4. 幼儿品德启蒙教育各种方法有什么特点？在运用时分别应该注意什么？

项目七　幼儿品德启蒙教育活动设计与实施

知识导图

- 幼儿品德启蒙教育活动设计与实施
  - 幼儿品德启蒙教育活动的设计
    - 幼儿品德启蒙教育活动设计的原则
    - 幼儿品德启蒙教育活动设计的步骤
  - 幼儿品德启蒙教育活动的实施
    - 自我意识教育活动的组织与实施
    - 人际交往教育活动的组织与实施
    - 社会规范教育活动的组织与实施
    - 爱国主义教育活动的组织与实施
    - 中华优秀传统文化教育活动的组织与实施
  - 幼儿品德启蒙教育活动的评价与指导
    - 幼儿品德启蒙教育活动评价概述
    - 幼儿品德启蒙教育活动评价的内容

学习目标

知识目标：

理解和掌握幼儿品德启蒙教育活动设计的原则和步骤，了解幼儿品德启蒙教育活动评价的含义和原则。

能力目标：

能够设计并实施幼儿品德启蒙教育活动，能够对幼儿品德启蒙教育活动进行评价。

素质目标：

熟悉幼儿的身心发展特点和规律，具备科学的教育观、儿童观、教师观及精益求精的工匠精神。

任务一 幼儿品德启蒙教育活动的设计

【任务要求】

理解幼儿品德启蒙教育活动设计的含义、原则和步骤；能够设计幼儿品德启蒙教育活动。

【任务引例】

国庆节马上到了，幼儿园用鲜艳的五星红旗装饰环境，营造浓郁的国庆氛围。大大小小的五星红旗不仅在幼儿园大门口飘扬，还张贴在班级墙面，悬挂在教室门口。小朋友们也被感染了，开始了关于五星红旗的讨论。小宇说："1、2、3、4、5，有五颗星星。"依依说："有一颗大的，其他的是小的。"珊珊说："这是我喜欢的红色，星星是黄色的。"萌萌说："好像幼儿园的大门口也有这个。"琳琳说："我们小区也有红旗。"

从孩子们的交流中你能获取哪些信息？你将如何设计品德启蒙教育活动，抓住契机开展爱国主义教育？

【主要内容】

教育活动设计既是某种教育理论观点和课程设计思想的具体体现，同时也是实施、完成教育目标的重要环节和保证。幼儿品德启蒙教育活动设计是指依据一定的品德启蒙教育目标，选择恰当的教育内容和形式，形成对幼儿施加教育影响方案的过程。它是幼儿教师为促进幼儿品德发展而有目的、有计划开展的一项创造性工作。

一、幼儿品德启蒙教育活动设计的原则

幼儿品德启蒙教育活动设计的原则是指设计教育活动应遵循的基本准则，它既是教育思想、教育理论观点的体现，又是教育活动规律的反映。设计幼儿品德启蒙教育活动应遵循以下原则：

（一）目标性原则

幼儿品德启蒙教育的目标性原则主要有两方面的含义：一方面，幼儿教师在设计品德启蒙教育活动时要有强烈的目标意识，遵循总目标、分层次目标和年龄段目标，选择教育内容和教育方法等；另一方面，在设计品德启蒙教育活动时，要依据有关注意事项制订合理的目标。

（二）主体性原则

主体性原则是指幼儿教师必须将幼儿作为品德启蒙教育活动的主体，准确把握幼儿品德发展的特点。一方面，教师在活动内容的选择以及活动形式的安排等方面注重激发幼儿的自主性、能动性和创造性；另一方面，教师为幼儿创设有趣、安全并可以自由交流的环境，引发幼儿积极参与活动。

（三）渗透性原则

幼儿品德启蒙教育应渗透在幼儿园一日生活各环节、五大领域教育活动以及游戏活动中，并延伸至家庭教育和社区教育中。幼儿品德启蒙教育应以情感教育和培养良好行为习惯为主，注重潜移默化的影响，并贯穿于幼儿生活以及各项活动之中。德智体美劳各方面的教育应当互相渗透，有机融合。

（四）正面教育原则

正面教育是一切教育的最基本的原则，其核心是在尊重的前提下对幼儿提出要求，在肯定的前提下对幼儿的行为做出补充和修正，在维护幼儿的自主性和完整性的前提下渗透课程的要求。幼儿品德启蒙教育应贯彻面向全体幼儿，热爱幼儿，坚持积极鼓励、启发引导的正面教育原则。

1. 用积极的方式对幼儿提要求

正面教育原则以鼓励为主，而不是以禁止为主。幼儿教师要用积极的、正面的方式对幼儿提出要求和建议，如“在教室里要慢慢走”。这样的方式具有正向性，以鼓励为主，引导幼儿形成正向性规范。关于班级日常行为规范的制订，幼儿教师可以引导幼儿讨论“让我们班上能够安全又快乐的方法”“我们该记得的事”等，避免使用“不要……”等禁止性语句规范幼儿的行为。幼儿教师还可以引导幼儿用语言表达他们对别人的期望，例如“现在轮到我了，请你去后面排队”等。

2. 幼儿教师要以身作则，同时强化行动和言语

幼儿最相信教师的话，也最善于模仿教师的行为，要求幼儿做到的，幼儿教师要首先做到。例如，小班幼儿户外活动结束后，教师提出“孩子们，该收拾球回教室了”这样的要求的同时，自己亲自示范如何把球放到球筐里。幼儿教师这样提出的要求，不仅仅是针对幼儿的，也是针对自己的。这样教师不仅将幼儿和自己放在了平等的位置上，还起到了榜样示范的作用。

（五）实践性原则

幼儿在实际的生活和活动中实践与锻炼，把对规则的认识转变为行动，才能在以后相应的情境中自觉产生出相应的道德行为。幼儿教师要重视实践在幼儿品德启蒙教育中的作用，既要对幼儿进行道德规范的教育，提高道德认识；又要指导幼儿进行实践，把道德认识、道德情感、道德意志和道德行为结合起来，使幼儿的品德得到发展。

1. 为幼儿讲解示范具体的行为方式

首先，幼儿教师可以通过故事、语言等方式帮助幼儿理解这样做的道理，明确什么是必须的、什么是允许的、什么是被禁止的。其次，幼儿教师要为幼儿讲解示范具体的行为方式。

2. 组织幼儿参加多种实践活动

幼儿教师要根据教育的目标，针对幼儿的认知规律和年龄特点，有目的、有计划地给幼儿提供丰富多彩的、有益于身心发展的交往、合作、关心和谦让等活动机会，让他们在亲身实践、反复练习中，养成良好的道德行为习惯。同时，幼儿教师要在实践活动中给予幼儿适当的指导以提高实践的效果。

二、幼儿品德启蒙教育活动设计的步骤

在教育实践中，幼儿品德启蒙教育活动有多种形式，如集体教学活动、游戏活动、一日生活中渗透的活动等。集体教学活动是实施幼儿园品德启蒙教育的主要途径和活动类型。集体教学活动方案主要包括：活动名称、活动目标、活动准备、活动过程以及活动延伸五部分。

案例精选

中班活动《我把垃圾装起来》

活动目标：

知道垃圾要放进垃圾箱，不乱扔垃圾。

能根据“可回收”“不可回收”“有害垃圾”等标记对垃圾进行分类。

保护环境，讲卫生，了解垃圾分类对人们生活的重要意义。

活动准备：

物质准备：幼儿操作单人手1份；各种垃圾图片若干；3只垃圾箱，上面有“可回收”“不可回收”“有害垃圾”标记。

经验准备：幼儿了解过家里的垃圾应该如何处理。

活动过程：

一、开始部分

1. 出示图片，导入活动主题

教师：今天有几个新朋友来到我们班，大家看看图片上有谁？他们在干什么？

2. 引导幼儿观察画面并进行讨论

教师：为什么垃圾要放到垃圾箱里？

3. 教师小结

教师：垃圾要放进垃圾箱，不然地上全是垃圾，又脏又乱，环境会受到污染，我们也容易生病。

二、基本部分

（一）将垃圾投入垃圾箱，学习垃圾分类与回收的方法

1. 幼儿将“垃圾”投入垃圾箱

第一步，幼儿将各种“垃圾”投入垃圾箱，教师出示图片，请幼儿说一说有哪些垃圾。

教师：这里有一些垃圾，你们看看有什么垃圾。这里还有两只垃圾箱，这是可

回收垃圾箱，这是不可回收垃圾箱。请你们试一试，将这些垃圾分类投入垃圾箱。

第二步，教师提供操作单供幼儿操作。

第三步，教师邀请幼儿展示操作单，集体讨论他们是怎么分类的。

教师：你们都分好了吗？谁愿意上来向大家介绍一下你是怎么分的？（幼儿介绍）你们看这样分类合理吗？究竟应该怎么分类呢？

2. 播放教学课件，帮助幼儿了解垃圾分类回收

教师小结：这两个标记，一个叫作“可回收”，表示垃圾回收后经过处理还可以再次使用；一个叫作“不可回收”，表示垃圾回收后不能再次使用，需要经过其他方法进行处理。

3. 幼儿根据分类标记再次将各种垃圾投入垃圾箱

教师：我们来把这些垃圾按照“可回收”“不可回收”再次进行分类。

幼儿操作，教师指导。请个别幼儿拿着操作单进行分享。

教师：你们知道为什么要将垃圾分类回收吗？

教师小结：将垃圾进行分类回收能变废为宝，保护环境，减少环境污染。

（二）通过小游戏再次丰富幼儿对垃圾分类的经验

1．教师出示贴有“可回收”“不可回收”“有害垃圾”标记的大垃圾箱的白板，幼儿进行垃圾分类。

2. 教师介绍有害垃圾。

三、结束部分

教师通过提问引导幼儿总结回顾本次活动的主要收获。

教师：请小朋友们将所有“垃圾”送回家。

活动延伸：

在幼儿园和教室里设置不同的垃圾箱，引导幼儿在日常生活中分类投放垃圾。

评析：

本活动的活动准备包含了物质准备和经验准备，物质准备详细具体，经验准备与活动主题相一致。这个活动中基本部分由幼儿操作探索垃圾分类的方法、集中

观看动画学习垃圾分类的方法、幼儿操作练习和游戏巩固等几个环节构成，活动环节由易到难环环相扣，活动方法灵活多样。教师提问的问题清晰、具体、明确，例如，“你是怎么分的？”“你们看这样分合理吗？”

（一）活动名称

幼儿品德启蒙教育活动的名称一般包括三项内容：适用年龄班、所属领域和活动名称。活动名称要简洁明了，能够概括出活动的主要内容。例如，案例精选中班班活动《我把垃圾装起来》。

（二）活动目标

幼儿品德启蒙教育活动的目标要围绕幼儿品德启蒙教育的总目标、分层次目标和年龄段目标设计，涵盖认知、情感、技能三个维度。在品德启蒙教育活动中，常见的目标表述的方式有两种：一种是把幼儿教师作为行为主体，用教师所做的事来表述；另一种是把幼儿作为行为主体，用幼儿所做的事来表述。一般情况下，活动目标表述时行为主体的名称常常被省略，但可以通过目标中的行为动词来判断该行为的主体是谁（幼儿教师或幼儿）。以幼儿教师为主体的活动目标表述方式常常采用“使……”“启发……”“引导……”等行为动词表述教师所做的事。以幼儿为主体的活动目标表述方式常常采用“会……”“能……”“体验……”等行为动词表述幼儿的行为变化。此外，目标要适合幼儿发展需求，要有联系性和一致性，主要以幼儿为表述主体，具有可操作性。

（三）活动准备

幼儿品德启蒙教育活动自身的特点，决定了实现品德启蒙教育的目标不能仅依靠幼儿教师的说教，还需要借助直观、形象和生动的材料及丰富的活动形式来帮助幼儿理解和学习。活动准备包括物质准备和经验准备，物质准备要标明材料的名称和数量，经验准备则是为了达到活动目标而需要幼儿先期具备的知识、经验或能力。

（四）活动过程

活动目标确定后，就要思考需要通过哪些具体的活动内容和形式来实现目标。活动过程的设计则是将这种思考书面化和细致化，一般包括活动的基本流程和主要环节，要描述每个活动环节具体如何展开。幼儿教师应用条理清晰、概括凝练的文字表述活动过程。活动过程一般由开始部分、基本部分和结束部分组成。

开始部分起到激发幼儿参与活动的兴趣，调动幼儿学习的主动性，导入活动主题的作用。一般采用猜谜语、讲故事、做游戏、说儿歌、观察图片等形式。

基本部分既是教学活动的主要过程，也是实现活动目标的重要环节，主要以教师引导幼儿主动学习、积极探索为主。这部分活动方案的撰写由标题、描述环节的陈述性语言和教师指导语三部分组成。首先，要用简短的语句概括活动过程的每个环节。其次，要用较为具体的语言描述每个环节教师和幼儿的主要活动，及教师的指导语，教师的指导语包括提问的问题和表述幼儿活动的陈述性语言。

结束部分主要是归纳和总结活动的主要内容，可以进行展示、交流和评价总结活动成果等。

（五）活动延伸

活动延伸是幼儿品德启蒙教育活动的延续，也是幼儿的学习成果进一步巩固、迁移的重要环节。中班活动《我把垃圾装起来》的活动延伸是在幼儿园和教室里设置不同的垃圾箱，引导幼儿在日常生活中分类投放垃圾，养成良好的生活习惯。

相关链接

说课《爱惜小米粒》

【实践园地】

请以小组为单位，从自我意识、人际交往、社会规范、爱国主义和中华优秀传统文化等内容中选择一个内容，设计一个幼儿品德启蒙教育活动，撰写活动方案，并在班级内分享交流。

表7-1 幼儿品德启蒙教育活动设计模板

班级__________ 姓名__________ 学号__________

活动名称		
适合年龄		
设计意图		
活动目标（重难点）		
活动准备		
活动过程	活动环节与内容	备注
活动延伸		
活动反思		

任务二　幼儿品德启蒙教育活动的组织与实施

【任务要求】

掌握自我意识、人际交往、社会规范、爱国主义和中华优秀传统文化教育活动的组织与实施要点；能够组织与实施幼儿品德启蒙教育活动。

【任务引例】

文文在班级里是个动手能力较强的孩子，可以自己洗手、吃饭、穿脱衣物，有时还积极帮助其他孩子。可是，幼儿园老师有一次在和文文妈妈的交流中了解到文文在家经常要让大人帮忙穿鞋。为什么文文会有截然不同的两种表现呢？日常生活中，这样的现象非常普遍。作为幼儿园教师，针对这样的现象，你打算怎样组织活动对开展幼儿品德启蒙教育呢？

【主要内容】

幼儿品德启蒙教育主要包括自我意识、人际交往、社会规范、爱国主义和中华优秀传统文化教育五个方面内容。

一、自我意识教育活动的组织与实施

人格教育是幼儿品德启蒙教育的基础。幼儿期是幼儿人格初步形成的时期，也是多种人格特质形成和发展的关键期。早期形成的个性品质会影响人的一生，包括学习、工作、社交等方面。在关键期内进行适当的引导，能够达到事半功倍的效果。

自我意识也称为自我，是对自己存在的觉察，即自己认识自己的一切。自我意识是幼儿社会性及个性发展的心理基础。自我意识的教育是人格教育的核心。贯彻落实“儿童为本”理念，促进幼儿品德启蒙，首先要组织与实施自我意识的教育活动。

（一）幼儿自我意识教育活动的组织要点

1. 运用多种方式导入活动主题

活动开始部分，幼儿教师可以通过照片、图片和故事等形式导入活动主题，集中幼儿的注意力，吸引幼儿的兴趣，引导幼儿积极参与到活动中。

2. 引导幼儿初步认识自我

导入活动主题后，幼儿教师可运用多种手段使幼儿了解自我，形成对自我的正确认识。例如，把小时候穿的衣服和现在穿的衣服进行对比，帮助幼儿了解自己从小到大的身体变化等。

3. 组织活动巩固自我意识

幼儿对自己的身高、体重、性别、情绪情感和能力等有一定的认识之后，幼儿教师可以引导幼儿把这些认识用语言、行为等方式表现出来，从而巩固自我意识。例如，让幼儿说一说“我是男孩（女孩），我爱我自己”。

4. 强化幼儿对自我的正确评价

在幼儿对自己的生理状况、心理特征以及自己与他人的关系等有了正确认识的基础上，幼儿教师可以引导幼儿肯定优点、改善不足，形成对自我的正确评价，增强自信心。

（二）幼儿自我意识教育活动的实施注意事项

一个幼儿自我意识教育活动的设计，能否在幼儿园教育实践中取得良好的效果，取决于是否能灵活地选择适合幼儿自我意识发展的教育活动形式。

1. 语言活动——增强幼儿的自我评价能力

自我认识发展的重要指标是幼儿能否用恰当的语言描述出对自己、对他人的认识与感受。语言活动是促使幼儿自我认识的重要途径。例如，幼儿教师可以组织幼儿开展自我介绍的活动“我是谁”，引导幼儿从说出自己的姓名、性别、年龄，再逐渐扩展到爱好、愿望及优缺点，从而用语言更清楚地表达自我概念。

2. 生活自理活动——发展幼儿的自我意识

幼儿在幼儿园的一日活动中，进餐、如厕、喝水、洗手等生活活动占多数，这些活动中都涉及生活技能的实践操作。生活自理活动不仅有助于培养幼儿的基本生活技能，培养幼儿的独立意识，还有助于培养幼儿的自信心和责任感以及自己处理问题的能力，对幼儿今后的生活也会产生深远的影响。幼儿教师和父母可以根据幼儿的发展水平和心理特点，支持和鼓励幼儿参加生活自理活动，从而发展幼儿的自我意识。

生活自理活动主要包括两方面内容：一方面是独立生活的各种技能，让孩子学会独立管理自己的生活，养成自己的事情自己做的习惯，例如自己吃饭、自己如厕、自己穿衣等；另一方面是独立解决问题的能力，培养孩子学会处理与周围的人和事的关系。

3. 活动延伸——保证自我意识的发展

生活习惯的培养不是一蹴而就的，需要在生活中不断实践和坚持。家庭是幼儿最初的启蒙学校，家长是孩子的第一位老师。幼儿自我意识的培养，离不开家长在家庭中与幼儿园保持一致、紧密配合。家长首先要从理念上认识到生活自立能力培养的重要性，不包办代替，给孩子独立做事的机会，鼓励孩子做事情要有始有终。幼儿从学习照顾自己再到照顾他人，这个过程中不仅能体验到成功的喜悦，还能够树立自信心，增强其成就感和自豪感。

案例精选

小班活动《我是男孩还是女孩》

活动目标：

知道自己是男孩还是女孩，萌发对自己性别的兴趣。

能区分男孩、女孩明显的外貌特征。

活动准备：

物质准备：男孩、女孩玩偶各一个；《开车歌》的音乐；

经验准备：幼儿对自己的性别和特征有初步的了解。

活动过程：

一、开始部分

教师分别出示男孩、女孩的玩偶，吸引幼儿的注意力，导入活动主题。

教师：今天，我们班来了两位小客人，小朋友们应该说什么？他们有什么不一样？

教师：你是怎么知道他是男孩，她是女孩的？

二、基本部分

（一）讨论男孩女孩的特征

1. 引导幼儿了解自己的性别，区分男孩、女孩明显的外貌特征。

教师：小朋友们，你是男孩，还是女孩呢？你和男孩子或女孩子有什么不一样？

2. 你知道班里的哪个小朋友是女孩，哪个小朋友是男孩吗？

教师小结：女孩子梳小辫、男孩子不梳小辫，女孩子蹲着小便、男孩子站着小便。不论男孩还是女孩，老师都很喜欢你们。

（二）游戏巩固区分男孩和女孩

1. 游戏：按要求做动作

教师：请女孩子手拉手围成一个圈圈，请男孩子手拉手围成一个圈圈。请女孩子学蝴蝶飞，请男孩子学大象走；请女孩子蹲下变成一朵小花，请男孩子举起双手展示自己强壮。

2. 游戏：“坐车”

幼儿按照性别分成两组，男孩一组，女孩一组，分组坐好，边听歌曲《开车歌》边做动作。

三、结束部分

教师：无论男孩女孩，都值得自己骄傲，大家一起说：“我是男孩（女孩），我爱自己！我也爱女孩（男孩）。”

活动延伸：

幼儿回到家里，辨别家里的其他成员是男还是女；说出遇到的邻居是男还是女。

评析：

本活动开始部分通过小客人做客的方式吸引幼儿的注意力，导入方式简单有效。活动过程紧扣活动目标，幼儿先判断自己是男孩还是女孩，区分男孩、女孩明显的外貌特征；再通过游戏的方式巩固，最后总结升华，激发幼儿对性别的兴趣。幼儿的自我意识在讨论、体验和感受的过程中得到提升。

二、幼儿人际交往教育活动的组织与实施

幼儿人际交往教育活动是指幼儿教师通过创造一定的情境和条件，引导幼儿学习某种人际交往技巧，形成良好行为习惯和社交能力的教育活动。人际交往不仅是影响幼儿社会性发展的重要因素，还是幼儿品德启蒙教育中的重要内容。幼儿阶段进行系统的人际交往教育，不仅有利于幼儿学习人际交往的技巧，还能帮助幼儿学习如何看待自己、对待他人，形成良好的人际关系。幼儿教师要为幼儿提供人际交往的条件和机会，促进幼儿人际关系和人际交往能力的发展。

（一）幼儿人际交往教育活动的组织要点

幼儿人际交往教育活动的内容、方法和形式都围绕人际关系展开，幼儿在活动中体会到互助合作、与人友好相处的好处。活动时，师幼之间、同伴之间、亲子之间以及幼儿与其他社会成员之间的有效互动，有助于幼儿逐渐学会与人友好相处，学会以积极的心态与人交往，并逐渐掌握与人交往的技巧，更好地适应未来的社会生活。

1. 创设人际交往的情境

在活动开始前，需要幼儿教师创设具体的教育情境。通过情境的创设，引导幼儿发现问题，并引发幼儿参与活动的兴趣，如播放音乐、装饰教室环境等，让幼儿在轻松、友好、快乐的交往氛围中主动参与活动，积极与人交往。

2. 呈现人际交往的技巧

人际交往教育活动的主要目标是帮助幼儿掌握一定的人际交往技巧。人际交往技巧属于社会知识，是需要幼儿教师为幼儿讲解介绍的。教师向幼儿介绍人际交往的技巧是幼儿学习人际交往的基础，可以采用以下两种方法为幼儿呈现人际交往的技巧。

第一，直接呈现法。直接呈现法是指幼儿教师通过展示、示范和直接教导的方

式，向幼儿呈现人际交往的技巧，如面带微笑、使用礼貌用语等。直接呈现法不仅可以向幼儿呈现人际交往的技巧，还能够让幼儿感受到人际交往的快乐，从而主动产生人际交往的意愿。

第二，间接呈现法。间接呈现法是指幼儿教师通过呈现一些反面的事例，组织幼儿讨论，从而引出正确的人际交往技巧。需要注意的是，间接呈现法呈现的反面事例最好是卡通人物形象，切忌使用本班幼儿的案例，避免对幼儿造成负面评价。

幼儿教师想引导幼儿学习与人协商的方法，可以先组织幼儿观看一个动画短片：小熊想玩小猴子的玩具车，趁小猴子不注意直接把玩具车拿过来玩。小猴子发现自己的玩具车在小熊手里，于是去找小熊要玩具车，两个小朋友发生了争执。然后组织幼儿讨论：动画片中哪些人物的行为是值得我们学习的？哪些是不值得我们学习的？如果我们遇到类似的情况该如何去做？引导幼儿总结出与人协商的方法。

3. 引导幼儿运用交往技巧

活动组织形式是指幼儿教师组织幼儿参与活动的形式，一般有集体活动、小组活动和个别活动三种形式。例如，在集体活动中，教师可以根据不同的情境组织幼儿进行行为练习，引导幼儿运用所学的交往技巧。此外，为了让幼儿养成礼貌待人的意识和行为习惯，教师可以充分利用入园和离园两个环节，让幼儿在真实的生活情境中进行练习，同时教师要给予幼儿个别的指导。

4. 总结人际交往的技巧

在活动结束部分，幼儿教师引导幼儿总结巩固人际交往的具体方法、使用场合、使用对象以及学习人际交往的益处。

（二）幼儿人际交往教育活动的实施注意事项

1. 善于利用日常生活环节开展人际交往教育

日常生活中充满了大量真实的、自然的同伴交往，如入园时打招呼、寻找游戏伙伴一起玩耍等。幼儿教师可以充分利用这些自然发生的情境，对幼儿进行随机教育和个别教育。例如，当幼儿找不到游戏伙伴时，教师可以鼓励他主动向伙伴发出邀请，并用语言示范“某某某，我可以和你一起玩吗？”

在生活中，幼儿教师要鼓励幼儿多结交新朋友，可以为幼儿创造交往的机会，例如开展“图书分享”活动，发动幼儿从家里带来心爱的图书，利用图书为幼儿提供交往的机会。活动中，幼儿不仅能学会分享，还能学会保护伙伴的心爱之物，运用交往技巧，体验交往的乐趣。愉快的交往可以提高幼儿的自信心，而自信心的增强又会引发更强的交往主动性，两者相互促进，形成良性循环。

2. 教师和家长在日常生活中为幼儿树立榜样

幼儿天生喜欢模仿。父母及老师是幼儿首先模仿的对象。在人际交往中，父母和老师首先要为幼儿示范如何与人交往，如何礼貌待人。如果父母想让自己的孩子能够主动和邻居、老师打招呼，那么作为父母见到邻居或老师首先要主动问候，而不是说孩子“你怎么不和阿姨（老师）打招呼啊”的同时自己却不主动问候。同时，生动、直观的典型案例易于感染幼儿，不仅能够起到示范的作用，还能激发他们向榜样学习的热情。幼儿教师可以树立不同的榜样，引导幼儿进行学习模仿，促进幼儿良好品德的形成和发展。例如，“某某某小朋友今天见到老师主动问好”“某某某小朋友看到同伴受伤时能够主动安慰好朋友”。

案例精选

小班活动《学做小客人》

活动目标：

知道礼貌做客的基本要求。

能在做客的活动中使用礼貌用语进行交往。

体验礼貌地做小客人的快乐。

活动准备：

与本班一个幼儿家庭联系有关做客事宜；操作卡片《学做小客人》。

活动过程：

一、开始部分

教师向幼儿介绍活动内容及简单要求。

教师：老师要带小朋友去××家做客，比一比看谁是最有礼貌的小客人。

二、基本部分

带幼儿到××小朋友家做客，在做客过程中学习礼貌用语和简单礼节。

（一）学习有礼貌地问候主人

到了主人家轻轻地敲门，见了主人礼貌地问候，学说“您好”。见了不同的人会使用合适的称谓。

（二）学习有礼貌地与人交往

1. 对于主人的招待，如请客人坐、请客人喝茶、请客人吃东西，客人都要有礼貌地说“谢谢”。

2. 在别人家不随便翻看、拿走别人的东西。

3. 在别人谈话时不随便插嘴，当别人提出问题时要大方地回答，说话时声音轻一些，不大声喧哗。

4. 与主人要友爱相处。

（三）学习有礼貌地与主人告别

临走时向主人说“××，再见”，还可客气地邀请别人去自己家做客。

三、结束部分

做客后进行小结，请幼儿看操作卡片，对幼儿在做客中的表现进行评价。

教师：小朋友在别人家做客时很有礼貌，会说“您好”“谢谢”“再见”，并且做到不随便翻拿别人的东西。以后到别人家去做客也要做到这些，做个有礼貌的小客人。

活动延伸：

要求家长利用节假日带领幼儿去亲戚家、朋友家做客，让幼儿继续练习做个有礼貌的小客人。

评析：

本活动中，幼儿教师为幼儿创设了去别人家里做客的真实情境，教师讲解礼貌做客的基本要求后，引导幼儿运用所学的交往技巧，从而实现能够礼貌做客的目标，有利于培养幼儿的良好行为习惯及与人交往的社交能力。活动结束部分教师通过请本班幼儿对活动中幼儿做客的表现进行评价的方式，引导幼儿总结人际交往的技巧。

三、幼儿社会规范教育活动的组织与实施

社会规范是一个较为宽泛的概念，主要包括基本道德规范、文明礼貌行为规范、公共场所行为规范、人际交往规范等。社会规范是确保群体中的每一位成员有序行动、和睦相处和愉悦发展的必要章程或指南，是社会成员应该共同遵守的行为准则和要求。

社会规范教育不仅有利于幼儿形成自我保护意识，保障自身的生命安全，也是幼儿成长和参与集体生活的需要。幼儿要想成为合格的社会成员，就必须学习这些社会规范。对社会规范的高度认同感和遵从意识是社会运行井然有序的基础和条件。

（一）幼儿社会规范教育活动的组织要点

1. 创设情境，激发兴趣

活动开始前，幼儿教师需要为幼儿创设体验社会规范的情境，激发幼儿参与活动的兴趣。例如，在教室创设公共交通的环境等。

2. 组织讨论，引发思考

活动开始部分，幼儿教师可通过图片、动画的方式呈现遵守社会规范和不遵守社会规范的行为，通过问题引发幼儿的思考和讨论。引导语：你看到了什么？图片讲的是什么事情？为什么会这样？

3. 讲解规范，明确认知

社会规范认知的内容需要幼儿教师为幼儿讲解并示范，帮助幼儿去认识规范。

一是公共卫生规则，如不乱扔垃圾、不随地吐痰、不随地大小便、不大声喧哗吵闹等。

二是公共交通规则，如红灯停绿灯行、不闯红灯、过马路时走人行横道、不在马路上嬉戏打闹，乘坐公共交通工具时先下后上，给老人、孕妇和残疾人让座等。

三是保护和爱惜公共财产的规则，如爱护公物、爱护花草树木、在动物园不投喂动物、了解垃圾分类等。

四是幼儿园日常生活规则，如知道饭前便后要洗手、上下楼梯要靠右、不能嬉戏打闹，排队等待、轮流进行，学习集体服务规则等。

4. 实践体验，反复练习

在集体活动中，幼儿教师可以根据不同的情境组织幼儿进行行为练习，引导练习社会规范。幼儿只有在反复练习中才能掌握有关社会规范的行为，养成遵守社会规范的习惯。

（二）幼儿社会规范教育活动的实施注意事项

1. 创设社会环境，注重实践体验

社会规范教育会涉及社会认知、社会情感和社会行为三方面内容。幼儿教师要处理好三方面的关系，认识到社会情感体验和社会行为养成的重要性。幼儿教师要充分认识幼儿的主体地位，借助直观手段，模拟社会情境，营造宽松和谐的氛围，让幼儿在真实的情境中，在充分观察的基础上，在主动建构和直接体验中形成社会规范意识和道德价值观。

2. 根据年龄特点，开展适宜活动

一般来说，小班、中班以情感体验为主，辅以行为技能训练及习惯养成；大班则以行为体验和行为习惯养成为主。

3. 通过日常活动，巩固社会规范

社会规范是幼儿参与社会生活的需要。除了通过专门的社会规范教育活动，幼儿教师可以充分利用日常生活的真实情境，让幼儿巩固学习到的社会规范和行为准则，并逐步养成良好的品德。例如，接水的时候要排队、值日生要负责搞值日等。

4. 争取家长配合，践行社会规范

社会规范教育与真实的社会生活紧密联系。家长是和幼儿共同生活的主要成员，家长不仅可以在物质和社会认知经验上给予支持和配合，还可以带领幼儿进行社会规范的参观和体验。例如，靠右行驶、过马路走斑马线等。

案例精选

中班活动《遵守交通规则》

活动目标：

初步懂得排队上车、走人行横道、看红绿灯通行等基本的交通规则。

能在活动中遵守基本的交通规则。

活动准备：

在活动室地面或操场画好十字路口、人行横道，中间竖起红绿灯；扮演司机、交警、乘客（如老人、抱小孩的妇女等）的服装或头饰，公共汽车站标志，公共汽车和卡车的方向盘或车头（自制）。

活动过程：

一、创设公共交通情境

教师创设公共交通情境，让幼儿体验不遵守交通规则，公共交通秩序会很乱，行人、车辆会出事故，大家的安全就没有保障

1. 引发幼儿游戏的兴趣，按幼儿人数和意愿分组。

（1）公共汽车组，司机1名，乘务员1名。公共汽车按规定的路线行驶，到汽车站载乘客。

（2）行人组10—14人，其中有老人、抱小孩的妇女等，行人要按照规定线路穿过马路，到汽车站上车。

（3）卡车组，司机1名，装卸工3名。卡车按规定线路行驶运货。

（4）信号组1人，主要负责用手工变化红、黄、绿信号，维护交通（如信号可以自动变化，可不用人工)。

（5）事故登记组2—3人，教师可以游戏者的身份在这组观察、记录马路上发

生的各种违章事故（如撞车、撞行人、闯红灯、乱过马路、上车拥挤等），提醒幼儿出了事故要报告。

2. 幼儿找到各自用品及位置后，开始游戏。时间可在7-8分钟内，让幼儿切实体验这种活动。

二、集中讨论

1. 刚才都出现了哪些事故？教师在幼儿发言后，公布小组记录的各种事故。

2. 为什么会出现这么多的事故？（没有遵守交通规则）

3. 要遵守哪些交通规则才能不出事故？（行人看信号走人行横道，排队上车）

三、明确交通规则后重新游戏

1. 各种车辆都遵守信号，红灯停、绿灯行。

2. 所有行人过马路都看信号走人行横道。

3. 公共汽车站大家都排队上车，给老人让座位等。

4. 教师扮演交警指挥交通。

四、教师小结

教师：只有遵守交通规则，每个人才能安全有序地到达目的地。

评析：

本活动中，幼儿教师为幼儿创设了进行游戏体验的公共交通的情境，充分考虑了幼儿的兴趣和需要以及社会规范教育活动的特点。体验、讨论、再体验的形式能够体现幼儿在活动中的主体地位。

四、爱国主义教育活动的组织与实施

爱国主义教育要贯穿于育人的全过程。幼儿阶段进行爱国主义教育具有十分重要的现实意义。

（一）爱国主义教育活动的组织要点

1. 营造爱国主义教育氛围

良好的园所环境每时每刻都在对幼儿起着潜移默化的影响。开展爱国主义教育，幼儿教师首先要利用园所资源，创设爱国主义教育环境，营造爱国主义教育氛围。例如，可开展爱国主义教育的主题环创，“首都北京”“可爱的家乡”“幅员辽阔的祖国”“我是中国人”“五十六个民族是一家”等。

2. 感知家国，萌发爱国主义情感

“国”的概念对于幼儿来说比较抽象。这就需要从点滴入手，挖掘可以利用的素材和资源。幼儿教师可以通过视频、故事等方式，让幼儿通过直观感知的形式认识家乡和祖国，从中萌发爱国主义情感。例如，观看天安门升旗仪式的视频，萌发做小旗手的愿望；观看阅兵式视频，萌发做一名小战士，长大保卫祖国的愿望。

3. 多种形式表达对祖国的热爱

热爱祖国的情感是崇高的道德情感之一。幼儿教师可以引导幼儿用多种形式表达对祖国和家乡的爱。例如，开展“我为祖国唱首歌”的活动，用歌唱的形式表达对祖国的爱；开展爱国诗歌朗诵的活动，用朗诵的形似表达对祖国的爱；开展“我心中的祖国”的绘画活动，用绘画的形式表达对祖国的爱。

（二）爱国主义教育活动的实施注意事项

1. 根据幼儿特点开展适宜活动

幼儿的思维以具体形象思维为主。幼儿教师根据幼儿认知规律和身心发展特点，通过体验和观摩等形式，可以促使幼儿萌发热爱集体、热爱家乡、热爱祖国的情感和态度。例如，对于小班幼儿来说家乡和祖国的概念很模糊，可以组织小班幼儿开展认识国旗、国徽、学唱国歌的活动；组织中大班幼儿了解党和国家领导人，在地图上认识祖国的首都北京，进一步了解国歌的创作背景和歌词的意义等。

2. 注重五大领域的渗透

爱国主义教育不仅要增强幼儿对家国的认识，能够为国家做一些力所能及的事情，更重要的是萌发爱国主义情感。五大领域中蕴含着丰富的爱国主义元素，如爱国英雄的故事、热爱祖国的歌曲、祖国壮美山河的画卷等。幼儿教师要充分挖掘和利用各领域课程中的爱国主义素材，激发幼儿对祖国的热爱之情。

3. 充分利用各种教育资源

为了激发幼儿爱国、爱党、爱家乡的情感，幼儿教师可以依托幼儿园周边的社会资源，组织参观活动，让孩子们了解祖国、家乡和幼儿园发展的历史和感人的故事，感受到祖国、家乡和幼儿园的发展变化，认识到现在美好生活的来之不易。

案例精选

大班活动《小小升旗手》

活动目标：

认识国旗，知道它是祖国的象征。

知道升旗时的礼仪，有爱护国旗的责任感。

有争做“小小升旗手”的积极愿望。

活动准备：

天安门国旗班的升旗仪式视频、国歌音频、国旗一面。

活动过程：

一、开始部分

教师出示国旗，进一步加深对国旗的认识，知道国旗是祖国的象征。

教师提问：我们中国的国旗是什么样子的？为什么是红色？

教师总结：中华人民共和国的国旗是五星红旗，旗面的红色象征革命，旗面上一大四小五颗黄色五角星象征中国共产党领导下的革命人民大团结。五星红旗是中华人民共和国的象征和标志。

二、基本部分

（一）观看天安门升国旗的视频，激发幼儿学做小小升旗手的愿望

教师播放视频，提问：这段视频里有谁？他们在干什么？国旗班的解放军叔叔是怎样升国旗的？你看升旗仪式时心情怎样？

教师总结：天安门的升旗仪式非常庄严，解放军叔叔整齐的步伐、标准的动作让人对国旗产生敬意。全国各地的人们甚至是外国人来到北京后都会到天安门观看升旗仪式，感受升旗的庄严氛围。

（二）讨论小小升旗手的行为准则

1．教师：每个星期一我们幼儿园都要举办升旗仪式，每个班级都会承担升旗的任务，那我们班升旗的时候也要像解放军叔叔一样认真、庄严地完成这个任务。

2. 幼儿讨论并梳理小小升旗手的行为准则，并用图画的方式记录下来。

准备时我们这样做：挺胸抬头、保持安静、不嬉笑打闹、四人一组手持国旗；

出旗时我们这样做：伴着出旗音乐踏步走，要和同伴步调一致走整齐；

升国旗时我们这样做：立正站好，面向国旗行注目礼，大声唱国歌，升旗手要伴着国歌的音乐匀速升旗，音乐结束国旗要升到最高处；

升旗结束后我们这样做：升旗手排好队回到班级。

（三）练习升旗，体验升旗的庄严氛围

1. 推荐小小升旗手，组织幼儿到操场列队，进行练习。

2. 小小升旗手学习手持国旗，随出旗音乐用整齐的步伐出旗。

3. 大家一起立正站好，面向国旗行注目礼，唱国歌升国旗。

三、结束部分

教师总结：国旗是祖国的象征，我们国家的国旗是五星红旗。我们每个中国人都要爱护国旗、尊敬国旗。

活动延伸：

把小小升旗手的照片贴到墙上，鼓励大家争做光荣的小小升旗手。

评析：

本活动通过直观的方式让幼儿感知升旗仪式的庄严与神圣，激发幼儿争做小小升旗手的愿望，产生爱护国旗的责任感。教师组织幼儿讨论升旗手的行为准则，并用图画的方式进行记录，符合幼儿的年龄特点，体现了活动中幼儿的主体地位。

五、中华优秀传统文化教育活动的组织与实施

中华优秀传统文化是中华民族的根和魂，是中华民族的精神命脉，是中华民族文化自信的根基。中华优秀传统文化教育是落实“立德树人”根本任务的重要途径。幼儿阶段对文化的吸收力、储存力极强。开展中华传统文化教育能够树立幼儿的归属

感、认同感、尊严感、荣誉感，激发幼儿内心深处的文化自信和民族自豪感。

（一）中华优秀传统文化教育活动的组织要点

1. 发挥不同活动形式的优势

集体教学活动是幼儿教师有目的、有计划地组织幼儿获得有益的学习经验的一种教育途径。集体教学活动的优点是针对性强、效率高，讨论、观看视频、集体讲解共性问题等都可以通过集体教学活动来实现。例如，端午节活动时，教师在大班集体教学活动中可以组织幼儿自由讨论“记忆中的端午节”，观看有关端午节的传说视频，集体讲解并示范如何包粽子等。

区域活动可以关注幼儿的个体差异，促进幼儿的社会交往，发挥幼儿的创造性。在区域活动中，幼儿可以根据自己的兴趣选择进入不同的区域进行活动。例如，在中班中秋节的活动中，有的幼儿可以进入美工区制作月饼，有的幼儿可以进入科学区研究月相图。

一日生活中的很多环节都可以进行传统文化的随机教育。例如，元旦前后开展“庆新年”活动，幼儿教师可以在活动间隙播放“喜气洋洋闹新春”的音乐，渲染热闹的节日气氛，让幼儿感受到浓浓的节日氛围；在晨间活动时，可以开展有关新年的谈话活动，激发幼儿参与活动的兴趣。

2. 创设环境，营造氛围

创设良好的环境是重要的教育途径之一。在中华优秀传统文化活动中，幼儿教师要充分利用环境的教育价值，鼓励幼儿参与环境创设，通过各种感官感受环境中有关传统文化的信息，积累传统文化的经验，提升幼儿对传统文化的整体认知。例如，“新年庙会”活动时，教师可以在主题墙以新年庙会的元素来布置，活动室的门窗、天花板、橱柜等位置也布置相关的新年装饰；教师可以在各个区域投放与新年庙会相关的材料、道具，供幼儿操作；教师还可以在走廊、楼梯等区域悬挂一些体现传统文化元素的吊饰，渲染浓郁的文化气氛。

3. 家园共育

除了幼儿园，家庭、社区乃至当地社会环境中都有开展优秀传统文化教育的资源。家长可以带领孩子参观当地的博物馆，了解与传统节日相关的历史资源，或是参加社区定期举办的一些节日活动，丰富孩子的日常生活。

一方面，在家庭中获得的传统文化的经验能够在幼儿园的学习过程中得到运用、扩展和提升。如端午节期间，家长可以与幼儿合作完成节日调查表，鼓励幼儿将已有经验用文字或图画的形式表达出来；对于传统节日未知的部分可以选择不同的方式做调查，鼓励幼儿也用图画的形式记录在调查表上。

另一方面，幼儿在幼儿园获得的传统节日经验能够在家庭中得到延续、巩固和发展。这样的家园共育活动可以作为节日活动的预热，增加幼儿对传统节日的认知，帮助幼儿更好地融入后期的幼儿园生活，也可以促进幼儿教师与家长的沟通与交流。

（二）中华优秀传统文化教育活动的实施注意事项

1. 贴近幼儿的生活经验

中华优秀传统文化活动内容的选择要基于幼儿的生活。幼儿教师可以充分利用当地的传统节日、文化或技艺等资源，选取贴近幼儿生活的内容组织活动，深入挖掘其内容，并适当增设难度，使幼儿在已有的生活经验基础上进行交流，并拓展未知的相关经验。例如，中秋节活动从赏月、吃月饼的习俗到嫦娥奔月的传说，都离不开月亮，而月亮是幼儿生活中常见的事物，幼儿对月亮存在一定的认知经验。教师可以围绕月亮设计一系列的中秋节活动，从幼儿对月亮的已有经验出发，循序渐进，帮助幼儿不断积累和深化对中秋节的认识。

2. 满足幼儿的兴趣需要

中华优秀传统文化活动内容的选择要满足幼儿的兴趣需要。幼儿教师要在生活中仔细地观察、捕捉和分析幼儿的兴趣点，并依据其发展目标进行灵活调整。幼儿的思维以具体形象思维为主，决定了幼儿的学习方式是“直接感知、亲身体验和实际操作”。在大班端午节活动中，教师发现幼儿对龙舟表现出浓厚的兴趣，于是组织幼儿开展了“龙舟制作”活动，幼儿发挥想象力和创造力，用条幅、积木和纸制作了各种龙舟，并且组织了“赛龙舟”活动。这样的活动不仅帮助幼儿了解了端午赛龙舟的习俗，还体会到了团结的力量。

图 7–1　孩子们在制作龙舟

拓展阅读

传统文化润童年，多彩民俗迎端午

【实践园地】

请根据本项目任务一“实践园地”中设计的活动方案，总结经验与不足，撰写改进的具体措施。

任务三　幼儿品德启蒙教育活动的评价与指导

【任务要求】

理解幼儿品德启蒙教育活动评价的含义和原则；能够对幼儿品德启蒙教育活动

进行评价与指导。

【任务引例】

小张老师是刚入职一年的幼儿园教师。最近她所在的幼儿园计划开展有关幼儿品德启蒙教育的观摩活动。观摩活动中，一位幼儿教师组织了小班《坐姿礼仪》的集体活动。该活动的目标是：幼儿知道正确的坐姿对身体发育的重要性，幼儿愿意学习正确的坐姿，幼儿能够学会并保持正确的坐姿。

你如何评价上述活动的活动目标？又该如何对一个完整的幼儿品德启蒙教育活动进行评价呢？

【主要内容】

教育评价是幼儿园教育工作的重要组成部分，是了解教育的适宜性、有效性，调整和改进工作，促进幼儿发展，提高保教质量的必要手段。幼儿品德启蒙教育活动评价与指导是指以幼儿品德启蒙教育活动为对象，根据一定的标准，采用可行的评价技术和方法，对幼儿品德启蒙教育活动的过程及效果进行评价与判断，并进行指导的过程。

一、幼儿品德启蒙教育活动评价的原则

对幼儿品德启蒙教育活动进行评价时应遵循以下三个原则：

（一）目的性原则

目的性原则是指在进行幼儿品德启蒙教育活动评价时，必须有明确的目的。评价的目的既包括促进幼儿的发展，也包括提高幼儿教师的专业水平，要坚决避免为应付上级部门检查、撰写总结报告而进行评价。

（二）客观性原则

客观性原则是指在进行幼儿品德启蒙教育活动评价时，采取实事求是的科学态度，依据客观标准评价幼儿教师和幼儿。遵循客观性原则应注意以下两点：

第一，评价标准要具有统一性。应根据评价内容，使用统一的评价标准对所有评价对象作出评价。同一个评价中，对不同的评价对象使用不同的评价标准，或对评价标准进行改动都是不合理的。

第二，对幼儿的评价要科学。评价应自然地伴随着整个教育过程进行，综合采用观察、谈话、角色表演等多种方法进行，要根据搜集到的评价信息对幼儿进行价值判断，不能凭主观印象或个人情感做出评价。

（三）整体性原则

整体性原则是指在进行幼儿品德启蒙教育活动评价时，要从整体性方面进行评价。幼儿品德启蒙教育的内容具有综合性的特点，虽然各方面具有相对独立性，但又不是孤立存在的。从整体上对幼儿品德启蒙教育进行评价，才能全面考察幼儿品德启蒙教育的质量和幼儿品德发展的情况。

二、幼儿品德启蒙教育活动评价与指导

幼儿品德启蒙教育活动质量的高低，是幼儿品德启蒙教育目标能否实现的关键。教育活动的设计从目标制订到教育内容的选择，从过程的设计到计划的实施，其教育效果如何、是否达到预期目标、是否促进幼儿发展等，都是进行客观评价需要考虑的问题。幼儿品德启蒙教育活动评价主要围绕活动目标、活动内容、活动准备、活动方法、活动过程及活动延伸六个方面展开。

（一）活动目标评价

活动目标是教育活动的出发点和归宿，是幼儿在品德启蒙教育活动中能否获得发展的关键要素。对品德启蒙教育活动的目标进行评价，可从以下几个方面进行：

1. 全面性

全面性是指在设计和制定目标时，一般应尽量地从认知、情感态度、技能等三个维度去思考。这三个方面的目标设计能促使教师分别从“幼儿学会了什么”（认知目标）、“幼儿能学什么”（技能目标）和“幼儿学得有没有兴趣”（情感态度目标）等问题进行思考。在一个教育活动中，目标要有侧重点，但不可能面面俱到。从三个方面出发是幼儿品德启蒙教育活动目标思考和制定的前提，但不能绝对地、简单地以三个方面作为目标制定的模式。需要注意的是，情感态度目标和技能目标不是靠一次活动就能达成的，需要多次体验、练习、强化才能形成。

2. 针对性

针对性是指目标的制定必须是有针对性的，而不是空泛、笼统的。教育活动目标是教育活动效果检验的依据之一。幼儿品德启蒙教有活动的目标应该是具体的、可操作的、可观察的、可评价的。活动目标制定得越具体、越有操作性，说明幼儿教师对活动的认识越全面，对幼儿的发展水平了解越清晰，也越有利于达成幼儿品德启蒙教育活动的效果。在评价幼儿品德启蒙教育活动的目标时，还要看目标是否落实在活动内容和活动过程中，是否确定了活动的重难点。

3. 适宜性

适宜性是指所制定的活动目标是否与特定年龄段幼儿的发展特点相一致，是否有利于促进幼儿的品德发展。幼儿品德启蒙教育活动的目标要在品德启蒙教育总目标、分层次目标和年龄段目标的基础上确定，要适合该年龄段幼儿的品德发展水平和特点，符合幼儿的实际情况，能够体现在儿童“最近发展区”之上。

（二）活动内容评价

幼儿教师分析、判定主题中涵盖的幼儿品德启蒙教育内容后，应根据幼儿的发展水平、已有经验和兴趣需要，进一步选择和确定幼儿品德启蒙教育活动的内容。在实施活动的过程中，幼儿教师可以根据幼儿的兴趣和需要生成预设之外的内容。评价幼儿品德启蒙教育活动的内容时，评价者应当主要考虑幼儿教师所选择的教育内容是否符合幼儿品德发展的实际情况，是否能够达成幼儿品德启蒙教育活动的目标，可从以下几个方面进行：

1. 一致性

一方面所选的幼儿品德启蒙教育内容和目标的一致程度将直接影响目标的实现，另一方面活动内容多少也会影响活动目标的实现。评价者要评价幼儿品德启蒙教育活动内容是否能最大限度地覆盖活动的目标，活动内容的多少是否最有利于目标的实现。

2. 适宜性

幼儿品德启蒙教育活动的内容是根据幼儿品德启蒙教育的目标确定的，是粗浅的、启蒙的、具体形象的内容。幼儿品德启蒙教育内容的选择，既要符合幼儿的兴趣和需要，又要贴近幼儿的生活，符合幼儿的年龄特点。例如，在小班主题活动“我爱妈妈”中，幼儿教师组织了一次“我是妈妈的小助手”的活动，引导幼儿通过帮妈妈做力所能及的事情，表达对妈妈的爱。显然，这样的活动内容符合小班幼儿的年龄特点。

3. 关联性

幼儿品德启蒙教育活动要根据不同的地域和文化来选择活动内容，与幼儿的经验相关联，反映幼儿的现实生活。

（三）活动准备评价

幼儿品德启蒙教育活动准备评价主要包括物质准备和经验准备两个方面。

评价物质准备，主要评价幼儿教师对教具、材料及环境的准备。例如，教具、材料的材质和颜色等是否符合安全要求，教具、材料的种类是否丰富，教具、材料的数量是否充足等；是否创设了宽松、和谐、安全、自由的心理环境；是否在时间上和空间上保证了幼儿自主活动。

评价经验准备，主要评价幼儿关于本次品德启蒙教育活动的已有经验水平及其丰富程度。例如，在开展活动之前，幼儿教师是否了解幼儿已有的经验水平，包括了解幼儿是否有过这样的经验、达到什么样的程度、还有哪些需要提高的地方等。

课堂讨论

对幼儿品德启蒙教育活动进行评价时，是否有必要对活动准备进行评价？

（四）活动方法评价

评价活动方法，主要包括是否符合幼儿的年龄特点、是否体现幼儿的主体性、是否因材施教等。幼儿具体形象的思维特点决定了幼儿品德启蒙教育活动应多采用直观、形象、生动的教育方法。例如，中班活动“遵守交通规则”中采用了实践练习法，幼儿不仅知道了应该如何遵守交通规则，还在亲身体验中做到遵守交通规则，从而逐渐养成行为规范。

（五）活动过程评价

品德启蒙教育活动过程最能体现幼儿教师的教育能力和活动质量，是幼儿品德启蒙教育活动评价最重要的内容。一名优秀的幼儿教师应能够合理规划时间、安排活动进程，充分利用各种资源和手段，调动幼儿参与活动的积极性，从而促进幼儿品德的发展。

评价活动过程主要包括活动思路是否清晰，活动结构是否合理、层层递进，活动环节间的衔接是否流畅、自然，活动中是否充分体现师幼互动，活动中是否充分考虑到幼儿的个体差异，教师在活动中所表现出的教育智慧是怎样的，是否灵活地处理活动中的意外情况等。

幼儿品德启蒙教育活动的实施过程主要包括开始部分、基本部分、结束部分三个环节。不同的环节在活动实施过程中的作用不同，因此评价的要点也不相同。

开始部分主要评价幼儿教师的导入方式是否能够引起幼儿的兴趣，集中幼儿的注意力。

基本部分是活动的主要过程，决定了活动目标是否能够达成。主要评价活动环节的层次性、流畅性和衔接性，评价幼儿参与活动的情况，师幼互动和幼幼互动是否充分适宜，教师的指导策略是否具有针对性，教师是否能够自我监控和调节等。

结束部分主要评价幼儿教师是否有意识在活动结束前进行总结归纳，组织幼儿展示、交流和评价的方式和效果等。

（六）活动延伸评价

延伸部分主要评价幼儿教师在活动结束后是否有意识对活动进行延伸，延伸的方法使用是否得当、可操作，是否起到了拓展的作用。

【实践园地】

请到幼儿园观摩一次幼儿品德启蒙教育活动，填写观摩记录表，并对该活动进行评价（记录表、评价表样表附后）。

表7-2　幼儿品德启蒙教育活动观摩记录表

班级__________　姓名__________　学号__________

幼儿年龄		观摩时间	
活动名称			
活动目标			
活动准备			
活动过程	教师活动		幼儿活动
活动延伸			
活动评价			

表7–3 幼儿品德启蒙教育活动评价表

班级________　姓名________　学号________

幼儿园		活动适合年龄段	
活动名称			
评价内容	评价标准	权重	得分
活动目标	具体明确，适合幼儿的当前水平	10	
	符合幼儿的兴趣和需求		
活动内容	贴近幼儿的生活，选择幼儿感兴趣的事物和问题，有助于拓展幼儿经验和视野	10	
	适合幼儿的当前水平，又有一定的挑战性		
活动方法及手段	方法灵活，能调动幼儿学习的积极性和主动性，能关注幼儿的兴趣并适时调整，能对幼儿进行适当的启发引导	10	
	善于创设恰当的情境，有利于幼儿情感、态度、能力的培养		
	恰当运用教具、材料和多媒体手段进行辅助教学		
	集体、小组、个体活动有机的结合		

（续表）

幼儿园		活动适合年龄段	
活动过程	活动环节安排合理，内容衔接自然	35	
	师幼互动、幼幼互动积极、融洽，应变能力强		
	关注不同幼儿的表现和反应，给予适宜的引导和帮助		
	评价具有激励作用，重视过程性、发展性和差异性，能体现面向全体、因材施教		
教师素质	语言表达准确、流畅、规范，使用普通话，仪态举止自然、端庄、大方	10	
活动效果	活动气氛活跃，幼儿积极主动的参与学习的全过程，并在学法上有所收获	15	
	大多数幼儿能在活动中愉快地构建知识，并能简单地应用		
评价人		总分	

项目总结

幼儿品德启蒙教育活动的设计是幼儿教师为促进幼儿品德启蒙而有目的、有计划开展的一项创造性工作。幼儿品德启蒙教育主要包括自我意识、人际交往、社会规范、爱国主义和中华优秀传统文化教育等内容。通过本项目的学习，明确幼儿品德启蒙教育活动设计的含义，能够根据幼儿品德启蒙教育活动设计的原则和基本步骤，设计并实施幼儿品德启蒙教育活动；了解幼儿品德启蒙教育评价的含义和原则，能够应用幼儿品德启蒙教育活动评价的知识对幼儿品德启蒙教育活动进行评价与指导。

思考练习

一、单选题

1.（　　）是指我们直接告诉幼儿具体要做什么、怎样做，而不是告诉他不要做什么、不应该做什么。

A. 目标性原则　　B. 渗透性原则　　C. 正面教育原则　　D. 全面性原则

2. 教师带领幼儿开展“文明乘车”的活动，帮助幼儿学习如何做一名文明小乘客，体现了幼儿品德启蒙教育的（　　）。

A. 目标性原则　　B. 渗透性原则　　C. 全面性原则　　D. 实践性原则

3. 关于幼儿品德启蒙活动内容评价表述不正确的一项是（　　）。

A. 活动内容可以与活动目标不一致　　B. 活动内容与幼儿年龄相适宜

C. 活动内容与幼儿的生活相关联　　D. 活动内容科学准确

二、问答题

1. 幼儿品德启蒙教育活动的设计步骤有哪些？

2. 爱国主义教育活动的组织要点有哪些？

3. 幼儿教师可以设置哪些活动促进幼儿对中华优秀传统文化的认识？

下篇

幼儿园品德启蒙教育实践

项目八　幼儿教师职业道德实践

实践导图

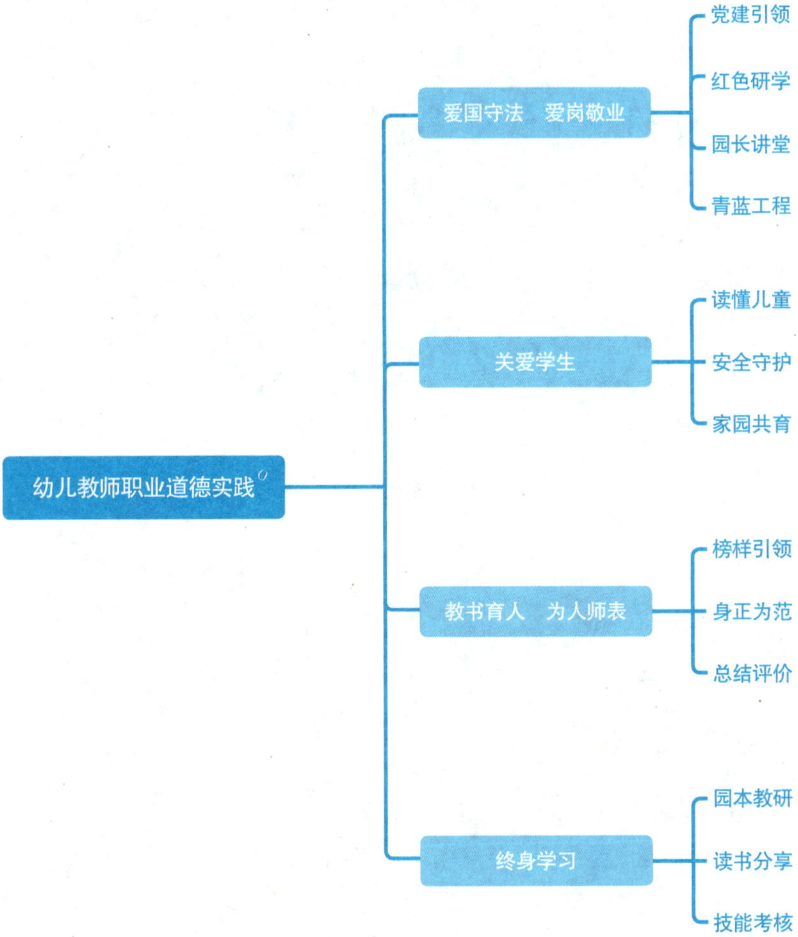

实践一　爱国守法　爱岗敬业

【实践目的】

作为新时代的幼儿教师，爱国守法、爱岗敬业是幼儿教师职业的基本底色。本主题活动旨在通过学习有关教育的政策法规和重要论述，开展红色研学、阅读观影、青蓝工程等活动，使全体幼儿教师坚定"为党育人，为国育才"的信念，牢记立德树人根本任务，培养德智体美劳全面发展的社会主义建设者和接班人。

实践活动一　党建引领——拍摄《唱支赞歌给党听》MV

一、活动时间

七一前夕

二、活动地点

幼儿园

三、参加人员

全体教工

四、活动内容

（一）活动准备

1. 幼儿园书记和支部委员组成策划团队，讨论、确定拍摄方案。

2. 组建教师、幼儿合唱团和教师舞蹈队。

3. 将教师、幼儿合唱录音和过渡音乐合成《唱支赞歌给党听》MV音频。

4. 摄制组与负责人沟通方案，准备无人机等摄像设备。

5. 定制长15米，宽10米的党旗一面。

（二）活动实施

1. 拍摄幼儿园的园貌，展示园所文化内涵和环境特色。

2. 拍摄全体教师组织游戏、展示才艺、教学研讨的镜头，展现新时代教师朝气蓬勃的精神风貌。

3. 拍摄幼儿园最具特色的幼儿活动，如长卷绘画、篮球小将、小合唱、阅读、自主游戏等，充分体现丰富多彩的幼儿一日生活和园所的教育理念。

4. 邀请退休老园长、老党员，讲述过去艰苦奋斗的工作经历，拍摄他们曾经获得的奖章和证书，激励青年教师坚守教育初心，做新时代的好教师。

5. 无人机俯拍党旗从教师队列上方移动的镜头，摄影师拍摄教师双手上举抚触党旗的特写镜头。

6. 幼儿园策划团队与摄制团队沟通MV视频初稿，修改完善，确定终稿。

7. “七一”建党节，幼儿园公众号、视频号同时推送《唱支赞歌给党听》MV。

图 8–1　拍摄教师舞蹈

五、活动拓展

（一）创建党员活动室

将入党誓词、党员权利和义务、党务公开等内容合理布置在墙面上；设置党员风采、党务学习专栏；创设红色读书角，投放与党建有关的书籍、报刊，使党员活动室成为全体党员、教师的学习阵地；精选红色研学、三会一课等支部活动的照片，布置在园所公共区域，营造浓厚的爱党、爱国氛围。

（二）党员亮牌上岗

将“党员示范岗”标志牌放在党员工作区域的显著位置，树立党员良好形象，做群众的表率，充分发挥党支部战斗堡垒和党员先锋模范作用；建立党员干部包班制，从教师专业成长、班级常规管理、家园沟通等方面给予一线教师全方位指导。

（三）支部书记讲党课

支部书记组织青年教师开展专题讲座，如党的历史及理论知识、党章及党内规章制度、党的基层组织工作条例等内容，引导青年教师端正入党动机，坚定理想信念，提高政治素养，推进自我革新，争做时代先锋，以实际行动不断向党组织靠拢。

（四）红色观影

组织观看红色影片，如《青春之歌》《烈火中永生》《上甘岭》《建党伟业》《长津湖》等，激发教师对祖国的热爱，对英雄的崇敬，教育引导青年教师学史明理、学史增信、学史崇德、学史力行。

【参考资料】

《唱支赞歌给党听》MV

实践活动二　红色研学——走进西柏坡

一、活动时间

重大节日前后

二、活动地点

西柏坡纪念馆

三、参加人员

全体党员、入党积极分子、部分青年教师

四、活动内容

（一）活动准备

1. 支部书记召开支委会议，确定红色研学方案。

2. 宣传委员联系外出车辆。

3. 幼儿园与研学基地负责人确定到达时间、场馆讲解等事宜。

（二）活动实施

1. 支部书记带领研学教师赴西柏坡纪念馆，听讲解员系统介绍，解放战争时期中共中央在西柏坡召开全国土地会议、组织指挥三大战役、召开七届二中全会等重大历史事件。

2. 参观西柏坡中共中央旧址。在讲解员带领下，参观毛泽东、朱德、刘少奇、周恩来、任弼时五大书记旧居和七届二中全会、九月会议及军委作战室等13处旧址，感受以毛泽东为代表的老一辈无产阶级革命家在西柏坡战斗、生活的丰厚历史记忆。

3. 全体党员在七届二中全会旧址前，重温入党誓词，时刻铭记党员的责任义务。

4. 组织研学教师开展红色歌曲联唱活动，将红色精神厚植教师的内心，弘扬优良传统，不负育人使命。

图 8–2　重温入党誓词

五、活动拓展

（一）红色故事会

青年教师录制红色故事音视频，推送至幼儿园视频号和微信公众号；党员及青年教师为幼儿讲述红色故事，如《鸡毛信》《小英雄王二小》《闪闪的红星》《小萝卜头》等，和孩子们一起追忆峥嵘岁月里的少年英雄，学习他们在烽火硝烟中的智慧与勇气。

（二）红色主题演讲

组织青年教师进行红色主题演讲，结合工作经历，以凝练的语言、真挚的情感和鲜活的育人案例，表达对党和国家的忠诚，抒发对教育事业的热爱之情。

（三）研学心得交流会

青年教师总结研学收获，撰写和交流研学心得，坚定发扬革命传统、传承红色基因的信念。

【参考资料】

讲红色经典故事　　听英雄少年故事

实践活动三　园长讲堂——开园第一课

一、活动时间

新学期伊始

二、活动地点

幼儿园多功能厅

三、参加人员

全体教职工

四、活动内容

（一）活动准备

1. 教师假期中自学《幼儿园保育教育质量评估指南》。

2. 幼儿园准备纸质版文件，教师人手一份。

3. 园长准备授课课件。

（二）活动实施

1. 课前游戏。组织一两个团建游戏，集中教师精力，烘托培训氛围，开启“开园第一课”的学习。

2. 园长和部分教师分享自己印象深刻、感人的教育故事。

3. 园长介绍《幼儿园保育教育质量评估指南》颁布的背景和意义，为幼儿园的高质量发展指明了方向，使全体教师认识到随着社会的高速发展，学前教育取得了跨越式发展和历史性成就，“有园上”已经基本得到满足，“上好园”成为新的需求，“普及普惠、安全优质”成为工作的新要求。

4. 园长对《幼儿园保育教育质量评估指南》内容进行全面解读，再结合本园教师实际工作情况进行重点解读，引导教师关注办园方向中的“品德启蒙”“五育并举”“五爱并重”，在保育教育的过程中做到“儿童为本”、符合幼儿身心发展的特点和规律、聚焦幼儿发展等。

5. 小组讨论：教师分成若干小组，根据《幼儿园保育教育质量评估指南》精神，对照本岗位工作进行分享交流。

6. 园长总结，要求教师在今后的工作中坚守幼儿立场，遵循幼儿发展规律，努力走进幼儿的世界；激励教师以积极向上和精神饱满的工作状态，开启新学期的工作。

五、活动拓展

（一）课后测试

将《幼儿园保育教育质量评估指南》中的一些关键知识点，以简答题和选择题的形式，进行随堂测试。针对教师认识模糊或者回答错误的问题，在园本教研中陆续进行微专题的研讨、解答或再次学习，让教师更深入地领会文件的内涵。

（二）学习教育事迹

学习优秀教师（如张桂梅、于漪、魏书生等）的事迹，朗读他们的事迹文章，撰写学习笔记，感受他们献身教育、甘为人梯的崇高境界，学习他们在平凡的岗位上默默坚守、无私奉献的精神。号召大家以优秀教师为榜样，把对国家、对人民的热爱，落实到幼教工作中，做到爱岗敬业、以德立教，让自己成为孩子人生中第一个引路人，为孩子扣好人生第一粒扣子。

（三）教育观影

推荐教师观看国内教育电影《草房子》《凤凰琴》《一个都不能少》《春风化雨》《可爱的你》，国外教育电影《奇迹男孩》《放牛班的春天》《生命因你动听》《地球上的星星》等影片，让教师从这些优秀的影视作品中汲取奋斗的力量，坚定教书育人的初心。

（四）教育采访

在离退休教工、家长、社区中寻找在教育工作中做出突出贡献的教师，作为学习的榜样并进行深度教育采访，以一名老教师带一名新教师的形式，与榜样教师进行面对面的学习与交流，整理采访文稿，组织全园教师学习。

【参考资料】

幼儿教师《幼儿园保育教育质量评估指南》知识测试卷

一、选择题

1.《幼儿园保育教育质量评估指南》颁布于哪一年？（　　）

A. 2022年　　B. 2021年　　C. 2012年　　D. 2020年

2.《幼儿园保育教育质量评估指南》的基本原则要求有（　　）。

A. 教师为本　　B. 保教为本　　C. 儿童为本　　D. 家长为本

3. 以下哪一个不是评估的内容？（　　）

A. 办园方向　　B. 保育教育　　C. 保育与安全　　D. 教育过程

4. 聚焦班级观察应不少于多长时间？（　　）

A. 1天　　B. 2天　　C. 0.5天　　D. 1.5天

5. 环境创设中的“玩具材料”关键指标中要求，幼儿园配备的图画书的每班复本量不超过多少本？（　　）

A. 10　　B. 5　　C. 3　　D. 1

二、问答题

1.《幼儿园保育教育质量评估指南》的基本原则是什么？

2. “坚持科学评估”基本原则中，应该扭转的三种评估倾向是什么？

3. 评估内容有几个方面？共多少项关键指标和多少个考查要点？

4. “五育”指的是什么？“五爱”指的是什么？

5. 幼儿园保育教育质量有哪三种评估方式？

实践活动四 青蓝工程——青年教师培养

一、活动时间

自定

二、活动地点

幼儿园

三、参加人员

“青蓝结对”的若干组教师、教学负责人、幼儿园领导

四、活动内容

（一）活动准备

1. 根据徒弟（青方、青年教师）的现有能力和水平，为其安排师傅（蓝方、指导教师），建立师徒关系。

2. 园领导和师傅、徒弟代表做发言准备。

3. 徒弟准备一件手工作品或者一项才艺表演作为送给师傅的礼物。

（二）活动实施

1. 主持人介绍“青蓝工程”活动的目的及意义。

2. 主持人宣读师徒结对名单。

3. 师傅和徒弟代表分别上台进行表态发言。

4. 徒弟向师傅致敬、送礼物，表达自己努力学习、不断提升专业能力的决心。

5. 教学负责人宣布“青蓝工程”的具体实施方案。

6. 园长致辞，鼓励师徒双方在“青蓝工程”中共同成长和提高。

7. 合影留念。

五、活动拓展

（一）撰写“入职规划”

“蓝方”针对“青方”教师当前的专业能力和水平、学历和职称现状，帮助其分析目前发展的优势和劣势，制定短期和长期规划，确立三年发展的目标。

（二）特长培养

对“青方”进行专业技能摸底，发现青年教师在某一方面的特长。“蓝方”创造条件和机会，帮助“青方”提升能力，发展特长，让其在团队中找到自己努力和发展的方向，获得成长的信心和动力。

（三）多项技能展示

在园内进行半日活动、教师基本功、优质教育活动展示，推荐青年教师参加区、市教师比赛，为其提供锻炼、展示的平台，挖掘青年教师的潜能，激励其迅速成长。

（四）多维培训学习

幼儿园组织“走出去、请进来”活动，搭建学习平台，让青年教师先到本区县的优质园所学习，再到其他区县以及省内外的先进幼儿园进行学习；请国内、省内的知名教授和园长、名师到幼儿园，进行实地诊断和专题讲座；向教师推荐优秀的公众号、公益讲座，多渠道学习；鼓励园内各岗位管理者、省市级骨干教师主动承担专题培训，零距离为青年教师的专业成长助力。

【参考资料】

某幼儿园“青蓝工程”实施方案

为了盘活优质教师资源，充分发挥幼儿园骨干教师的传、帮、带积极作用，促进青年教师快速、健康成长，推动幼儿园保育教育质量进一步提高，幼儿园实施“以老带新，以新促老，教学相长，共同提高”的“青蓝工程”，为确保此项活动落到实处并取得实效，特制定本方案。

一、目的和意义

新时代背景下，随着社会的高速发展，学前教育取得了跨越式发展和历史性成就，“有园上”已经基本得到满足，“上好园”成为新的需求。“好”幼儿园的关键在于有一大批“好”教师，幼儿园必须重视教师队伍建设，加速教师专业化发展，构建一支师德高尚、儿童为本、业务精湛、结构合理的高素质教师队伍。实施“青蓝工程”，要做到期初有计划、期中有落实、期末有成果，使青年教师半年入门、一年熟练、三年成为骨干力量，从而快速提升青年教师专业素养，形成幼儿园骨干教师梯队，为幼儿园的可持续发展奠定基础。

二、内容和形式

1．聘请幼儿园内经验丰富的老师担任青年教师的指导老师（蓝方、师傅），通过一日活动、集体教学、区域游戏及家园共育等方面的传、帮、带，将教学技能、技巧传授给青年教师（青方、徒弟），使其业务水平、教学能力得到提高，尽快成为合格教师、骨干教师。

2. 采用“一带一”“手把手”的活动形式，通过半日活动观摩、优秀课展示、学习成果汇报等各类活动，提升师傅的指导能力和徒弟的专业技能与素养。本活动聘期为一年，可以酌情顺延。

3. 青蓝双方在一年后各自总结成果，撰写“我的指导故事”“我的学习故事”，评选优秀师徒进行表彰。

三、措施与要求

1．青年教师应按照幼儿园教学工作的安排和要求，认真跟班观摩，精心设计教学活动，虚心向师傅请教。

2. 青年教师要积极观摩师傅在一日生活、环境创设、游戏指导、家长工作等方面的做法，主动邀请师傅对自己的日常带班、教学活动、教案、教育笔记等进行指导。师徒之间每周相互听课不少于2节，每学期听课不少于20次，青年教师在接受指导后撰写学习心得。

3. 师傅要严格要求、耐心指导青年教师，及时提出意见或改进建议，撰写指导工作记录。

实践二　关爱学生

【实践目的】

关爱学生是师德修养的灵魂，是开启学生心灵大门的钥匙。本主题活动旨在提高幼儿教师对生命的敬畏和尊重之心，用母亲般的温暖呵护每一名幼儿的生命与健康；引导幼儿教师注重家园活动，形成教育合力；学会观察，读懂幼儿，有效支持回应幼儿，不断提升专业技能，为每个幼儿提供广阔的自我发展空间，为其健康发展奠定坚实基础。

实践活动一　读懂儿童——幼儿“学习故事”共研共学

一、活动时间

自定

二、活动地点

幼儿园多功能厅

三、参加人员

教学主任、全体教师

四、活动内容

（一）活动准备

1. 教学主任准备学习案例文章《紫希的午餐》。

2. 教学主任制作研讨视频。选择某班某组幼儿自主取餐及进餐环节进行录制，制作3—5分钟的视频。

3.《用专业的心，让观察更有温度》教师人手一册。

（二）活动实施

1. 集体研讨，共同解读《紫希的午餐》，了解观察记录的另一种方式——幼儿“学习故事”。通读《紫希的午餐》一文后，从文章的“故事内容”“回顾分析”入手，逐一抛出问题，教师自主发言，一起探讨幼儿“学习故事”和以往观察案例的不同之处，讨论作者关注、记录了紫希的哪些行为和表现，涉及哪些学习品质的发展等。

2. 教学主任讲解“学习故事”的起源、概念以及撰写的框架结构和原则。

3. 播放自制视频，教师自由结组，选择视频中1名幼儿进行观察，合作完成这名幼儿“学习故事”的叙述和撰写。

4. 分享交流。每组选出发言人进行“学习故事”分享。

5. 布置学习任务：

（1）为每名教师发放《用专业的心，让观察更有温度》一书，开展共读活动，定期在微信群交流学习心得。

（2）教师尝试撰写幼儿“学习故事”，学期末进行分享及评选活动。

五、活动拓展

（一）幼儿心理沙盘游戏体验

邀请心理咨询专业人员进行专题培训，教师掌握沙盘游戏工作原理、操作机制和辅导方法，尝试与幼儿在沙盘中对话，读懂幼儿的心理状态和表达的情绪，帮助幼儿在一种宽松、舒服的氛围中健康成长。

（二）现场交流研讨

组织教师进行幼儿一日生活中的饮水、进餐、盥洗等环节的现场观摩，发现一些好的做法，同时针对存在的不足进行整改；再次组织教师进行现场观摩研讨，形成适合本园的生活指导策略，全园推行，使一日生活成为幼儿成长的重要基石。

（三）观摩优质园所

幼儿园之间的相互交流是专业成长、经验共享的重要平台。在参观学习本地、外地优质园所之前，每位教师提前了解该园所的基本情况及特色，在观摩过程中带着问题多看、多问、多思，向优秀的同行学习，拓展自己的视野和工作思路，并主动运用到幼儿教育实践中。

【参考资料】

孩子的心事，沙子知道

沙盘游戏治疗是目前国际上很流行的心理治疗方法。在学校和幼儿园，它被广泛应用于儿童的心理教育与心理治疗，在大学和成年人的心理诊所，它也深受欢迎。通过唤起童心，人们找到了回归心灵的途径，进而使身心失调、社会适应不良、人格发展障碍等问题在沙盘中得以化解。

沙盘能在孩子与其外部世界之间建立联系，而且还能表达孩子内心的原型世界。沙盘游戏像一扇窗，孩子在不被打扰的情况下，使用沙箱、沙、水和大量的沙具（各类小玩具模型），在沙盘这一空间中创造出各种场景和图案，直观地展现孩子的内心世界。在一米见方的小小世界里，他们与沙盘融为一体，尽情地任由心灵在其中驰骋，向我们敞开他们的精神世界，愿意让我们去读懂他们、帮助他们。可以说，沙盘游戏，就是通往孩子心灵花园的路径。

沙盘游戏对于幼儿的心理成长特有的促进作用，表现为：

第一，沙盘游戏可以促进幼儿的智力发育。触摸沙子可以促进孩子触觉发展，各种颜色的玩具又可以促进孩子视觉发展。而触觉和视觉的发展又会促进大脑的发育，进而促进幼儿智力的发展。

第二，沙盘游戏可以提升幼儿的创造力。翻动沙子就可以制作不同形状的山川河流，摆放玩具就可以形成千变万化的场景，这些活动对幼儿创造力的提升无疑有很大的帮助。

第三，沙盘游戏可以帮助父母了解孩子的心理。孩子制作的沙盘正是孩子内心状态的展现。利用一定的心理知识和技巧，指导老师就可以了解孩子的心理，并可以把这种心理转告给家长，帮助家长更多地了解自己的孩子。

第四，沙盘游戏可以解决孩子成长过程中出现的一些问题。在专业老师的指导下，沙盘游戏可以解决孩子出现的攻击、多动、内向、胆小以及人际交往困难等问题。

第五，沙盘游戏可以促进孩子身心和谐。沙盘游戏是一种心理表达技术，孩子制作的每一个场景都是其内心的表达。通过这样一种表达，孩子的内心秩序得到梳理，人格发展得到促进，心理健康水平得到提高。

实践活动二　安全守护——避震和应急疏散演练

一、活动时间

开学第一周

二、活动地点

幼儿园

三、参加人员

全体教工、幼儿

四、活动内容

（一）活动准备

1. 依据《中小学幼儿园应急疏散演练指南》，结合本园建筑结构和班组位置，规划疏散路线，制定《避震和应急疏散演练方案》，建立健全演练组织机构。

2. 演练前宣传教育：

（1）分析“范跑跑事件”案例，学习全国道德模范秦开美老师事迹，重温《幼儿园教师专业标准（试行）》和《新时代幼儿园教师职业行为十项准则》，提高教工思想认识，明确教师身上所肩负的保护幼儿人身安全的职责和师德担当。

（2）学习《避震和应急疏散演练方案》，明确职责分工，了解演练流程，熟悉报警信号、疏散路线，掌握疏散指令、提示用语等。

（3）各班开展安全教育活动，组织幼儿学习避震防护知识，进行班级避震和疏散演练。

3. 指挥小组在演练前向家长发布通知，对幼儿身体状况进行问询，凡有特异体质（先天性心脏病、癫痫等）以及演练前发烧、腿部受伤等不宜进行紧张和奔跑活动的幼儿，给予特殊考虑和安排。

4. 物品准备：音响、口哨、隔离带。

5. 安排信息报道及活动摄影人员。

（二）活动实施

1. 避险警报信号响起，教师迅速指挥幼儿蹲在桌下或者远离窗户的墙角处，用双手、靠垫、书包、坐垫等物品保护好头部，尽量在12秒内完成避震动作；食堂教工关闭天然气和电源。

2. 疏散警报信号响起，教师带领幼儿依照疏散路线，安全有序地撤离到操场指定地点。疏散引导组的教工在第一时间赶到指定位置（楼梯口、转角处、楼门口等）引导、协助师幼有序疏散到操场指定位置。

3. 各班教师立即清点班级人数，确保不遗漏一名幼儿，并向总指挥报告本班幼儿情况。

4. 总指挥针对演练情况进行总结。

5. 演练结束，各班有序带回活动室，后勤保障组清理演练场地。

6. 将演练活动的文字及视频资料进行整理，入档保存。

五、活动拓展

（一）其他应急演练

1. 火灾应急疏散演练。定期邀请消防培训教官对教师进行安全知识培训，组织幼儿园火灾应急疏散演练，不断增强教师消防安全意识，提高教师消防“四个能力”。

2. 反恐防暴应急演练。模拟一起突发事件（如1名“歹徒”尾随教师进入校园），进行反恐防暴应急处置演练，掌握一键报警和安保器械使用的方法，知道紧急情况下如何采取正确的防范措施，提高师幼应变逃生能力和各部门间的协同能力。

3. 校车事故应急疏散演练。在校车上对师幼开展以熟悉疏散线路、掌握正确的火灾逃生方法为主要内容的练习。模拟乘车时发生突发事件，教师迅速组织幼儿有序下车，弯腰捂鼻撤离到距离校车50米外的安全地带，提高乘车师幼的安全意识和防范能力。

（二）卫生保健专题培训

结合《托儿所幼儿园卫生保健工作规范》，组织“意外伤害急救”“常见疾病预防”“营养与膳食管理”等内容的专题培训，提升教师一日保教管理水平，保障幼儿在园一日生活安全。

（三）幼儿园一日生活环节安全管理与安全教育

结合幼儿一日生活各环节可能出现的危害，不断完善防范措施，安排好幼儿一日生活流程，将安全教育渗透到各个环节中。

【参考资料】

某幼儿园灭火和应急疏散演练方案

一、演练目标

模拟在幼儿园某处突发火灾的情况下，全体教工能迅速反应，会报警、会扑救，能科学灵活地选择逃生路线，带领幼儿有序、迅速地安全疏散。

二、演练科目

全园消防疏散演练（灭火、逃生科目）

三、演练时间、地点和参加人员

1. 时间：×年×月×日×时。

2. 地点：幼儿园。

3. 参加人员：全体教工、幼儿。

四、应急疏散演练组织机构

表8-1 应急疏散演练组织机构表

名称	组长	人员	职责
总指挥部	园长	副园长	制定演练方案；指挥全局，全面统筹，做出决策，信息的上传下达、对外联系等
报警组	安全员	电教人员、保安	火警报告、发布警报、车辆引领
疏散组	教学副园长	安全出口：行政后勤人员 班内：各班主班老师、保育员	引导教师与幼儿安全有序疏散；疏散完成后协助其他各组工作
灭火救护组	后勤副园长	第一梯队人员（起火点附近人员、消防控制室人员）；第二梯队人员（行政后勤人员、疏散完成后保育员）；保健医	第一、二梯队分别于一分钟、三分钟内持灭火器到达起火现场，组织抢险灭火，抢救遇险师幼，保护重要财产、档案等
宣传组	教学主任	宣传人员	演练实施全过程的宣传教育、摄影、记录、计时、报道等
保障组	安全员	保安、食堂人员	演练场地、演练物资及水电、通信等后期保障

五、疏散路线（详见各班组应急疏散平面图）

根据幼儿园教学楼某点至安全出口的时间和距离，以及廊道和楼梯的通行能力，布置合理的安全疏散路线。

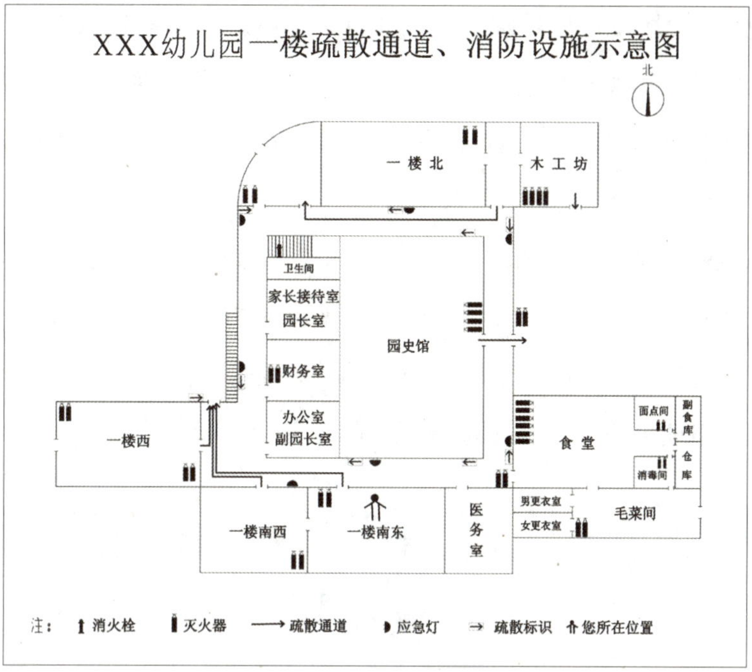

图 8–3　某幼儿园疏散通道、消防设施示意图

六、活动准备

1. 幼儿人手一条毛巾。

2. 演练报警信号，配备灭火器若干。

3. 检查安全出口，清理操场。

七、演练流程

1. 灭火演练：模拟食堂外楼道一处起火，发现起火的第一人，马上按响手报器并大声呼叫就近人员一起灭火；消防控制室人员听到火警警报，立即报告总指挥；报警组发布疏散警报，根据火情拨打119报警并进行车辆引领；食堂人员切断气（燃气或煤气）源、电源；第一、第二灭火梯队成员按照要求持灭火器到达起火点进行灭火。

2. 疏散演练：疏散警报和广播响起（食堂外楼道的电器起火，请各班教师带领幼儿避开起火地点马上撤离，请义务消防员持灭火器到达起火地点）；总指挥迅速向上级领导报告失火情况；疏散组打开消防通道，负责师幼疏散。

（1）听到警报，各班教师带队，保育员在队尾，组织幼儿用湿毛巾捂住口鼻，科学灵活选择疏散路线，绕过模拟起火点，有序疏散到操场指定位置。

（2）教师清点幼儿人数，向总指挥报告；保育员观察、安抚幼儿情绪。

3. 总指挥对演练情况进行讲评总结。

4. 演练结束，各班有序带回活动室，演练物品整理归位。

5. 采集各班组演练监控录像，组织教工观看，讨论分析演练过程中值得肯定的地方及存在的问题、原因和改进方法，进行演练评估。

6. 收集、整理演练文字、视频等相关资料。

幼儿园应急疏散演练

实践活动三　家园共育——幼儿园“双委会”座谈活动

一、活动时间

自定

二、活动地点

幼儿园

三、参加人员

幼儿园园长、教学主任、后勤主任、“双委会”家长代表、保健医、教工代表

四、活动内容

（一）活动准备

1. 制定本园“双委会”（家委会、伙委会）委员推荐条件和标准。

2. 各班由家长自荐或教师推荐，经过遴选后，产生“双委会”委员两名，家长委员填写《家长委员登记表》。

3. 确定主持人，准备发言稿、制作课件及“双委会”委员聘书。

4. 食堂自制糕点、面点展示。

5. 按照参会家长人数，准备幼儿园印制的读本《中华人民共和国家庭教育促进法》。

（二）活动实施

1. 园长致欢迎词，介绍幼儿园基本情况。

2. 与会人员自我介绍，增进了解。

3. 主持人播放课件，向家长介绍“双委会”工作职责和要求。

4. 园长为家长颁发委员聘书，建立家委会、伙委会微信群，方便工作交流。

5. 教学主任介绍幼儿园教育理念、特色课程以及本学期主要活动。

6. 后勤主任介绍幼儿园膳食管理工作以及近期创新的食谱；家长委员品尝食堂自制食品，了解幼儿园膳食水平和饮食理念，提出合理化建议。

7. 园长介绍《幼儿园家长委员陪餐制度》，鼓励家长积极参与幼儿园膳食管理，家长交流讨论，提出意见和建议。

8. 主持人对活动进行小结，向家长赠送读本《中华人民共和国家庭教育促进法》。

9. 全体人员合影留念。

五、活动拓展

（一）家长学校

针对各年龄班家长关心和亟待解决的问题，如“怎样缓解幼儿入园焦虑”“如何做好幼小衔接工作”“幼儿体检结果分析与反馈”等，开展专题讲座，提升家长科学育儿水平。

（二）家长开放日

幼儿园每周固定一天为家长开放日，采用限定名额、提前预约的方式，通过课堂助教、亲子制作、亲子游戏等方式，让家长亲身参与和体验幼儿在园生活，了解幼儿的生活学习情况。教师通过开放日活动近距离地与家长沟通，给予家长有针对性的指导。

（三）预约谈话

教师根据幼儿在园表现，制定约谈主题和内容，与家长预约时间，邀请家长走进幼儿园进行一对一的约谈活动，把幼儿在园的表现反馈给家长，同时更深入地了解幼儿在家的表现，在科学育儿的问题上切磋交流、达成共识，形成有效的双向互动。

【参考资料】

某幼儿园家长委员陪餐制度

为进一步提升幼儿园膳食管理水平，确保幼儿饮食安全、营养、健康，根据《学校食品安全与营养健康管理规定》，结合幼儿园实际，特制定本制度。

1. 家长陪餐人员为家委会、伙委会家长委员。

2. 所有陪餐家长均需进行肝功能检查，并将检查结果（一年内有效）留存在幼儿园保健室备案。

3. 陪餐时间定为每周一次，按值班表轮流陪餐。在确有困难不能陪餐的情况下要告知分管领导，以便调整。

4. 陪餐家长要熟悉当天食谱，就餐前二十分钟进入食堂查看食堂卫生，了解食品制作流程，检查饭菜质量。

5. 陪餐家长用餐后填写陪餐记录表，内容包括：日常收集的对食堂工作的意见和建议、对当日餐点的评价等。

6. 食堂管理人员应认真听取陪餐家长的意见和建议，对提出的问题及时整改落实。

实践三　教书育人　为人师表

【实践目的】

习近平总书记强调，“教师要成为大先生，做学生为学、为事、为人的示范，促进学生成为全面发展的人”“好老师要做到学为人师、行为世范”。新时代，学前教育高质量发展，国家对幼儿教师职业道德提出了更高、更规范的要求。本主题活动旨在引导教师自觉提高职业道德素养，以“四有”好老师的标准严格要求自己，做到以德修身、以德立学、以德施教，争做优秀的幼儿教师。

实践活动一　榜样引领——教师节表彰会

一、活动时间

教师节前夕或教师节当天

二、活动地点

幼儿园操场或多功能厅

三、参加人员

全体教职工

四、活动内容

（一）活动准备

1. 成立以园长为组长的筹备小组，根据当年教师节的主题，共同商定表彰会方案。

2. 从德、能、勤、绩、廉等几方面综合考评，评选出年度优秀教师。

3. 准备颁奖环节所用的奖状和鲜花。

4. 安排信息报道及活动摄影人员。

（二）活动实施

1. 升旗仪式。由园长担任升旗手，青年教师为护旗手，播放国歌，全体教职工面向国旗行注目礼，齐唱国歌。

2. 园领导为表彰会致辞。

3. 文艺汇演。教职工表演歌舞、演讲、朗诵等多种形式的文艺节目，营造热烈、隆重的节日氛围。

4. 园领导公布年度优秀教师名单并颁发证书。

5. 不同岗位（管理岗、教师岗、保育岗、后勤岗）的优秀教师代表发言。

6. 全体教职工共同朗诵《教师誓词》，表达争做优秀幼儿教师的决心和信心。

7. 园领导为每位教职工送上节日的礼物（鲜花、书籍或其他）。

8. 全体教工合影留念，活动在音乐与祝福中结束。

图 8–4　青年教师表演文艺节目

图 8–5　教工合影留念

五、活动拓展

（一）签订师德师风承诺书

学期初，幼儿园组织召开各年龄班家长会，向家长宣读《教师师德师风承诺书》。所有教师在承诺书上签名并摁下手印，向家长和社会做出“弘扬师德、爱岗敬业、平等关爱每一个幼儿”的郑重承诺。

（二）师德师风演讲

教师围绕演讲主题（如：我最崇拜的教育名家、榜样的力量、我热爱的幼教工作），从为人师表、廉洁从教、热爱幼儿等方面讲述自己的工作故事，展现教师高尚的职业情操和积极向上的精神风貌，体现做一名好教师的尊严感和成就感。

（三）评选师德标兵

幼儿园各年龄组推荐近三年师德考核均为优秀的预备候选人，由评选工作小组对候选人的典型事迹进行初审；候选人进行现场演讲，邀请班级教师及家委会委员担任评委，评选出“师德标兵”，作为大家学习的榜样。

（四）关爱退休教师

1. 关心关爱退休教师。以园长为组长，走进部分退休教师家中，了解他们的身体健康情况，为他们解决生活中的实际困难，弘扬中华民族尊老、敬老的传统美德。

2. 长大后我就成了你。邀请离退休教师走进幼儿园，参观园所环境，向他们介绍幼儿园建设和发展中所取得的成绩，虚心听取他们提出的意见与建议；请老教师讲述自己印象深刻的教育故事，激励年轻教师认真工作、奋发向上。青年教师和小朋友通过不同的形式，为老教师送上祝福。

【参考资料】

教师节教师誓词

我是一名光荣的幼儿教师，我的肩上担着民族的希望，我的心中装着祖国的未来，我的手中捧着孩子的明天。

今天，我郑重宣誓：我将全身心投入我的工作，恪守教师职业道德规范，对每一个孩子，用爱心去塑造，用真情去感化，用榜样去激励，用人格去熏陶。让孩子珍视自己，关爱他人，热爱幼儿园。我将永远牢记：我的一言一行都在给孩子做榜样，都在为千万个家庭培植希望。

我坚信，只要心中有爱，胸中便会有热情，脚下自会有热土。

我愿意用行动和热血书写四个大字："幼儿教师"。

某幼儿园教师节表彰会

实践活动二　身正为范——教师礼仪培训

一、活动时间

自定

二、活动地点

幼儿园多功能厅

三、参加人员

全体教师

四、活动内容

（一）活动准备

1. 邀请礼仪讲师，确定培训时间。

2. 幼儿园根据需要，与讲师一同商定培训方案。

（二）活动实施

1. 礼仪讲师借助课件，帮助教师了解中华文明古国的礼仪文化。

2. 礼仪讲师现场示范讲解走姿、站姿、蹲姿以及待人接物、着装等方面的礼仪要求，让教师知道礼仪文明不是一种口号，而是一种发自内心的行动。

3. 教师两人一组，练习礼仪手势与语言，礼仪讲师分别进行指导，小组之间相互点评。

4. 设计情景（如：为来园人员引路、接物递物等），教师通过情景表演，分组展示所学礼仪，礼仪讲师进行点评。

5. 礼仪讲师以“教师礼仪之我见”为题，请大家分享对教师礼仪的看法。

6. 教师共同创编《教师礼仪歌》手势动作。

7. 延伸活动：结合培训内容，每位教师撰写一篇教师礼仪的学习心得体会。

五、活动拓展

（一）开展晨会活动

教师入园后更换服装（园服），在操场集合，成两列纵队站立（动作要求：挺胸收腹，双腿并拢，双手掌心向内叠放于腹前），进行晨会。一名教师主持，介绍当天日期，引领大家礼貌问好并拥抱，相互整理仪容仪表；幼儿园管理人员提示工作中的注意事项，如：今天有哪些重要活动，根据当日天气应在哪些方面加强幼儿照护等；主持人对晨会进行小结，鼓舞士气，让每位教师都元气满满地投入工作。

（二）制定《教师文明公约》

围绕“明确职责、规范服务、协调有序、文明高效”的文明建设目标，请全园教师各抒己见，从办公场所、参加会议、对待工作、对待幼儿、个人形象、言行举止、交际处事等方面提出文明行为规范，共同制定出《教师文明公约》，将公约张贴在园所醒目位置，提醒教师认真践行公约内容，自觉加强礼仪修养。

（三）组建“志愿服务队”

组建以党、团员为主要成员的志愿服务队，将每年3月定为“志愿服务月”，积极开展社区志愿服务，如：献爱心送温暖、清洁社区环境、抗疫志愿者、募捐活动等。每位教师积极参加志愿服务，充分发扬教师奉献精神和模范先锋作用，彰显幼儿教师的担当和责任。

【参考资料】

教师文明公约

1. 热爱祖国，忠诚于幼儿教育事业。

2. 勤奋敬业，严谨治学，团结合作，教书育人，为人师表。

3. 遵纪守法，廉洁自律，不收受家长钱物，自觉维护幼儿园声誉。

4. 关心爱护每一位幼儿，尊重幼儿人格，不讲教育忌语，不体罚和变相体罚幼儿。

5. 妆容适宜，着装符合教师职业要求。

6. 主动维护园所、班级环境的整洁，定期整理个人物品。

7. 工作期间应做到轻声慢步，不随意干扰他人工作和学习。

8. 上班时间不翻看手机，不聊天，不做与教学工作无关的事。

9. 参加会议或集体活动时，应认真记录，不随便进出，不私下议论，不接打电话（手机调为静音状态）。

10. 善用礼貌用语，对家长以礼相待。

11. 教师间坦诚相待，团结协作。

12. 不议论、不传播流言蜚语，说话要对人对己负责。

13. 不在家长群、工作群或朋友圈发布负能量言论。

实践活动三　总结评价——家长问卷调查

一、活动时间

学期末

二、活动地点

幼儿园多功能厅

三、参加人员

教师、家长

四、活动内容

（一）活动准备

1. 设计《家长调查问卷》。

2. 使用电子问卷小程序，上传问卷内容，形成二维码。

（二）活动实施

1. 发布通知，说明问卷调查的目的和要求，请家长匿名填写并按时提交。

2. 家长通过电子问卷小程序填写《家长调查问卷》，从师德师风、家园共育以及幼儿园管理等方面反馈信息，提出意见和建议。

3. 统计各班家长问卷填写数量，对家长反馈的问题进行梳理、汇总。

4. 各部门管理人员针对所汇总的信息，组织教职工讨论，对工作内容、方法做出相应调整和改进。

4. 教师结合《家长问卷调查》，反思和审视自身的工作，以“教书育人，为人师表”为主题，撰写工作感悟。

5. 幼儿园召开“家长委员会”，针对家长的意见、建议做出回复，帮助家长进一步了解幼儿园各项工作开展的情况，以及今后的工作目标和努力方向，提升家园教育合力，共同为幼儿的身心全面和谐发展保驾护航。

五、活动拓展

（一）撰写教育故事

教师每月撰写两篇教育故事，在案例中讲述对自己教学游戏活动及幼儿一日生活的洞察和分析，反观自身的儿童观、教育观和教育行为，寻找适宜的教育策略。每月评选出优秀教育案例，展示在“教师专栏”中。

（二）共读活动

向教师推荐师德教育书籍，如《做中国立德树人好教师》《把整个心灵献给孩子》《给教师的一百条建议》《幼儿教师职业道德》《聚焦幼儿园教育教学：反思与评价》《教师的20项修炼》等，幼儿园制订学习计划，开展共读活动，定期进行交流。

（三）家园共育

教师主动、经常地与家长联系，每学期至少开展一次“教师访万家”活动，与父母面对面沟通幼儿在园、在家的表现，做到家园相互配合；每位教师结合家访情况，撰写家访心得。开展“家访经验交流”分享活动，帮助教师有效推进家访工作的深入开展。

【参考资料】

幼儿家长满意度问卷调查

实践四　终身学习

【实践目的】

幼儿园教师应具有终身学习与持续发展的意识和能力，做终身学习的典范。本主题活动旨在通过园本教研、读书活动、岗位练兵、经验交流等多种形式，鼓励幼儿教师树立终身学习的理念，养成对幼儿教育实践审视和反思的习惯，促进自身专业能力和育人水平的不断提升。

实践活动一　园本教研——“摇摇床”如何玩

一、活动时间

自定

二、活动地点

幼儿园操场

三、参加人员

全体教师

四、活动内容

（一）活动准备

1. 组织者提前观察、了解幼儿进行“摇摇床”游戏的情况，针对其安全性、适宜性进行分析，明确正确玩法及规则。

2. 组织教师解读《3—6岁儿童与学习发展指南》中健康领域的内容。

3. 准备黑板、粉笔等物，安排记录员做好现场记录。

（二）活动实施

1. 组织教师围绕器械的名称、构造进行讨论。

2. 教师亲自体验器械的玩法，共同梳理适合小、中、大班幼儿的各种玩法及规则。

3.围绕“幼儿进行游戏时，教师如何做好险情预测”这个问题进行讨论，引导教师关注幼儿是如何进行游戏的，以及游戏中存在哪些安全隐患，思考应如何保证幼儿在游戏活动中的安全。

4. 分小组进行“如何与幼儿讲解器械的正确玩法和规则”的情景演示，提高教师组织开展户外游戏的能力。

5. 针对幼儿园内各种大型器械、活动场地（拱龙、沙池、悬垂区等），结合《3—6岁儿童学习与发展指南》进行教学研讨。通过亲身体验、情景演示等形式，进一步明确户外游戏时教师的正确站位、指导与介入幼儿游戏的时机等问题，提高户外游戏的安全预判能力，强化安全防范意识，减少幼儿意外伤害的发生。

五、活动拓展

（一）教师轮流主持教研活动

每学期初，幼儿园根据教育教学工作计划列出教研主题，教师根据自身优势，以独立或结组的形式选择主题并组织教研活动。教师轮流主持教研活动前，做好相关资料的收集、整理和分析工作，如：教研活动时间、地点、主题、参与人员、活动流程、研讨的问题等，预先写好发言提纲，让教师主动参与教研活动，真正成为教研活动的主人，成为自身教育实践的研究者、终身学习者。

（二）“幼儿园教育案例分析”专题培训活动

培训者选择一篇本园教师的优秀教育案例，从案例背景、案例描述、案例评析等方面进行讲解，让教师充分了解“案例分析”对于自身教育理念和教育行为转变的意义。

教师分成若干小组，每组5—6人，针对一个教育案例中幼儿的语言、行为和心理进行分析研讨，各组教师各抒己见，积极发表见解。培训者鼓励教师在日常工作中坚持撰写教育案例，不断夯实专业基础，逐渐成长为一名优秀教师。

【参考资料】

如何确定教研活动内容

幼儿园教研活动是一项带有研究性的活动，主要解决幼儿园保教工作中的实践性问题。因此，幼儿园教研要以园为本，即以幼儿园实际发展中遇到的困难作为研究对象，以幼儿或教师工作为研究主题。如何确定教研活动内容呢？可以从以下几个角度考虑：

1. 对全体教师进行问卷调查，梳理出教师在教育教学工作中感到困惑和亟待解决的问题。

2. 抓住园本问题，将保教工作、幼儿发展、教师发展等方面呈现出的实际情况，作为教研活动的研讨主题。

3. 分析在教育教学过程中存在的瓶颈问题，或是一个时期内普遍存在的教育难点问题。

4. 针对教师在教育工作中所持的不同态度、不同理念、不同做法，形成讨论的焦点问题，帮助教师审视和反思自身，拓展工作思路。

5.在教研活动中融入科研课题的相关内容，以科研引领教研，让教研更具系统性、连续性和深入性。

实践活动二　读书分享——我是朗读者

一、活动时间

自定

二、活动地点

幼儿园多功能厅

三、参加人员

全体教师

四、活动内容

（一）活动准备

1. 为教师准备学习笔记本，教师将个人读书计划写在读书笔记本的首页，坚持每日读书、记录读书感悟，定期进行线上读书笔记分享活动。

2. 将所有教师的读书笔记本整齐摆放在活动会场的桌面上。

3. 发布活动通知。

（二）活动实施

1. 观摩读书笔记。教师观摩、阅读他人的读书笔记本并进行自由交流。

2. 分享读书感悟。教师结合自己的教育教学实践、生活实践，从不同的视角向大家讲述阅读带给自己的感悟和思考，分享今后的工作思路和想法。

3. 朗读精彩片段。教师分别朗读自己最喜欢、最难忘、最有感触的书目片段。

4. 主持人进行活动总结。鼓励教师把读书学习当作一种日常生活习惯，在阅读中增长教育智慧，成长为一名终身学习型教师。

五、活动拓展

（一）我喜欢的教育名言

教师以真实的教育故事诠释喜爱的教育名言，并以统一的风格贴在办公桌上，时刻提醒、激励自己，在实践工作中主动践行教育名言。

（二）制作阅读书签

教师选择不同的材料和方式，制作出富有鲜明个性的书签放在书中，增添读书乐趣，提示自己养成阅读习惯，在阅读中不断成长与进步。

（三）幼儿“个案”研究

教师以白描的方式记录所观察幼儿在日常生活、游戏中的表现，从幼儿的心理及年龄特点、家庭环境的影响等方面进行分析，以小组形式研讨，通过“实践、反思、调整、再实践、再反思、再调整”循环往复的过程，促进教师深入思考，不断优化教学策略，提升师幼互动及游戏质量。

（四）共读研讨

教师推荐教育书目，如《儿童立场》《回到教育的原点》《幼儿工作者的视野》《陈鹤琴与活教育》《陶行知全集》等，利用线上微信群、网站和线下教研活动、周末沙龙等形式，引领教师交流读书感受，相互答疑解惑，体验共读的快乐；将读书与观影结合，鼓励教师撰写观影感受；组织教师结合自己积累的实践经验，围绕《幼儿教育》《早期教育》等幼教杂志中“点题征文”“话题讨论”等栏目中的各种话题（如“该不该叫停小贴画”“怎样让爱干净的孩子玩起来”等）进行写作，让阅读更有兴趣，让专业化成长看得见。

（五）开辟“教师读书专栏”

利用微信公众号、园报、教师备课室墙面等，开辟“教师读书专栏”，为教师提供更多读书分享与交流的平台，让读书成为精神追求与生活常态。

（六）征文及演讲

结合建党节、教师节、国庆节等重大节日开展主题征文、读书演讲活动。

【参考资料】

“新手”幼儿教师专业书籍推荐

1.《新手老师上路啰！——幼儿教师入门必读》，陈娟娟等，南京师范大学出版社——全书结合了浅显易懂的图片和文字，把教学理念与教学实践相互结合。将新教师在教学中遇到的各种问题以简明的语言概括总结，给予新教师明确的提示语指导。

2.《〈3—6岁儿童学习与发展指南〉解读》，李季湄、冯晓霞，人民教育出版社——不仅是对《3—6岁儿童学习与发展指南》理念和内容的解读，也是对幼儿学习和发展、幼儿园课程与教学研究的梳理和总结，对教师具有实际和全面的指导意义。为新手老师奠定最根本和专业化的教育教学理念与实践方式，打好职业生涯的基石。

3.《做有智慧的幼儿教师》，王哼，福建教育出版社——以他人的视角令幼儿教师对自身工作产生更多思考与感悟，明白怎样在教育实践中运用智慧化解幼儿的难题，成为一名有智慧的幼儿教师。

4.《幼儿园备课·说课·听课·评课》，俞春晓等，中国轻工业出版社——在一线工作多年的骨干教师、特级教师，她们结合自己的教学经验，通过大量的实践案例，把备课、说课、听课、评课的方法和技巧娓娓道来，并在每章最后设计了“实战练习”版块，方便教师理解内容并将其运用到教学实践中，让新手教师也能轻松掌握！

5.《云淡风清——应彩云幼儿教学案例随笔选》，应彩云，少年儿童出版社——记录了应彩云老师的66篇教学案例与随笔，鲜明地展现了作者对幼儿学习与成长的想法与体会。其中有32篇获得业界一致好评的经典教学活动案例，凝聚了作者数十年如一日教书育人、播撒希望的勤劳与智慧。相信年轻的教师看完一定能收获很多感悟和想法。

6.《放手游戏 发现儿童》，程学琴，华东师范大学出版社——这本记述安吉幼教发展历程的书，图文并茂的介绍了安吉游戏的理念和具体实践做法。这是一本吸引了无数幼教人的书，并让无数人从中获取了精神力量和专业的启迪，相信也能给你带来不一样的启发。

实践活动三 技能考核——青年教师大练兵

一、活动时间

自定

二、活动地点

幼儿园多功能厅

三、参加人员

35周岁以下教师

四、活动内容

（一）活动准备

制定活动方案及流程，确定考核项目及具体要求，布置考核任务。

（二）活动实施

1. 主持人介绍活动意义、参赛人员及评委。

2. 专业理论测试（60分钟）。采取闭卷、笔试的方式进行，笔试内容为教育法规、《3—6岁儿童学习与发展指南》《幼儿园教师专业标准（试行）》《幼儿园保育教育质量评估指南》等文件内容，以及儿童活动观察记录和教育活动案例评析。

3.现场说课（15分钟）。所有教师依据抽签次序进行说课。每位教师有10分钟准备时间，围绕主题内容，从设计意图、教材分析、目标定位、活动准备、活动重点难点、教法学法、活动流程、活动延伸等方面进行阐述。说课之后回答评委提出的问题。

4. 机智应答（5分钟）。教师现场抽签选择一个教育案例，结合《3—6岁儿童学习与发展指南》《幼儿园教育指导纲要（试行）》对案例进行正确、全面的分析，做到思路清晰，语言流畅。

5. 才艺表演（10分钟）。教师选择自己擅长的才艺进行展示（如：声乐、舞蹈、书法等）。

6. 评委针对各项考核内容，对青年教师的现场表现进行点评，肯定成绩，提出建议。

7. 综合评价，公布考核结果。

五、活动拓展

（一）优质课观摩

教师结合本班幼儿年龄特点及实际水平设计教学活动，在园内进行观摩。幼儿园组织教师针对教学目标、教材选择、环节设计、教学方法、师幼互动等方面进行说课、评课，将学习、交流、反思、总结融为一体，提升教师理论与实践相结合的能力，逐渐改进教师的教育理念和教学行为，提高教育教学的探索研究能力。

（二）一课三研

“一课三研”是一种基于实践反思的研讨活动，是针对同一活动内容进行的多次实践研修。通过集体反思，引发教师对自身教学过程、教育行为的重新审视，逐渐养成反思的好习惯，提升教育实践能力，促进教师的自主发展（见“一课三研”流程图）。

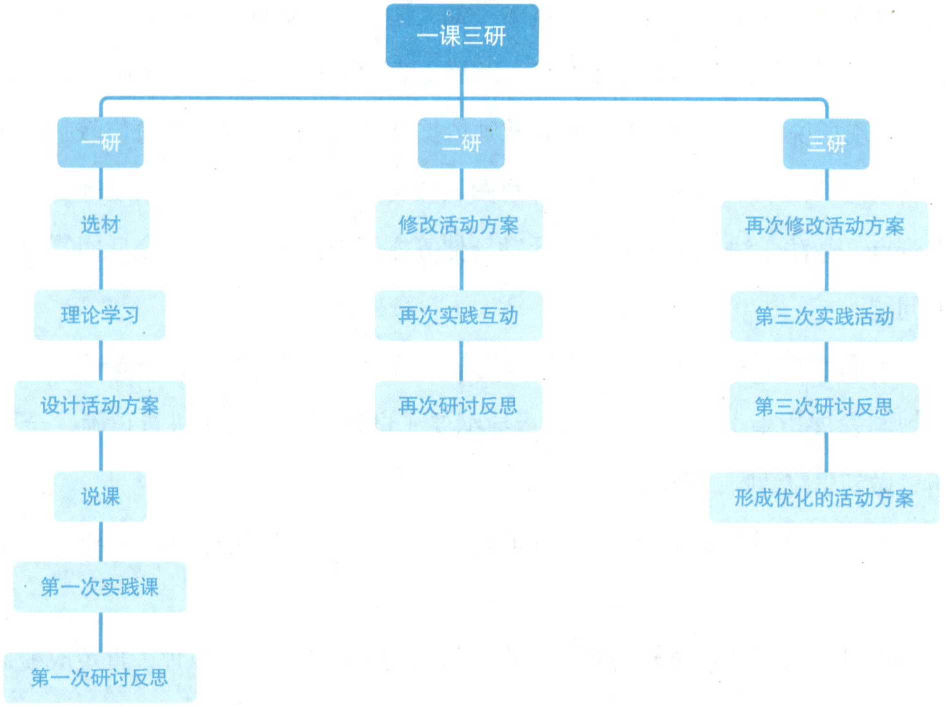

图 8–6　“一课三研”流程图

（三）线上专题讨论活动

活动前首先确定讨论主题，并在微信群提前发布通知，教师在规定时段统一上线参与活动，结合教育实践及日常的理论学习，针对研讨主题积极进行线上留言、表达想法、发表意见。同时，教师之间主动互评，促进交流研讨更加深入地开展。

【参考资料】

园本教研活动的分类

1. 按照教研重点分类

表8-2　按照教研重点分类的园本教研活动表

类　别	教研重点
教学型教研	以教为着眼点，以课例研讨为载体
研究型教研	以研为着眼点，以课题研究为载体
学习型教研	以学为着眼点，以阅读学习为主线
培训型教研	以培为着眼点，以专题讲座为主体

2. 按照教研活动形式分类

表8-3　按照教研活动形式分类的园本教研活动表

正式教研活动	非正式教研活动
· 备课、说课、听课、评课 · 参观考察、学术性会议、进修 · 专家报告、合作研究、示范交流 · 师带徒（实习、职初／骨干） · 专题研讨活动 · 业务考核	· 围绕教学工作进行分享交流 ·针对个别幼儿的“特殊表现”进行“诊断”，疑难问题咨询，商讨，学习心得分享，对焦点问题自由讨论 · 教师自发就某教育现象聚会、对话 · 教师撰写反思、随笔、论文

项目九　幼儿品德启蒙教育实践

实践导图

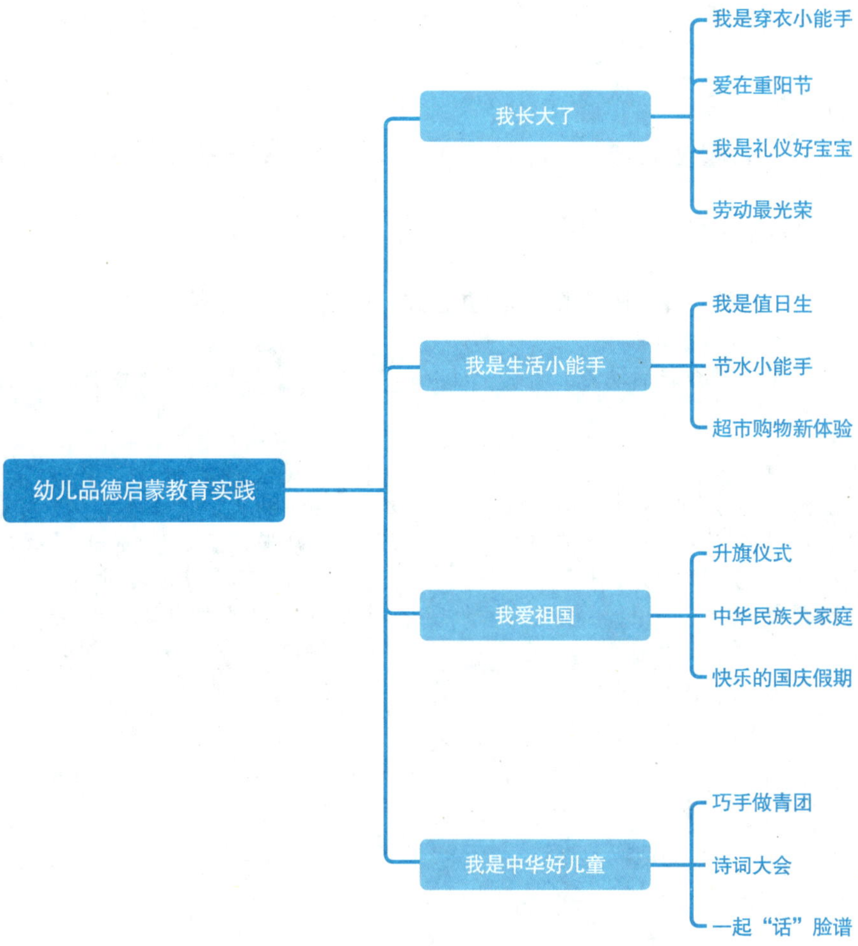

实践一　我长大了

【实践目的】

幼儿园、家庭和社会等多彩的生活为幼儿品德启蒙教育提供了丰富的教育资源。本主题活动旨在通过集体教学、区域活动、家园共育等多种形式培养幼儿良好的生活习惯、生活能力及文明行为，使幼儿学会做人，形成善良、正直、尊老爱幼、热爱劳动等优良的道德品质，从而真正地感受到“我长大了”。

实践活动一　我是穿衣小能手

一、活动时间

10月—11月

二、活动地点

幼儿活动室

三、参加人员

小班幼儿

四、活动内容

（一）活动准备

1. 做好家园沟通工作，在家中家长要鼓励幼儿自己穿脱衣物，增强幼儿的自我服务意识和能力。

2. 教师准备对开襟衫和套头衫各1件。

3. 教师准备绘本《我会穿衣服》PPT。

（二）活动实施

1. 教师播放绘本《我会穿衣服》PPT，通过故事让幼儿理解穿衣服是每个人都必须学习的本领。

2. 幼儿自己探索穿外套的不同方法，和同伴分享自己的做法和遇到的困难。

3. 出示穿开襟衫的步骤图，引导幼儿学习穿开襟衫的方法。

4. 幼儿练习穿脱衣服并学习整理，教师巡回指导。

5. 延伸活动：

（1）继续学习套头衫、裤子、裙子、马甲、鞋子等不同种类衣物的穿脱方法，练习系扣子、拉拉链等技能。

（2）鼓励幼儿自己穿脱和整理衣物，同伴之间可以互相帮助，及时表扬有进步的幼儿。

图 9–1　幼儿穿衣服比赛

图 9–2　幼儿穿衣服比赛

五、活动拓展

（一）幼儿评比活动

1. 在班级中开展“我是能干的好宝宝”生活技能比赛，提升幼儿的自理能力。

2. 在一日生活中继续加强幼儿喝水、如厕、盥洗、进餐等自理能力的培养，每月评选本班级的能干好宝宝。

（二）环境创设

创设“我会自己做……”主题墙饰，将洗手、漱口、取餐、穿脱鞋等方法以图片的形式呈现在主题墙上，让幼儿在与环境的互动中主动学习。

（三）区域活动

1. 生活区：提供串珠子、夹夹子、舀豆子、筷子夹物等操作材料，锻炼幼儿的动手能力。

2. 娃娃家：投放布娃娃和不同种类的小衣服，幼儿练习穿脱、整理衣物。

（四）家园共育

鼓励幼儿在家中也要自己的事情自己做，让幼儿树立“我能干”“我能行”的自信心，激发幼儿“我长大了”的自豪感。

【参考资料】

表 9-1　“我是能干的好宝宝”小班生活技能比赛安排表

时间	xxx	地点	xxx	参赛班级	全体小班幼儿
主持人	xxx	记分员	xxx	裁判员	xxx
比赛内容	穿脱衣服、叠衣服、穿脱鞋子				
比赛要求	提前抽取每班 10 名幼儿参加比赛				
准备工作	1. 布置比赛场地，摆放比赛所需物品。 2. 幼儿统一穿开襟园服和便于穿脱的鞋子。				
比赛流程	1. 比赛开始，幼儿脱掉外套和鞋子，将鞋子摆正，把外套叠整齐后放到指定位置，上床盖好小被子；裁判员检查衣物的整理是否符合要求并打分。 2. 裁判员发出指令“起床啦”，幼儿迅速穿上衣物并整理好，按照先后顺序在指定地点排队；裁判员检查幼儿外套、鞋子穿的是否符合要求并打分。 3. 记分员统计选手比赛成绩。 4. 主持人宣布比赛成绩，为获奖幼儿颁发奖状。				

微课《开衫的穿法》

实践活动二　爱在重阳节

一、活动时间

重阳节前夕

二、活动地点

家庭

三、参加人员

全体幼儿

四、活动内容

（一）活动准备

1. 开展重阳节主题活动，让幼儿了解重阳节的来历、传说及习俗。

2. 为每个幼儿发放一张“爷爷奶奶的喜好”家庭调查表。

3. 幼儿了解重阳节登高的习俗及户外登山安全小知识。

（二）活动实施

1. 家庭调查活动“爷爷奶奶的爱好”。调查爷爷、奶奶最喜欢的食物、喜欢做的事情等，引导幼儿主动关心长辈，能用行动去关爱自己身边的人。

2. 听爷爷、奶奶讲述过去的故事。请爷爷、奶奶讲自己小时候的生活，如：玩过的游戏、住过的地方、穿过的衣服等，幼儿通过了解和比较爷爷、奶奶以前的生活，体验自己今天生活的幸福与美好。

3. 我是爷爷、奶奶的好帮手。幼儿帮助爷爷奶奶做一些力所能及的事情，如：帮老人择菜、擦地，为老人端茶、捶背等，用自己特有的方式表达对老人的爱。

4. 我给爷爷、奶奶送礼物。幼儿自己设计并制作一件手工作品，作为送给爷爷、奶奶的节日礼物。

5. 祖孙登高乐重阳。

（1）幼儿和爷爷、奶奶一起制定登山计划，并准备好登山物品。

（2）利用周末时间和爷爷、奶奶一起登山，幼儿负责自己的登山背包，不依赖家长，坚持自己爬到山顶，在登山过程中还要注意关心、照顾爷爷、奶奶。

（3）将登高秋游的感受记录下来，回家后和爷爷、奶奶一起制作“登高晒秋”海报，并把作品带到幼儿园和其他幼儿分享。

五、活动拓展

（一）教学活动

1. 夸夸我的爷爷奶奶。幼儿带来老人的照片或视频，用完整、连贯的语言为大家讲述老人是如何照顾、关心家人的，大胆表达对长辈的爱；邀请爷爷、奶奶来幼儿园观看小朋友表演节目，表达对老人的感恩之情，并祝愿他们重阳节快乐。

2. 节日教育活动。以三八妇女节、母亲节、父亲节为契机开展相关活动，让幼儿了解父母养育自己成长的经历，从而理解和体会父爱和母爱；利用护士节、教师节等节日引导幼儿认识不同的职业，了解职业特点与我们生活的关系，懂得尊重他人的劳动。

（二）环境创设

1. 幼儿园公共环境：在幼儿园门厅、走廊、活动室进行重阳节的环境布置，粘贴尊老爱幼的照片，悬挂幼儿为爷爷、奶奶做的心愿卡和小礼物。

2. 班级环境：每位幼儿带一张自己在家帮助老人做家务的照片，布置在班级主题墙上，同伴之间相互讲述自己和爷爷、奶奶的温馨故事。

（三）区域活动

美工区：幼儿利用手工纸、水彩笔、超轻黏土、废旧物品等制作贺卡等小礼物，表达对爷爷、奶奶的爱。

语言区：投放图画书，如《遥知兄弟登高处：重阳节》《外婆住在香水村》

《太爷爷调工作》《奶奶记住我》《山羊爷爷的信》等，供幼儿自主阅读。

【参考资料】

爱在重阳节

实践活动三　我是礼仪好宝宝

一、活动时间

晨间入园

二、活动地点

幼儿园入门通道

三、参加人员

若干名幼儿

四、活动内容

（一）活动准备

1. 幼儿知晓礼仪宝宝的责任和要求。

2. 教师制定本班级礼仪宝宝的执勤表并告知家长。

3. 准备礼仪宝宝绶带。

（二）活动实施

1. 担任礼仪宝宝的幼儿按照规定时间准时到园，佩戴好绶带，站在指定位置。

2. 礼仪宝宝迎接每一位入园的幼儿和老师，立正站好，面带微笑，眼睛看着对方，鞠躬并大声问候“你好”或“早上好”。礼仪宝宝保持良好的礼仪姿态，一直到晨间入园结束。

3. 对于来园哭闹的小班幼儿，礼仪宝宝要安慰弟弟、妹妹并把他们送到班里或老师身边。

4. 晨间入园结束后，礼仪宝宝将绶带放在指定位置，回到班级。

5. 延伸活动：在班级中创设“我是礼仪好宝宝”评选栏，评选出本班级的优秀礼仪宝宝，张贴幼儿照片。

图 9–3　礼仪宝宝

五、活动拓展

（一）教学活动

1. 谈话活动。和幼儿讨论生活中的文明礼仪行为，如：和别人打招呼、我会吃饭、我会排队等，通过教师的示范讲解，让幼儿学习文明行为，做一个知礼仪、懂礼貌的好孩子。

2. 美术活动。幼儿用绘画的方式记录生活中的文明礼仪行为，如：餐桌礼仪、垃圾分类、绿色出行等，教育幼儿从小养成文明好习惯，争做文明好宝宝。

3. 音乐活动。通过学习歌曲《好朋友》，理解好朋友的真正含义，在生活中学习帮助别人，体验同伴间互助友爱的快乐。

（二）环境创设

创设“我是懂礼仪的好宝宝”主题墙饰，幼儿用图画的方式记录问候礼仪、表演礼仪等各种礼仪行为，在参与环境创设、与环境互动的过程中，促进幼儿文明行为习惯的养成。

（三）区域活动

1. 语言区：投放《讲礼貌的小乌龟》《我会爱自己》《手捧空花盆的孩子》《手不是用来打人的》等礼仪教育图画书，幼儿在自主阅读中，学习做一个懂礼知礼、诚实守信的好孩子。

2. 角色区：幼儿用图画的方式记录不同场合的礼仪行为规范，张贴在小餐厅、小医院等角色区的玩具柜或墙面上，帮助幼儿学习、巩固文明行为。

【参考资料】

小班社会活动：我会打招呼

一、活动目标

1. 知道打招呼是一种文明礼貌行为。

2. 学会正确与人打招呼的方式。

3. 体验交朋友的乐趣。

二、活动准备

准备图画书《你好》PPT；小熊、刺猬、鼹鼠、小猴、小象、小花等头饰。

三、活动过程

（一）教师引导幼儿阅读图画书的第1—12页，理解故事内容

1. 观看1—12页，了解打招呼的方式。

2. 提问：小熊遇到了哪些小动物？小熊说了些什么？

3. 教师小结：两个小动物见了面要互相打招呼，打招呼时要面带微笑，眼睛看着对方，大声说“你好”或“早上好”，这才是一个懂文明、讲礼貌的好孩子。

（二）幼儿学习正确打招呼的方式

1. 幼儿自主阅读图画书的第13-21页，模仿小熊分别和小猴、小象、小花打招呼。

2. 幼儿练习正确打招呼的方式。

3. 教师和每个幼儿打招呼。

4. 鼓励幼儿和幼儿之间打招呼。

5. 教师小结：小熊见了好朋友会用正确的方式打招呼，朋友多了真快乐。

（三）故事表演

幼儿戴上头饰进行故事表演，教师重点指导幼儿打招呼的动作和语言。

四、活动延伸

每天早上入园时，鼓励幼儿主动和老师打招呼、同伴之间互相打招呼，在班级中创设和谐、关爱、平等的氛围，让每个幼儿都争做讲文明、讲礼貌的好宝宝。

实践活动四　劳动最光荣

一、活动时间

“五一”劳动节前后

二、活动地点

家庭

三、参加人员

全体幼儿

四、活动内容

（一）活动准备

1. 教师在班级微信群安排“五一”期间的家庭活动，向家长说明活动的意义、内容和具体要求。

2. 为中大班幼儿发放“我身边的劳动者调查表”。

（二）活动实施

1. 调查身边的劳动者。幼儿调查自己身边的劳动者，了解他们的职业和劳动内容，理解他们工作的意义，并用照片或图画的方式记录下来，和同伴一起分享。

（1）爸爸、妈妈的工作。收集爸爸、妈妈工作的环境及正在工作的照片或视频，了解爸爸、妈妈的工作内容和职业特点。

（2）社区人们的劳动。参观消防队、理发店、邮局、超市等，了解不同职业的人的工作特点以及和我们的关系，帮助幼儿形成尊重成人的劳动、爱护劳动成果的情感和态度。

2. 致谢劳动者。幼儿利用绘画、手工等多种形式制作一件小礼物，送给社区的劳动者，用简短的话语表达自己对劳动者的敬意和感谢。

3. 家庭劳动周打卡。家长和幼儿一起制定劳动周计划表，根据幼儿的年龄特点和能力水平确定劳动内容、时间和频次等，并将幼儿劳动的过程拍照，在班级群打卡，鼓励全班幼儿主动养成爱劳动的好习惯，争当劳动小能手。

4. 参加社区劳动。家长和幼儿利用“五一”假期在自己居住的社区捡拾垃圾、清理小广告、擦拭健身器械等，并用图画的方式记录自己的劳动内容和过程，体验劳动的乐趣和为他人服务的自豪感。

五、活动拓展

（一）教学活动

1. 音乐活动。学习歌曲《劳动最光荣》，幼儿通过演唱歌曲，了解劳动的辛苦，感受劳动的光荣。

2. 美术活动。以“我们爱劳动”为主题，幼儿学习绘画劳动中的人物，感受劳动的热闹场面和快乐氛围。

3. 语言活动。阅读图画书《小驴收玉米》，理解故事内容，体验乡村秋天丰收的景象，享受劳动的喜悦，感受友情的温暖。

（二）环境创设

在班级中创设“劳动的人最光荣” 和“我的五一劳动周”主题墙饰，张贴多种职业的人物图片以及幼儿在家劳动的照片，同伴之间进行分享。

（三）区域活动

生活区：我是小帮厨。幼儿帮助食堂的叔叔阿姨择菜、撕木耳、剥大蒜、掰菜花等，学习简单的劳动技能，体验劳动的乐趣。

角色区：投放不同的职业服装和利用废旧材料自制的劳动工具，让幼儿在游戏中体验不同的职业，了解一些简单的社会行为规则。

美工区：提供彩纸、纸盒、纸黏土、剪刀、彩笔等材料和工具，幼儿自己设计并制作“我的社区”，为同伴讲解自己的作品，重点讲述社区里各种公共场所和不同职业的劳动者。

语言区：投放关于劳动和职业方面的图画书。《在菜园里玩游戏》《小驴收玉米》《第一次种圆白菜》《秋天的礼物》等以劳动为主题的图画书，让幼儿享受劳动快乐的同时感受亲近自然的乐趣；《袋鼠跳跳的职业体验记》《长大我要当什么》《发现与培养·儿童职业启蒙绘本》等以职业为主题的图画书，帮助幼儿更直观形象地了解各种职业和不同的劳动者。

（四）家园共育

1. 我是种植小能手。根据节气，利用家中已有资源，幼儿和家长一起制定家庭的种植计划，幼儿参与播种、浇水、养护、收获的全过程，在亲身实践中感受劳动和植物生长之间的关系，在劳动过程中培养幼儿的耐心和责任心。

2. 劳动能手小播报。幼儿将自己在家的劳动过程、劳动成果、劳动体验在班级微信群中以“播报”的形式进行分享，如“今天我学会了……”“今天我做的家务活儿”等，营造“劳动最光荣”的班级氛围，感受劳动带来的自豪感和成就感。

【参考资料】

希望一夏　快乐麦收

实践二　我是生活小能手

【实践目的】

幼儿的社会性主要是在日常生活和游戏中通过观察和模仿潜移默化地发展起来的。本主题活动旨在培养幼儿为集体服务、保护自然环境、节约公共资源的意识，引导幼儿了解、体验日常生活中的基本社会公德，在良好的社会环境及文化的熏陶中学会遵守规则，为将来成为一个合格小公民奠定基础。

实践活动一　我是值日生

一、活动时间

自定

二、活动地点

幼儿活动室

三、参加人员

全体幼儿

四、活动内容

（一）活动准备

1. 教师布置值日生工作，每天安排部分幼儿做值日（整理图书角、分发餐具、照顾植物）。

2. 录制幼儿做值日时的视频。

（二）活动实施

1. 请幼儿分享自己值日工作的感受，说一说做了哪些事情，是怎样做的。

2. 观看幼儿做值日的视频，讨论怎样当好值日生，了解值日生的工作职责以及做事细致、有条理的要求。

（1）整理图书：保持书面的整洁，没有折角，整齐地摆放在书柜上。

（2）收纳玩具：把玩具分类收放到玩具筐里，将玩具筐按照标识摆放在对应的玩具柜上。

（3）照顾自然角：通过观察泥土的干湿程度来判断植物是否需要浇水，及时为植物松土、去黄叶等。

（4）餐具摆放：按每桌人数将筷子或勺子（勺柄朝外）放在餐盘中，方便大家拿取。

3. 幼儿按照各项值日工作的要求，分组进行体验。

4. 幼儿说一说做值日的体会，教师引导幼儿感受为班级、他人服务的快乐，使幼儿知道班级里许多事情可以由小朋友自己来完成，这是爱劳动、爱集体的表现。

5. 延伸活动：

（1）制作值日生活动安排表：将值日生的工作内容以图片形式依次排列在值日生墙面上，按照周一到周五的顺序，请幼儿根据每项工作的人数限定选择做值日的时间和内容，并将自己的照片或自画像贴到相对应的表格里。

（2）落实值日生制度：每周五下午，幼儿选择自己下周做值日的时间及内容，并插好标志牌；从下周一开始，幼儿按照值日生安排表，进行值日工作；离园前，教师请全体幼儿对值日生当天的工作进行评价，同时提醒第二天的值日生做好准备。

图 9–4　值日生擦桌子

图 9–5　值日生扫地

五、活动拓展

（一）幼儿园日常活动

1. 我是食谱播报员。午餐环节，由负责午餐播报的小朋友向大家介绍当日的食谱，讲解菜肴和主食的名称及营养价值；带领全体幼儿一起诵读感恩词，感谢老师和食堂叔叔、阿姨的辛苦劳动，感谢值日生的服务；教育幼儿珍惜他人的劳动成果，爱惜粮食，养成不挑食的好习惯。

2. 请让我来帮助你。在日常生活中，鼓励幼儿主动帮助老师、小朋友做一些力所能及的事情；开展“大带小”活动，如大班的幼儿帮助小班、中班的弟弟妹妹整理图书、玩具，户外活动时主动保护小班幼儿，午睡起床帮助小班幼儿整理床铺等，教育幼儿从小养成关爱他人、为他人服务的良好品质。

3. 夸夸我的好朋友。向大家介绍自己的好朋友，学习正确地评价自己和他人，鼓励幼儿大胆展示自己的优点，愿意向同伴学习，在积极健康的人际关系中促进幼儿社会性得以良好发展。

4. 玩具一起玩。请幼儿带一件自己最喜欢的玩具到幼儿园跟小朋友一起分享，介绍玩具的玩法，跟别的小朋友交换玩具，引导幼儿学会与同伴友好相处，体验大家一起玩的快乐。

（二）环境创设

创设“我是值日生”互动墙饰。采用幼儿绘画、自制卡片的形式，呈现值日生的工作内容；根据幼儿年龄特点制作值日生标牌，可以是照片、姓名卡、学号卡或幼儿自画像；幼儿按照班级制定的值日生制度，变换自己的工作时间和内容。

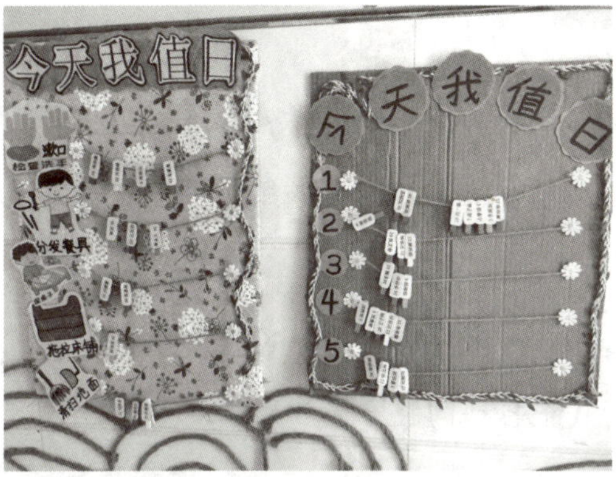

图 9–6　墙饰——今天我值日

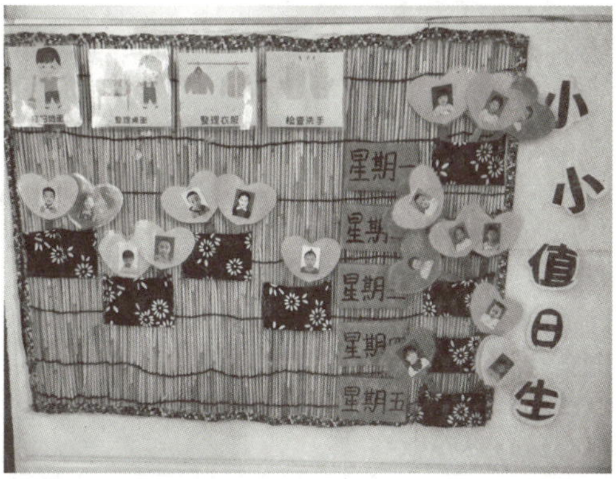

图 9–7　墙饰——小小值日生

（三）家园共育

1. 我的空间我做主。父母和幼儿共同在家中创设玩具角、图书角等可供幼儿独立活动的空间，允许幼儿自主摆放、整理属于幼儿自己的物品，帮助幼儿建立生活秩序感和活动规则意识。

2. 我会礼让。家长带幼儿在公共场所使用游乐设施时，遵守先后顺序；在跟其他小伙伴游戏时，鼓励幼儿拿出自己的玩具和别人分享，或用自己的玩具和别人交换；用餐的时候请长辈、客人先入座，学习礼让他人的传统美德。

3. 我会做客。家长带幼儿到亲戚朋友家做客，知道应轻声地敲门，见到主人要主动问好，接受主人的款待时要及时说“谢谢”，吃完的果壳不能乱扔，要放进垃圾桶或指定的地方，结束做客离开时，要有礼貌的告别。让幼儿学会做客礼仪，成为一个受欢迎的小客人。

【参考资料】

幼儿家庭劳动清单

1. 能自己清洗袜子、手帕、小内裤等小件衣物。

2. 会自己整理书包、玩具以及第二天去幼儿园要用的物品和要穿的鞋、衣物等。

3. 能简单地收拾房间，会把乱放的东西捡起来并放回原处，把垃圾扔进垃圾桶。

4. 能进行择菜、清洗水果、搅拌食物等简单的帮厨活动。

5. 餐前帮助父母摆放家人的餐具，餐后知道把自己用过得碗碟收进厨房水池，能进行擦桌子、扫地等清洁工作。

6. 睡觉前帮妈妈铺床，如拿枕头、被子等，起床后能自己穿衣服、叠被子。

7. 帮助妈妈把叠好的干净衣服放回衣柜，把自己的脏衣服放到收纳篮里。

班级微种植活动　　我是食谱播报员

实践活动二　节水小能手

一、活动时间

中国水周（3月22日—28日）

二、活动地点

家庭

三、参加人员

全体家庭成员

四、活动内容

（一）活动准备

1. 发起“家庭节水小妙招征集令”，向家长征集节约用水小妙招、小窍门。

2. 准备“节水小能手”奖状及奖品。

（二）活动实施

1. 幼儿调查生活中做哪些事情需要用水，并用图画的方式记录下来。

2. 家长跟幼儿一起讨论生活中有哪些浪费水的现象，制定家庭节水计划。如：淘米水、洗菜、洗水果的水可以浇花，洗衣服的水可以拖地板、冲厕所，洗手的时候把水龙头开得小一些，洗澡的时候不要一直开着淋浴等。

3. 幼儿按照节约用水计划进行实践。

4. 家长把幼儿实践的家庭节水的小窍门录制成小视频，在班级微信群分享。

5. 教师组织全体幼儿对收集的节水妙招进行投票，推选出大家最认可的节水方法，并为获得“节水小能手”称号的小朋友们颁奖。

6. 延伸活动：观看世界水日、中国水周的宣传片，体会水与自然界的关系，懂得水的重要性。

五、活动拓展

（一）幼儿园日常活动

1. 护绿小天使。学习演唱《爱护小树苗》《大树妈妈》《柳树姑娘》等与植树护绿有关的歌曲；组织幼儿认识幼儿园里的各种树木，为小树浇水、除草、悬挂自制的“护绿”宣传卡片；请每个班级认领一棵属于自己班级的“班树”并制作“树牌”，在日常生活中持续观察“班树”的生长变化并记录在本子上；幼儿自己带种子到幼儿园进行种植活动，在感知自然生命的同时培养幼儿的责任感。

2. 我来变废为宝。认识并辨别哪些是可回收垃圾，搜集家庭中的废旧物品进行创意制作活动，在玩玩做做中感受资源的可回收利用，增强幼儿的环保意识。

3. 我会垃圾分类。阅读图画书《垃圾不是用来收藏的》，了解生活中常见垃圾的种类；在班级放置分类垃圾桶，帮助幼儿根据标识进行分类投放，养成垃圾分类的好习惯。

（二）环境创设

1. 在宣传栏张贴节水周宣传标语、海报，了解水资源的珍贵。

2. 创设“保护地球妈妈”的主题墙，认识地球上的海洋、沙漠、森林、高山、草原等自然风貌，帮助幼儿感受自然生态对人类生活的重要意义。

（三）区域活动

1. 幼儿设计节水标识，张贴到盥洗室以及幼儿日常饮水的地方，提醒幼儿在生活中注意节约用水。

2. 益智区：投放环保棋、垃圾分类游戏棋，幼儿在游戏中学习环保知识、巩固环保行为。

（四）家园共育

1. 和家长一起收集历年世界水日、中国水周的宣传主题，了解其内容，共绘亲子手抄报，带动家庭积极行动起来，节约用水。

2. 禁烟小卫士。了解吸烟的危害，寻找生活中的禁烟标志，创编禁烟宣传标语，向家人宣传吸烟的危害，监督、劝阻人们不要在公共场合吸烟，懂得保护环境要从身边的点滴做起。

3. 推荐环保图画书。向家长推荐《再见小树林》《如果地球被我们吃掉了》《树真好》《森林大熊》《这片草地真美丽》等与环保相关的图画书，在亲子共读中，帮助幼儿认识我们生存的环境，激发对大自然的热爱。

4. 家庭环保纸袋亲子制作。利用环保纸袋进行亲子手工制作活动，培养幼儿的节约意识，感受创意制作的乐趣。

【参考资料】

“家庭节水小妙招”征集令

尊敬的大朋友、小朋友们：

水是我们的生命之源。为提升全民节水意识，教育幼儿从小养成节约用水的好习惯，幼儿园将举行“我是节水小能手”评选活动。您在家里有自己的节水小妙招、小窍门吗？您有日常生活的节水经验吗？请跟幼儿一起制定家庭节水计划，并为幼儿录制节水妙招小视频，提交幼儿园参加评选。

节约用水，从点滴做起，让节约成为文明时尚的生活方式，让我们的生活更美好！

快来晒出您的节水小妙招吧！

我来变废为宝

实践活动三　超市购物新体验

一、活动时间

自定

二、活动地点

幼儿园附近的超市

三、参加人员

大班幼儿

四、活动内容

（一）活动准备

1. 提前联系超市负责人，沟通了解超市的基本情况，制定活动方案。

2. 进行“超市文明购物”的讨论活动，引导幼儿学习文明购物的行为。如在超市不大声喧哗，挑选商品的时候要轻拿轻放，不随意打开商品的包装，不想要的商品要放回原来的位置等。

3. 征集家长志愿者，保障幼儿活动安全。

4. 幼儿制定购物计划并自备购物袋、小钱包及10元钱。

（二）活动实施

1. 教师组织幼儿有序进入超市，依次参观各个区域：水果区、熟食区、海鲜区、散装零食区、生活用品区等，提示幼儿在公共场所保持安静，不大声喧哗。

2. 教师引导幼儿观察货架摆放、认读价签，学习查看生产日期、保质期等主要商品信息。

3. 幼儿分组在家长志愿者的带领下按照购物计划挑选商品。

4. 组织幼儿在指定的通道按顺序排队、结账。

5. 教师清点幼儿人数后安全返回幼儿园。

6. 幼儿展示自己购买的物品，分享自己的购物体验。

7. 幼儿将购物过程、收获画下来，展示在主题墙上。

五、活动拓展

（一）幼儿园日常活动

1. 学做志愿者。搜集一些志愿服务的图片、视频，如奥运会上为观众服务的引导员、疫情期间参与服务的志愿者、每天在幼儿园执勤巡逻的家长等，让幼儿了解志愿工作的意义；组织幼儿尝试为幼儿园和社区做一些力所能及的服务，培养幼儿初步的社会责任感。

2. 交通规则我知道。学习交通规则的儿歌，观看交通安全宣传片，请从事交警职业的幼儿家长到幼儿园讲解交通常识，组织交通安全游戏，进一步感知交通规则的重要性，增强幼儿遵守社会规则的意识。

（二）环境创设

将幼儿所在城市的“市民文明公约”的内容以图片形式张贴在班级主题墙上，引导幼儿在观察与自由讨论中学习正确的社会行为规范。

（三）区域活动

1. 生活区：教师跟幼儿一起在班级里创建超市，制作货架、摆放商品、准备货币、绘制超市宣传海报、角色分工、为超市起名字等，在操作活动中帮助幼儿进一步熟悉超市内部结构，以及作为超市工作人员和购物者应自觉遵守的行为规范。

2. 益智区：投放交通棋、飞行棋等，在棋类游戏中培养幼儿的规则意识。

3.语言区：投放《好孩子行为规范》系列图画书供幼儿自主阅读，巩固幼儿的良好的生活习惯，培养幼儿的社会意识。

（四）家园共育

1. 我会乘车。家长跟幼儿一起寻找居家附近的公交站牌，了解从家到幼儿园的公交路线，带幼儿进行乘车体验，知道先下后上，不在车上吃东西，不大声喧哗等行为规则，观察公交车外部特征及车内的结构，熟悉乘车流程，学做文明小乘客。

2. 我会排队。家长结合生活实际，带幼儿到游乐场排队买票、上幼儿园排队打卡、到公共场所排队进入等，感受排队做事情在生活中的重要性，养成自觉排队的好习惯。

【参考资料】

表9–2　幼儿行为规范系列图画书推荐表

图画书名称	出版社
好孩子行为规范绘本（共 10 册）	河北美术出版社
玩具不是用来乱扔的	东北师范大学出版社
饭菜不是用来浪费的	
马路不是用来赛跑的	
手不是用来欺负人的	
公共场所不是用来吵闹的	
垃圾不是用来乱丢的	
儿童行为规范：学校	百花文艺出版社
儿童行为规范：家庭	
儿童行为规范：社会	

实践三　我爱祖国

【实践目的】

实施爱国主义启蒙教育、厚植爱国主义情怀要从幼儿抓起。本主题活动旨在通过充分利用自然资源、社会资源及园所资源，创设爱国主义教育环境，以幼儿喜闻乐见和能够理解的方式将爱国主义教育系统地、全方位地贯穿到育人全过程，激发幼儿爱家乡、爱祖国的情感，树立民族自尊心和自信心，增强民族自豪感，为幼儿从小树立远大崇高的理想奠定基础。

实践活动一　升旗仪式

一、活动时间

每周一上午

二、活动地点

幼儿园操场

三、参加人员

全体幼儿、教师及部分家长

四、活动内容

（一）活动准备

1. 制定升旗仪式安排表，由中大班幼儿轮流主持升旗仪式。
2. 负责升旗的班级，组织幼儿学习升旗礼仪并排练一个爱国主题的集体节目。
3. 选一名幼儿做主持人，提前熟悉主持词。
4. 一名教师和一名幼儿准备“国旗下的讲话”。

5. 升旗前一周，教师组织幼儿按照升旗仪式的流程进行练习。

（二）活动实施

1. 主持人宣布升旗仪式正式开始，介绍升旗手、出旗手。

2. 播放出旗音乐，旗手按既定路线出旗。

3. 播放国歌，幼儿、教师和家长面向国旗行注目礼，齐唱国歌。

4. 幼儿代表进行国旗下的讲话，结合近期的节日、节气（如学雷锋纪念日、世界地球日、端午节、冬至等）以及重大新闻（如中国举办冬奥会、神州飞船成功发射等）做简短发言。

5. 教师代表进行国旗下的讲话，对幼儿进行爱国主义教育，或就安全、诚信、养成教育等内容发言。

6. 升旗班级的全体幼儿表演节目，展现新时代儿童的新风貌。

7. 主持人宣布升旗仪式结束。

8. 延伸活动：教师组织幼儿对升旗活动进行回顾与讨论，并尝试画出升旗时的场景，感受升旗仪式的庄严氛围。

五、活动拓展

（一）教学活动

1. 我是中国人。知道自己是中国人，中国的全称是中华人民共和国，黑头发、黑眼睛、黄皮肤是中国人的特征；认识国旗、国徽，了解其代表的含义和象征意义，结合幼儿已有的生活经验，讲一讲在哪里见过国旗，什么时候会升国旗，在什么地方看到过国徽；学唱国歌，知道国歌是《义勇军进行曲》，国旗、国徽、国歌都是中国的标志，教育幼儿要尊重国旗、国徽和国歌；通过观看天安门广场升旗仪式的视频，引导幼儿观察升旗时解放军整齐的步伐和标准的动作，感受升旗的庄严氛围；学习升旗礼仪，鼓励幼儿在幼儿园的升旗活动中争做升旗手。

2. 我爱中国共产党。欣赏歌曲《没有共产党就没有新中国》，教师为幼儿介绍几位中国伟人，如毛泽东、周恩来、朱德等，讲述新中国成立的革命故事，让幼儿感受红色精神，了解新中国是在中国共产党的领导下建立的，懂得没有共产党就没有新中国，小朋友们应该从小听党话、跟党走；认识党旗，了解其含义和象征意义，知道每年的七月一日是建党节；共同学习手势舞《童心向党》，激发幼儿感恩中国共产党、热爱祖国的情感。

图 9–8　认识党旗

图 9–9　创设爱国氛围

3. 我爱首都北京。教师提前收集幼儿到北京旅游的照片，制作反映北京历史文化、名胜古迹、著名景点以及代表性建筑的教学课件。请幼儿讲述自己了解的北京以及在北京旅游的经历和见闻，通过谈话活动，丰富幼儿对北京的认识；请幼儿在地图上找到北京的位置，知道中国的首都是北京，国家的重要会议一般都在北京召开；学习歌谣《我爱首都北京》、歌表演《我爱北京天安门》等，激发幼儿向往北京的情感。

4. 我的航天梦。利用课件、模型等，让幼儿初步了解中国航天事业的发展历程以及取得的伟大成就，知道中国航天日的由来和意义；和幼儿一起观看神舟飞船发射升空以及宇航员太空授课的视频，一起讨论神舟飞船的组成部分，飞船里面是什么样子的，宇航员在飞船里是怎么生活的、做哪些事情，知道一些简单的航天知识，激发幼儿探索宇宙的科学热情，在心中播下一颗航天梦的种子；以“我的航天梦”为主题进行绘画活动，幼儿以富有想象的绘画作品表达自己对航天英雄的敬意、对伟大祖国的赞美。

5. 爱国诗歌齐诵读。欣赏和朗诵一些爱国诗歌，如《祖国是妈妈》《我把祖国比妈妈》《赞美祖国》《我爱祖国一万年》等，理解诗歌内容，感受诗歌句子和结构的特点，并尝试根据自己的想法仿编诗句，教师记录下来，带领幼儿一起诵读，表达对祖国的祝福和热爱。

（二）环境创设

1. 中国在这里。张贴世界地图和中国地图，请幼儿在世界地图中寻找中国的位置，观察中国版图的形状；将幼儿旅游的照片根据拍摄地点的不同粘贴在地图四周，用细线绳将照片的拍摄地点和地图上的相应地点进行连接，让幼儿直观地看到自己和同伴都去过哪些地方，感受祖国幅员辽阔、风光秀美。

2. 我的家乡在这里。幼儿在地图上找到自己家乡的位置，用不同的方式进行标注，向同伴介绍自己家乡所在的省、市的名称，大家一起了解更多的中国地名。

（三）区域活动

1. 益智区：投放地球仪、中国地图的拼图等材料，幼儿在游戏中感受中国的地理位置，初步了解一些省份、自治区、特别行政区的名称及所在位置。

2. 美工区：幼儿绘画或手工制作具有中国代表性的事物，如长城、天安门、大熊猫、北京冬奥会吉祥物等；幼儿小组合作，用各种手工材料为祖国妈妈做一个生日礼物，送上最美的祝福。

3. 建构区：将北京以及幼儿园当地的一些著名建筑、名胜古迹的图片张贴在活动区的墙面上，提供各种形状、型号的积木及低结构的辅助材料，鼓励幼儿创造性地搭建。

（四）家园共育

1. 了不起的大中国。家长和幼儿共同阅读关于中国历史、文化和伟大成就的各类图画书，通过讲述让幼儿了解和感受祖国悠久的历史、璀璨的文化和劳动人民的智慧，增强幼儿作为中国人的自豪感，培树幼儿的爱国意识。

2. 祖国风光无限好。在家中张贴中国地图，家长和幼儿一起了解中国的山川河流湖泊（如长江、黄河、泰山、黄山、青海湖、太湖等）、名胜古迹（如长城、故宫、兵马俑、云冈石窟、桂林山水等），并在地图上做出标记；观看介绍祖国各地风光的电视片，感受祖国山河的壮美秀丽。

3. 北京旅游攻略。和孩子一起制定去北京旅游的计划，收集典型图片，尝试画出路线图和景点标识；将“攻略图”带到幼儿园，和同伴分享自己了解到的北京历史文化、名胜古迹、特色美食等。

4. 观看红色影片。选择几部儿童红色影片和幼儿一起观赏，如《鸡毛信》《英雄小八路》《小兵张嘎》，让幼儿了解革命小英雄的故事，学习他们机智勇敢、英勇无畏的革命精神。

【参考资料】

表9–3　“迎国庆 升国旗”活动安排表

内容	要求
活动时间	国庆节前一周的星期一上午 8:50
主持人	由一名青年教师和一名大班幼儿共同主持
旗手	升旗手、护旗手、出旗手分别由中、大班幼儿担任
参加人员	全园幼儿、教职工、部分家长
着装要求 班级站位	1. 升旗手、出旗手统一穿升旗专用服装；全体幼儿穿园服，教师统一服装，家长要穿着整洁 2. 各班幼儿依次站立，主班教师站在幼儿队伍第一排的右侧，其他教工及家长站在幼儿后面
音响设备 音乐播放	×× 老师负责：提前检测调试音响设备，保证正常使用 将活动所需的各类音乐提前拷贝试播
摄像、拍照	×× 老师、×× 老师负责
活动前的工作	1. 各班教师根据升旗仪式的要求，组织幼儿学习升旗礼仪 2. 负责主持的教师和幼儿进行配合演练 3. 负责升旗、出旗的大班幼儿通过练习掌握正确的出旗、升旗动作及行走路线 4. 活动前一周，各班级按照红歌表演的节目单进行一次彩排 5. 制作“迎国庆”升旗活动的条幅或背景幕布 6. 更换一面新国旗 7. 幼儿园拟定活动通知，通过微信群发布给家长及教职工

（续表）

内容	要求
活动流程	1. 升旗仪式 2. 幼儿发言，表达对祖国的敬爱之情 3. 园长致辞，鼓励幼儿争做中国好儿童，长大后为祖国建设做贡献 4. 红歌表演，中、大班幼儿以演唱红色歌曲、朗诵爱国诗歌、歌舞表演等形式，为祖国妈妈庆祝生日 5. 幼儿园教职工朗诵爱国诗歌，庆祝祖国华诞
活动后的工作	1. 教研室组织教师对升旗活动进行讨论和反思，分析幼儿表现及活动效果，对活动提出改进建议 2. 负责升旗的班级教师填写升旗记录表 3. 教研室将与本次升旗活动相关的各类文本进行整理、装订、归档 4. 整理活动照片和视频，发布公众号、视频号，向相关媒体推送活动报道

图画书讲述《我的祖国》

实践活动二　中华民族大家庭

一、活动时间

9月—11月

二、活动地点

幼儿活动室

三、参加人员

中、大班幼儿

四、活动内容

（一）活动准备

1. 发放《中华民族大家庭》调查表，请家长和幼儿通过查找资料，了解几个少数民族的生活环境、文化、风俗习惯、服饰特征等，并呈现在调查表中；搜集与民族相关的图片，带到幼儿园和同伴分享。

2. 准备藏族、维吾尔族、蒙古族、傣族、朝鲜族的典型服饰，以及具有民族特点的手摇转经轮、手鼓、马头琴、葫芦丝、长鼓等实物，制作反映5个民族风貌、民俗的PPT，收集民族音乐、舞蹈的音视频。

（二）活动实施

1. 了解中国是个多民族国家

（1）教师播放歌曲《爱我中华》，请幼儿欣赏并说一说歌曲中唱的是多少个民族？为什么说五十六个民族是一家？结合《中华民族大家庭》调查表讲述自己了解到的少数民族。

（2）幼儿观察中国地图中五个自治区的所在位置，初步了解他们的名称。

（3）教师小结：中国是一个多民族的国家，其中汉族的人口最多，而其他的民族人口相对较少，称为“少数民族”，五十六个民族就像兄弟姐妹一样，组成了中华民族大家庭。

2. 认识几个少数民族

（1）播放PPT，请幼儿观察五十六个民族人物的图片，发现每个民族的服装都是不同的，结合所收集的图片说一说自己感兴趣的民族的服饰特点。

（2）请其他班级的教师穿上五个民族的服饰，扮演民族客人，幼儿根据服饰特点猜一猜他们是什么民族的。

（3）播放反映五个民族的地域风貌、风俗习惯的教学课件，请五位客人为幼儿简要介绍自己所属的民族在中国的什么地方，生活环境、风俗习惯、服装特点、饮食爱好是怎样的，有哪些名胜古迹和美景等，向幼儿展示具有民族特色的物品和乐器。

3. 延伸活动

（1）欣赏少数民族歌舞，学一学各民族的典型舞蹈动作，引发幼儿学跳民族舞蹈的兴趣。

（2）学习歌曲《小格桑》、打击乐《小牧民》、集体舞《娃哈哈》，欣赏歌曲《桔梗谣》等，感受不同民族歌曲的风格特点。

（3）收集各民族特有的文字，了解不同民族都有自己独特的文化和语言。

五、活动拓展

（一）表演活动

最炫民族风。幼儿自由结组，每人选择自己喜欢的民族服装和饰品进行穿搭设计，以“走秀”的形式展示民族服饰。分小组表演所学的民族歌曲和舞蹈，感受民族大团结、祖国娃娃一家亲的欢乐氛围。

（二）环境创设

1. 创设“中华民族大家庭”主题墙。按照民族服饰、生活环境、风俗习惯等划分出不同的版块，幼儿将收集的与民族相关的各类图片、绘画作品展示在主题墙上，并将自己所了解的少数民族的知识讲给同伴听。

2. 民族艺术展。将幼儿收集的具有民族特色的实物（如民族乐器、服装、饰品、实物等）以及幼儿手工作品、绘画作品布置在操场的展架上，鼓励幼儿当“讲解员”，为其他班级的幼儿介绍各类展品，共同感受民族文化的独特魅力，让民族团结的种子在幼儿心中孕育生根。

（三）区域活动

1. 美术区：幼儿运用各种手工材料和废旧物品，开展绘画和手工制作活动，如设计民族服饰，制作民族娃娃、新疆帽、蒙古鞭等。

2. 益智区：投放民族娃娃拼图，通过图片配对、给维族娃娃编辫子等游戏，加深对少数民族的服饰和装扮特点的认识。

3. 语言区：添加与少数民族有关的图画书，如《国家典藏·美丽民族故事》《中国民族节日风俗绘本》《聪明的旅行者》《谁最厉害》《草原小姐妹》等，让幼儿在阅读中了解和热爱我们的民族，感受各民族人民的勇气、智慧和力量。

（四）家园共育

民族音乐会。征集有才艺的家长，为幼儿表演民族舞蹈，演唱民族歌曲，用不同的乐器演奏民族乐曲，请幼儿欣赏，感受丰富多彩的民族文化。

图 9-10　家长二胡演奏《赛马》

（五）社区活动

1. 走进民族特色小吃店。幼儿和父母一起寻找、统计社区附近有哪些民族或地方特色饭店，店名叫什么？店里有哪些美食和特色小吃（如：新疆大盘鸡、兰州拉面、朝鲜冷面、牛肉罩饼、羊肉泡馍、烤馕、羊杂汤、北京炸酱面、狗不理包子等）？

2. 走进展馆。和父母一起走进各类文化馆、科技馆、博物馆等场馆，通过参观、听父母讲解，了解祖国的发展历史和伟大成就，为自己是一个中国人而骄傲。

【参考资料】

图 9-11 国家典藏·美丽民族故事（全5册）

图 9-12 中国民族节日风俗绘本（全12册）

表9-4 图画书推荐表

	图画书名称	民族	出版社
国家典藏·美丽民族故事（全5册）	《鼠王选婿》	阿昌族	重庆出版社
	《白云格格》	满族	
	《口弦琴的传说》	赫哲族	
	《月亮偷神药》	哈尼族	
	《王子与金鱼》	维吾尔族	
中国民族节日风俗绘本（全12册）	粽叶飘香端午节	汉族	江西教育出版社
	神圣吉祥的沐浴节	藏族	
	三月三歌圩节	壮族	
	二月八刀杆节	傈僳族	
	年息花魂与五月节	满族	
	喜气浓烈火把节	彝族	

（续表）

	图画书名称	民族	出版社
中国民族节日风俗绘本（全12册）	彩云之南三月街	白族	江西教育出版社
	五谷之神抹黑节	锡伯族	
	六月六晒龙袍	土家族	
	四月八亚努节	苗族	
	杜鹃花开仙女节	怒族	
	喜迎新年泼水节	傣族	

实践方案三　快乐的国庆假期

一、活动时间

9月—10月

二、活动地点

家庭、社区

三、参加人员

全体幼儿

四、活动内容

（一）活动准备

1. 教师组织开展以“祖国妈妈生日快乐”为主题的教育活动，让幼儿初步了解新中国成立和国庆节相关的知识，知道每年的十月一日是祖国妈妈的生日，也是全中国人民的盛大节日；互相讲一讲自己在国庆节假期里有什么计划，想做哪些事情。

2. 幼儿和父母共同计划七天的国庆假期如何度过，用符号、图表形式画出假期计划。

（二）活动实施

1. 我和国旗合个影。和父母一起出游，感受浓厚的节日氛围，观察什么地方悬挂了国旗，哪里出现了五星红旗的图案，拍下自己和国旗的合影。

2. 听爱国故事。家长给幼儿讲爱国主义红色故事，让幼儿懂得今天的幸福生活来之不易，是无数先烈用鲜血换来的，在心中播撒下爱党、爱国的种子。

3. 庆典活动我参与。父母和幼儿一起观看祖国庆典的电视片、重要的新闻报道，以及各省市区的国庆联欢节目，感受祖国的强大、人民的团结和幸福的生活。

4. 献给祖国妈妈的礼物。幼儿和父母一起，以手工制作的形式，为祖国妈妈做一个生日礼物，表达自己的爱国之情。

5. 祖国山河美。利用假期带幼儿一起外出旅游，家长用照片、音视频的形式记录幼儿的见闻和活动，鼓励幼儿用绘画等多种方式记录自己感兴趣的事情。

6. 可爱的家乡。家长带幼儿一起回家乡探望亲人，让幼儿知道家乡的名称、所在的地区，和幼儿一起探寻并记录家乡有哪些好看又好玩的景点，有哪些特产和美味的小吃等，请老人给幼儿讲一讲好听的民间故事，学说一句家乡话，了解中国每个地方都有自己的语言特点。

7. 自制图画书。幼儿根据国庆假期的经历，自制《国庆七天乐》图画书并进行讲述，父母将幼儿的讲述内容用文字记录在每幅画面中。

8. 国庆节大餐。父母和幼儿一起计划邀请哪些亲朋好友来家里聚餐，请幼儿参与接待客人的各种准备工作，培养幼儿的计划性、家庭责任感和劳动意识。

9. 特色美食我会做。尝试和父母一起制作一道家乡特色美食，感受参与家务劳动的乐趣。

五、活动拓展

（一）谈话活动

以“快乐的国庆节”为话题进行讨论，鼓励幼儿用连贯的语言讲述国庆节期间的旅游及外出经历，播报一些趣闻趣事，说一说自己的感受。

（二）环境创设

创设“快乐的国庆节”主题墙。幼儿将自己假期里制定的计划图以及外出旅游、回家乡、参与各种活动的图片分类别展示在主题墙中，进行讲述，分享国庆节期间的快乐经历。

（三）区域活动

1. 语言区：展示幼儿自制的图画书《国庆七天乐》，同伴间相互讲述和分享，提升幼儿口语表达能力。

2. 角色区：投放玩具“麦克风”和自制的导游胸牌，幼儿扮演小导游，结合主题墙饰，为大家讲解自己的家乡，介绍自己的旅游经历以及当地的景点、民俗、特色小吃等。

【参考资料】

《我和我的祖国》MV

实践四　我是中华好儿童

【实践目的】

中华优秀传统文化是中华民族五千年智慧的结晶，是中华民族的精神命脉。本主题活动旨在整合幼儿园、家庭、社区等各种教育资源，通过开展二十四节气以及传统节日教育，营造传统文化氛围，让幼儿在活动中充分感知中华文化的博大精深，切身体验中华优秀传统文化的精神内涵和独特魅力，接受崇本、孝道、感恩、劳动、责任等启蒙教育，形成初步的归属感和国家认同感。

实践活动一　巧手做青团

一、活动时间

清明节前夕

二、活动地点

幼儿园活动室

三、参加人员

大班幼儿

四、活动内容

（一）活动准备

1. 讲读图画书《清明节》，幼儿初步了解清明节节气特征和相关知识，知道清明既是节气又是传统节日，有扫墓祭祖、缅怀先烈、踏青赏春、放风筝等习俗。

2. 幼儿和家长一起查资料，了解一些与清明节相关的美食。

3. 准备教学课件、制作青团的工具和食材（蒸锅、揉面垫、刷子、艾叶粉、糯米粉、豆沙馅、粽叶、白糖、食用油等）。

（二）活动实施

1. 请幼儿介绍自己了解的清明节美食。

2. 教师播放课件，帮助幼儿了解全国各地不同的清明节风俗和美食，知道我国南方有清明吃青团的习俗。

3. 教师介绍制作青团的工具、食材以及食材的营养价值。

4. 播放课件，与幼儿一起学习、讨论制作青团的步骤。

5. 幼儿亲自实践，制作美味青团：

（1）将糯米粉、艾叶粉和白糖搅拌均匀后加入开水活成面团，分成均匀的小剂子；

（2）将青团剂子放置手心团圆，然后压扁；

（3）加入适量的豆沙馅，用青团皮包裹住，用手团圆；

（4）将包好的青团放至蒸锅内的粽叶上，在青团表面用刷子抹上少许油；

（5）开锅后再蒸10分钟。

6. 幼儿分享制作心得，和同伴一起品尝亲手制作的青团。

7. 活动延伸：了解清明节其他美食的制作方法。

图 9–13　巧手做青团

五、活动拓展

（一）幼儿园日常活动

1. 清明祭英烈。组织大班幼儿开展烈士陵园祭扫活动，让幼儿感受老一辈革命家的爱国情怀，引导幼儿珍惜今天的幸福生活。

2. 传统节日我知道。教师分享绘本《我们的节日》，让幼儿知道中国四大传统节日：春节、清明节、端午节、中秋节，了解节日习俗。如：春节贴对联、放鞭炮、拜年、蒸花馍；端午节包粽子、做香囊、插艾蒿、划龙舟；中秋节做月饼、赏月等。

3. 二十四节气歌。学习二十四节气歌，知道二十四节气的名称及顺序，了解节气与农事的关系。

4. 民间故事会。分享传统民间故事绘本，如《小老鼠上灯台》《我是花木兰》《年兽的故事》《咕咚来了》等，举办传统民间故事大会，将中华经典传统文化与幼儿语言学习相融合，让幼儿对本土的人文民俗、家乡的历史典故、传奇人物等有初步的了解，对民间故事蕴含的美德有所感悟。同时，为幼儿提供一个勇于表达和自我展示的舞台。

（二）环境创设

1. 创设“清明习俗我知道”“我喜欢的清明美食”廊道环境，幼儿了解清明节的气候、习俗以及传统饮食的制作方法。

2. 创设“和春天有个约会”班级主题墙，包括“春天的变化”“春日之花”“春天的小动物”等部分，让幼儿了解春天的气候以及动植物的变化。

（三）区域活动

1. 种植区：“清明前后，种瓜点豆”，和幼儿一起了解清明时节适宜播种的农作物，到种植区亲身体验春耕劳作，培养幼儿劳动习惯，提升幼儿劳动技能。

2. 美工区：使幼儿了解清明节有放风筝的习俗，根据风筝制作流程图，利用各种材料制作并装饰风筝。

3. 生活区：为幼儿投放茶具、茶叶、泡茶流程图等，幼儿通过看茶、冲茶、品茶，加深对中国悠久茶文化的了解。带幼儿一起采桑叶、养蚕，观察蚕宝宝生活习性及生长变化过程，学习爱护和照顾小动物；知道蚕的丝茧可以制造丝绸，丝绸最早是我们中国人发明的，有悠久的历史，是中国人的骄傲。

（四）家园共育

1. 清明踏青赏春。带幼儿走到郊外，感受春天季节特征，观察小树的嫩芽，寻找春天的花朵和昆虫，发现春天蕴藏在大自然中的秘密。

2. 选读《三字经》。选取《三字经》中和中华传统礼仪、传统国学及历史故事相关的片段，让幼儿从朗朗上口的儿歌中初步体会仁、义、诚、敬、孝，了解故事内涵中做人做事的道理。如香九龄能温席，融四岁能让梨等。

3. 一起做美食。根据不同的节气和传统节日，尝试制作不同的美食，如立春做春饼、惊蛰蒸梨盅、清明炸馓子、冬至包饺子，春节蒸花馍等。

图 9–14　清明做馓子

【参考资料】

清明节扫墓安全预案

为加强幼儿爱国主义和革命传统教育，清明节前夕幼儿园组织大班幼儿开展“清明祭英烈”烈士陵园祭扫活动。为保障活动安全顺利进行，结合幼儿园实际情况，特制定本预案。

一、领导小组

组长：园长

副组长：保教主任、保健医生

成员：各班教师及保育员

二、具体要求

1. 园长作为活动安全第一责任人，全面把关活动的安全性。

2. 根据扫墓行程召开筹备会议，做好活动流程计划和人员分工，确保所有人员明确各自职责。

3. 对参加本次活动的教师和幼儿进行安全知识教育，做好安全管理，确保此次外出活动万无一失。

4. 扫墓过程中，遵守场所规定，防止幼儿走散、独自走出出口等事故发生。

5. 活动所需设备和物品由专人统一管理，保健医生配备药品箱和急救医用材料。

6. 保教主任提前巡查活动场地，排查安全隐患，明确安全疏散路线。

三、遇突发事件采取措施

1. 幼儿园提前掌握所到场所的设施及安全状况，明确本次外出的路线、出入口、车辆停放位置及扫墓过程中采取的安全、防护措施。

2. 如幼儿有身体不适或意外情况，需及时通知现场安全负责人，并请保健医生处理，如现场无法处理，及时将幼儿送往医院。

实践活动二　诗词大会

一、活动时间

世界读书日前夕

二、活动地点

幼儿园多功能厅

三、参加人员

中班幼儿

四、活动内容

（一）活动准备

1. 策划活动内容和具体流程，发布活动通知。

2. 布置场地，摆放桌椅、抢答器等物品，调试音响设备。

（二）活动实施

1. 主持人开场，园长致辞。

2. 幼儿身穿不同款式汉服，以走秀的方式，自信大方地展现汉服的古典之美。

3. 主持人宣布游戏规则，幼儿分成若干组，每组6—10人，进行诗词游戏，计分员根据游戏结果为每组计分。

4. 主持人宣布各组成绩，为幼儿颁发奖品。

5. 延伸活动：在幼儿一日生活中继续创设学诗词氛围，可以利用晨间来园、餐前餐后、午睡起床、离园前等时段进行“好诗词我推荐”“诗词接龙游戏”等活动。

图 9–15　诗词大会

五、活动拓展

（一）教学活动

1. 走近汉服。通过图片和视频资料了解汉服的起源和发展，知道汉服拥有近五千年发展历史。以汉服为切入点，引导幼儿走进家乡汉文化，感受汉服之美，激发爱家乡、爱祖国的美好情感。

2. 民族服饰真漂亮。教师播放课件，请幼儿观看图片、视频中展现各民族服饰，欣赏其丰富的图案和漂亮的装饰，通过了解各民族服饰的特点，加深幼儿对民族文化的理解。

（二）环境创设

幼儿搜集经典诗词，并根据诗词内容配画，在廊道、班级展出作品，创设学习诗词的氛围。

（三）区域活动

1. 语言区：教师投放一些和诗词内容相关的图片，幼儿根据图画内容猜诗词、诵诗词。

2. 美工区：提供纸张、画笔、花纹图案等，幼儿在初步了解汉服颜色、图案排列规律、款式特点的基础上，尝试设计汉服，感受汉服之美。

3. 表演区：幼儿穿上不同款式的汉服，借助扇子、笛子等特色小道具，进行汉服走秀和诗词表演。

（四）家园共育

1. 古诗诵读。父母和幼儿经常一起欣赏、诵读古诗，感受古诗表达的不同情感、韵律特点和意境，激发幼儿学习诗词的兴趣。

2. 认识诗词名家。通过诗词诵读，了解白居易、李白、杜甫、李清照等诗词名家，了解他们生活在哪个朝代，能吟诵其代表作品或诗句。

【参考资料】

表9–5　幼儿诗词游戏规则表

游戏名称	游戏规则
古诗接龙	主持人说一句诗词，幼儿举牌抢答下一句，每答对一句得 1 分
看图猜诗	每组各出一名幼儿参加比赛，根据主持人所出示的图片中的内容猜诗词，每猜出一首，并完整朗诵，得 1 分
击鼓传花	幼儿围坐成圆圈，以击鼓传花的形式与主持人对诗，每对上一句得 1 分
点字成诗	幼儿根据主持人给出的如“春”“花”“月”“人”等关键字，抢答说出含有关键字的相关诗词，每抢答一句加 1 分

表9-6　幼儿诗词学习推荐表

班级	诗词名称
小班（10首）	《春晓》《咏鹅》《悯农》《鹿柴》《咏柳》《清明》《梅花》《静夜思》《小池》《画》
中班（15首）	《江雪》《春日》《江南》《赠汪伦》《小儿垂钓》《村居》《寻隐者不遇》《回乡偶书》《鸟鸣涧》《敕勒歌》《风》《池上》《送孟浩然之广陵》《春夜喜雨》《赋得古原草送别》
大班（15首）	《所见》《夜宿山寺》《钱塘湖春行》《早发白帝城》《宿新市徐公店》《登鹳雀楼》《江南春》《山居秋暝》《九月九日忆山东兄弟》《望庐山瀑布》《题西林壁》《凉州词》《元日》《四时田园杂兴》《游园不值》

诗词大会

实践活动三　一起“话”脸谱

一、活动时间

自定

二、活动地点

幼儿活动室

三、参加人员

大班幼儿

四、活动内容

（一）活动准备

1. 幼儿收集京剧脸谱的相关知识，以绘画的形式制作“京剧脸谱知识卡”。

2. 幼儿了解京剧小故事，如：武松打虎、哪吒闹海、包青天等。

3. 教师准备多媒体课件、京剧脸谱图片、脸谱模具、京剧乐曲，画笔、水粉颜料等。

（二）活动实施

1. 播放《说唱脸谱》视频片段，让幼儿了解京剧的四大行当（生、旦、净、丑）及其特点，引起幼儿对京剧的兴趣。

2. 探索京剧脸谱的特点。通过观察、探讨，引导幼儿发现脸谱对称性的特点，了解脸谱上每种颜色代表的不同含义。

3. 设计脸谱。幼儿发挥想象，根据脸谱的对称性特点，自主创作脸谱，并运用不同图案、颜色进行装饰。

4. 教师将幼儿画作投屏展示，幼儿相互欣赏并讲解自己的作品。

5. 延伸活动：进一步引导幼儿了解脸谱面纹色彩的意义，尝试进行手工制作，如脸谱花瓶、脸谱书签等。

五、活动拓展

（一）幼儿园日常活动

1. 戏曲知多少。幼儿通过自己查找、收集有关戏曲的图片、音视频资料，了解中国戏曲有京剧、越剧、黄梅戏、评剧、豫剧等多个剧种，欣赏经典戏剧片段，尝试模仿一些简单的戏曲台步，如踱步、碎步等，激发幼儿对戏曲的兴趣。

2. 中国四大国粹。知道中国的四大国粹为：中国武术、中国医学、中国京剧和中国书法。通过开展“名医传奇故事”活动，引导幼儿了解中医代表人物，如名医华佗、扁鹊、李时珍等；开展“扇面国画”活动，学习一些简单的国画技法，初步培养幼儿对国画的兴趣；学习“少年中国说”武术操，掌握一些武术基本动作，如马步、弓步、金鸡独立等，在强身健体的同时磨练坚韧不拔的意志。

（二）环境创设

1. 展示京剧戏服，创设“我认识的京剧角色”“齐绘京剧脸谱”等主题墙饰，帮助幼儿更多地了解京剧。

2. 请幼儿搜集一些剪纸、刺绣、陶瓷、竹编、皮影等工艺作品，布置在活动室内，幼儿在了解和欣赏不同的民间艺术的同时，感受劳动人民的聪明与智慧，从小树立文化自信。

（三）区域活动

1. 美工区：提供画笔、水粉颜料、超轻粘土、毛线、泥巴等材料，幼儿尝试用多种材料制作脸谱。

2. 表演区：布置“小戏台”，投放一些简单的戏剧服饰、道具供幼儿自由表演，感受戏曲带来的乐趣。

（四）家园共育

1. 家长和幼儿共同收集一些京剧名家的资料，对比京剧大师们生活照和舞台妆的不同，一起欣赏经典的京剧片段，感受京剧的魅力。

2. 家长和幼儿一起阅读《中华上下五千年》，通过生动有趣的故事了解远古神话传说、中国历代著名人物和事件，感受中华文化的博大精深。

【参考资料】

京剧脸谱的颜色和人物关系

脸谱，是中国传统戏曲演员脸上的绘画，是用写实和象征相结合的夸张手法来表现人物的面部特征，不同色彩的脸谱代表着不同气质和性格的人物。

红色一般表示忠勇义烈的人物，多为正面的角色，如关羽；黑色一般表示直爽刚毅、勇猛而智慧的人物，如包拯、张飞；白色一般表示阴险奸诈、刚愎自用的人物，如：曹操；紫色一般表示是耿直威武、老成稳重的人物，如荆轲；黄色一般表示勇猛而暴躁的人物，如宇文成都；蓝色和绿色一般表示刚强勇猛、莽撞暴躁的人物，如窦尔敦；金色和银色一般表示神仙妖怪等人物，如孙悟空、二郎神。

附　录

幼儿教师常用文件选编

1.《教育部关于印发〈幼儿园保育教育质量评估指南〉的通知》

2.《幼儿园保育教育质量评估指标》

3.《新时代幼儿园教师职业行为十项准则》

4.《教育部关于印发〈幼儿园教育指导纲要（试行）〉的通知》

5.《教育部关于印发〈3—6岁儿童学习与发展指南〉的通知》

6.《3—6岁儿童学习与发展指南》

7.《教育部 中国教科文卫体工会全国委员会关于重新修订和印发〈中小学教师职业道德规范〉的通知》

8.《教育部关于印发〈幼儿园教师专业标准（试行）〉〈小学教师专业标准（试行）〉和〈中学教师专业标准（试行）〉的通知》

9.《幼儿园教师专业标准（试行）》

10.《教育部等七部门印发〈关于加强和改进新时代师德师风建设的意见〉的通知》

11.《幼儿园工作规程》

12.《幼儿园管理条例》

13.《教育部关于印发〈幼儿园教师违反职业道德行为处理办法〉的通知》

扫码下载查看文件

参考文献

[1]习近平．决胜全面建成小康社会，夺取新时代中国特色社会主义伟大胜利：在中国共产党第十九次全国代表大会上的报告[M].北京：人民出版社，2017.

[2]本书编写组．习近平总书记教育重要论述讲义[M].北京：高等教育出版社，2020.

[3]王敏，刘凌．社会主义核心价值观融入幼儿园课程的探索研究[J].黑龙江教师发展学院学报，2022，41（05）：91–93.

[4]蔡迎旗，王翌．促进幼儿深度学习的教师支持策略研究：以角色游戏为例[J].河北师范大学学报（教育科学版），2022，24（03）：115–122.

[5]李常红．我向幼儿学到了什么[D].南京：南京师范大学，2016.

[6]钟琼．谈社会主义核心价值观融入幼儿教育的实践策略[J].教育观察，2021（10）

[7]莫源秋．幼儿教师职业道德的理论与实践[M].武汉：武汉大学出版社，2020.

[8]左志宏．幼儿园教师职业道德[M]. 2 版．北京：北京师范大学出版社，2021.

[9]苏爱洁．幼儿教师职业道德规范与践行指导[M].上海：复旦大学出版社，2021.

[10]钱焕琦，朱运致．幼儿教师职业道德实践[M].上海：华东师范大学出版社，2013.

[11]中公教育教师资格考试研究院．国家教师资格考试专用教材・综合素质・幼儿园[M].北京：世界图书出版公司，2012.

[12]李天凤．教师职业道德[M].北京：高等教育出版社，2015.

[13]张海丽．幼儿教师职业道德[M].北京：清华大学出版社，2021.

[14]国家教师资格考试专用教材综合素质幼儿园[M].上海：上海交通大学出版社，2020.

[15]刘建．幼儿教师职业道德[M].上海：华东师范大学出版社，2015.

[16]刘济良．幼儿教师职业道德[M]. 2 版．上海：复旦大学出版社，2020.

[17]王蕊．学前教育师范生师德教育路径探讨：基于《新时代幼儿园教师职业行为十项准则》[J].成都师范学院学报，2019（8）：57–61.

[18]李彦梅．浅谈幼儿教师心理健康对幼儿心理健康的影响[J].2017（2）：220.

[19]刘倩余．幼儿教师职业认同感的调查研究[J].儿童绘本，2020（10）：84–98.

[20]王金洪，石琳．试述提高幼儿教师职业道德的必要性与策略[J].辽宁师专学报(社会科学版)，2019（3）：131–133.

[21]邬敦锋，戴军，叶林．幼儿教师职业道德现状、问题及对策研究[J].湖北师范学院学报(哲学社会科学版)，2017（1）:131–134.

[22]杨建强，马建芳．幼儿园教师职业道德养成研究[J].教育导刊，2017（5）：68–70.

[23]徐廷福．教师职业道德修养[M].北京：北京师范大学出版社，2015.

[24]周琴．教师职业道德与教育法律法规[M].合肥：安徽大学出版社，2015.

[25]吴丹．幼儿园家长工作指导[M].上海：华东师范大学出版社，2016.

[26]李长吉，陶丽．师生关系研究三十年[J].浙江师范大学学报（社会科学版），2013（1）：86–91.

[27]谢玉玲．浅谈如何建立良好的师幼关系[J].读与写：中旬，2021（8）：370.

[28]苗琪．幼儿园师幼关系存在的问题及其对策[J].新课程研究，2022（3）：

129–131.

[29]吴晓晖．构建幼儿园和谐家园关系的方法探析[J].幼教园地，2019（9）：174.

[30]李晓．家园合作存在的问题及原因分析[J].课程教育研究，2017（30）：236–237.

[31]许永刚．论师范院校中教师集体的建构[J].山西煤炭管理干部学院学报，2013（3）：139–140.

[32]杨荣浩．教师集体建设策略研究[D].武汉：华中师范大学，2011.

[33]线亚威．幼儿园教师职业道德读本[M].北京：高等教育出版社，2013.

[34]刘玉峰、王珏、贾明辉．教师职业道德[M].上海：华东师范大学出版社，2015.

[35]刘丽．幼儿园社会教育资源[D].北京：人民教育出版社，2017.

[36]周梅林．学前儿童社会教育活动指导[M].上海：复旦大学出版社，2005.

[37]闫丽红、包红君．学前儿童德育教育[M].南京：东南大学出版社，2015.

[38]叶王蓓．德育互动教学法[M].上海：华东师范大学出版社，2019.

[39]张茂聪、唐爱民．儿童品德发展与道德教育[M].济南：山东人民出版社，2012 .

[40]林崇德．品德发展心理学[M].西安：陕西师范大学出版社，2014.

[41]嵇珺．幼儿园社会领域教育探新[M].南京：南京师范大学出版社，2021.

[42]朱智贤．儿童心理发展的基本理论[M].北京：北京师范大学出版社，2002.

[43]徐慧，张建新，张梅玲．家庭教养方式对儿童社会化发展影响的研究综述[J].心理科学，2008，（04）：940–942.

[44]卢乐珍，楼必生．幼儿道德启蒙的理论与实践[M].福州：福建教育出版社，1999.

[45]刘晶波．幼儿园社会领域教育精要：关键经验与活动指导[M].北京：教育科学出版社，2015.

[46]张玉暖. 《学前儿童社会教育与活动指导》[M]，沈阳：东北大学出版社，2015.

[47]梁志燊，李辉. 我国幼儿园德育方法研究新进展[J]. 幼儿教育，1996（1）：15–17.

[48]秦元东，王春燕. 幼儿园区域活动新论：一种生态学的视角[M]，北京：北京师范大学出版社，2008.

[49][美]路易斯·拉斯. 价值与教学[M].谭松贤，译. 杭州：浙江教育出版社，2003.

[50]邹绍清，方开学. 论价值澄清模式及其对我国学校德育的启示[J]. 道德与文明，2006（6）：51–53.

[51]李焕稳. 幼儿社会教育[M].北京：北京师范大学出版社，2015.

[52]徐琳. 幼儿园社会教育与活动指导[M].南京：南京师范大学出版社，2018.

[53]张明红. 学前儿童社会教育与活动指导[M].上海：华东师范大学出版社，2021.

[54]陶金玲，王婷. 幼儿园传统节日活动开展的策略研究[J].早期教育（教育科研），2020（9）：44–47.

[55]教育部基础教育司组织编写. 幼儿园教育指导纲要（试行）解读[M].南京：江苏教育出版社，2002.

[56]上海托幼. 幼儿园一日活动中的德育案例[M].上海：上海教育出版社，2020.

[57]虞永平. 幼儿园课程指导丛书：中班[M].南京：南京师范大学出版出，2000.

[58]杨丽珠，吴文菊. 幼儿社会性发展与教育[M].大连：辽宁师范大学出版社，2000.

[59]张丽丽. 学前儿童社会教育与活动设计[M].北京：科学出版社，2016.